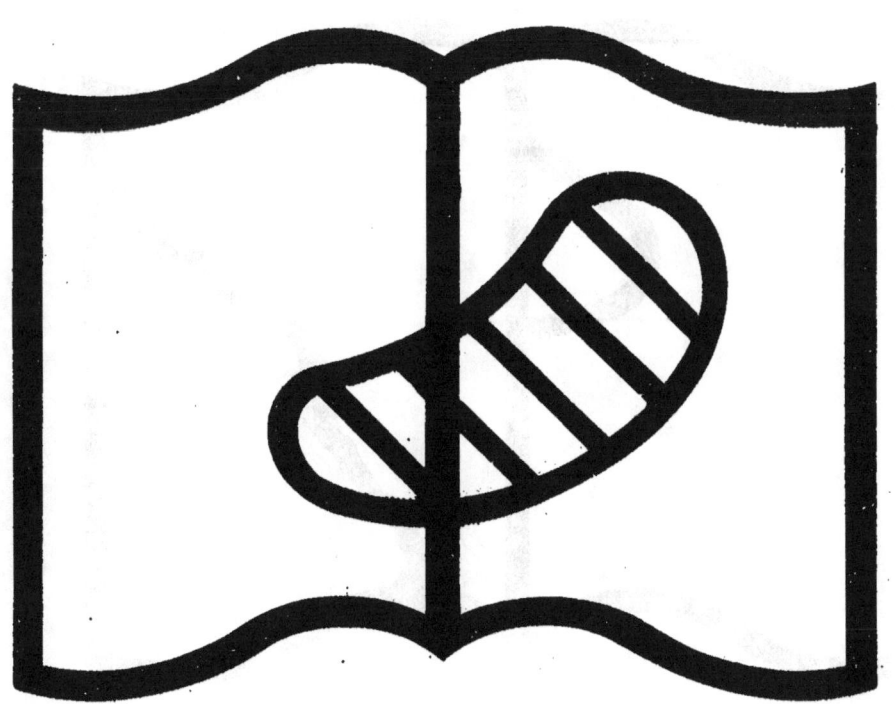

Original illisible

NF Z 43-120-10

Symbole applicable
pour tout, ou partie
des documents microfilmés

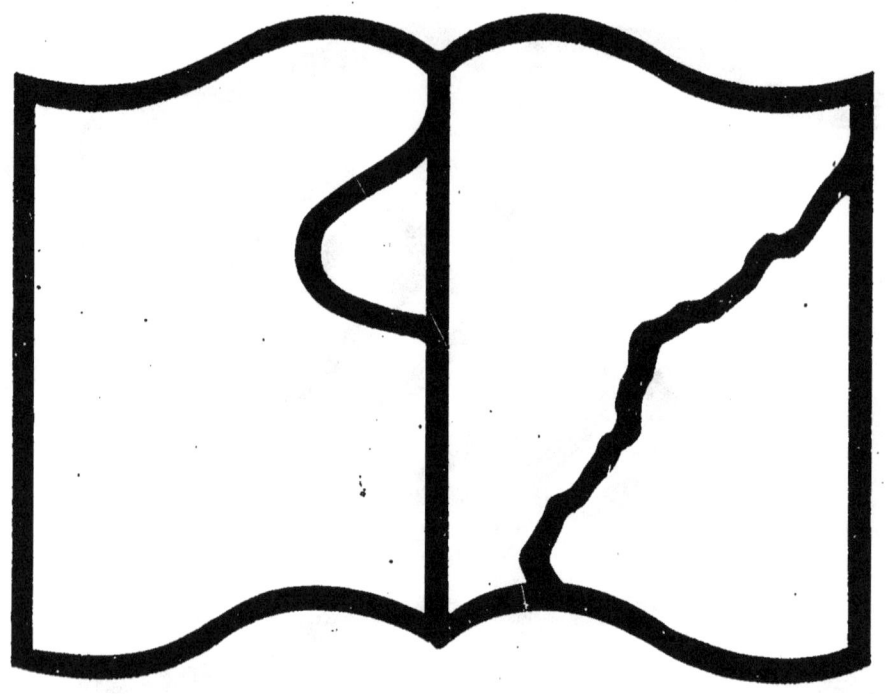

Texte détérioré — reliure défectueuse

NF Z 43-120-11

**Symbole applicable
pour tout, ou partie
des documents microfilmés**

LES GRANDS PHILOSOPHES

MONTESQUIEU

PAR

Joseph DEDIEU

DOCTEUR ÈS LETTRES
PROFESSEUR A LA FACULTÉ LIBRE DES LETTRES DE TOULOUSE

PARIS
FÉLIX ALCAN, ÉDITEUR
108, BOULEVARD SAINT-GERMAIN, 108

MONTESQUIEU

OUVRAGES DU MÊME AUTEUR

Montesquieu et la tradition politique anglaise en France : Les Sources anglaises de l'*Esprit des Lois*, Paris, Lecoffre, 1909.

(Couronné par l'Académie Française : Prix Bordin).

EN PRÉPARATION :

Histoire politique des protestants français (1685-1715).

LES GRANDS PHILOSOPHES

MONTESQUIEU

PAR

JOSEPH DEDIEU

DOCTEUR ÈS LETTRES
PROFESSEUR A LA FACULTÉ LIBRE DES LETTRES DE TOULOUSE

PARIS
FÉLIX ALCAN, ÉDITEUR
108, BOULEVARD SAINT-GERMAIN, 108

1913

PRÉFACE

Il n'est pas besoin de longue préface pour justifier l'apparition de ce livre dans la collection des « grands philosophes ». Montesquieu n'a pas construit, il est vrai, de système métaphysique comme Descartes, Malebranche ou Kant. Sa pensée est néanmoins l'une des plus riches, des plus vastes, des plus fécondes qui aient honoré, non pas seulement la littérature française, mais l'esprit humain. C'est qu'il fut le grand témoin de la transformation profonde qui, de 1680 à 1735, ou à peu près, s'est opérée, sous l'action de diverses causes, en politique, philosophie, morale, littérature et science. Non qu'il ait été le principal ouvrier de cette métamorphose, mais il la résume en lui et la contient toute. Connaître Montesquieu, c'est donc connaître en raccourci — mais avec quelle pénétration ! — l'histoire des principales idées qui furent agitées dans la première moitié du xviii° siècle. Et comme les doctrines de Montesquieu s'opposent fortement à celles qui auront la vogue dans la seconde partie du siècle, elles représentent aux yeux de l'historien ce moment unique où les idées s'affirment pour être aussitôt contredites, se limitent pour être dépassées, se définissent pour être rejetées, moment d'un intérêt capital dans cette lutte philosophique dont nous connaissons l'âpreté et l'importance.

S'il s'agit de préciser la pensée de Montesquieu, son objet et son but, la raison de ses recherches et la signification de ses œuvres, l'embarras est grand. Nous compterions presque autant d'interprètes différents que de commentateurs. Dès 1751, l'abbé de la Porte signalait ce désaccord général : « Je n'ai encore trouvé personne, disait-il, qui se soit formé une idée exacte » de l'*Esprit des lois* et, plus généralement, de la pensée de Montesquieu. Ceux-là même qui se piquaient de saisir la portée philosophique de cette œuvre immense, Voltaire, Helvétius, d'Alembert, dénaturaient plus ou moins consciemment la pensée de Montesquieu, et lui prêtaient les intentions les plus étranges.

Cependant, quelques esprits plus avisés ne voulaient voir dans l'œuvre du philosophe que celle d'un réformateur, d'un citoyen que les lois intéressent, non pour elles-mêmes, mais pour les applications que l'on en peut faire, en vue du bien public. « L'amour du bien public, écrit d'Alembert, le désir de voir les hommes heureux se montrent de toutes parts dans l'*Esprit des lois*, et n'eût-il que ce mérite si rare et si précieux, il serait digne par cet endroit seul d'être la lecture des peuples et des rois. » Ce Montesquieu, bienfaiteur de l'humanité, était assurément plus ressemblant que ce Montesquieu précieux, artiste et pédant, créateur « d'images fortes et de traits hardis », plus soucieux d'éblouir que d'instruire, dont Mme du Deffand disait qu'il faisait « de l'esprit sur les lois ».

D'autres ont voulu voir dans Montesquieu une sorte d'auteur classique qui, pour mieux instruire ses lecteurs français des dangers du despotisme, des avantages d'une monarchie tempérée et d'une république vertueuse, aurait renouvelé le procédé de La Bruyère dans les *Caractères* et fait, à son tour, un livre à clé. Les *Lettres persanes* et l'*Esprit des lois* seraient donc une satire politique où tout ce que l'on dit du Despotisme s'appliquerait à la Perse et à la Turquie; de la Démocratie, à Rome et l'Angleterre; de la Monarchie, à la France du xviiie siècle, la France du Régent et celle de Louis XV. Il est certain que les allusions malignes abondent dans l'œuvre de Montesquieu, mais ramener son idée maîtresse à cette préoccupation d'homme d'esprit, n'est-ce pas rabaisser l'œuvre elle-même? Aurait-il consacré vingt années de sa vie, ce philosophe inquiet, à construire une théorie qui, en fin de compte, se serait dissoute dans une infinité de portraits, de satires et de pamphlets?

Arrêtons là cette suite d'interprétations de la pensée de Montesquieu. Nous aurons l'occasion, au cours de notre étude, d'en examiner plusieurs autres encore, soit parce qu'elles paraissent plus conformes à la doctrine du philosophe, soit parce qu'elles séduisent par leur caractère original. Mais lorsqu'on soumet au contrôle des textes ces différentes opinions, on ne tarde pas à voir que le véritable Montesquieu ne ressemble guère aux images qu'on s'en est faites. Si l'on ne met point d'unité dans son œuvre, c'est que l'on n'a pas assez suivi, de proche en proche, le développement de sa pensée, à l'aide des documents aujourd'hui sortis des archives de la Brède. En suivant avec toute la précision possible le mouvement de ces idées, nous voudrions tenter cette réduction à l'harmonie. Les éléments essentiels des doctrines qui occupèrent les derniers jours de Montesquieu se laissent apercevoir dans les premières réflexions du jeune Président. A travers toutes les phases de son développement intellectuel, malgré les fluctuations au milieu desquelles se débattait parfois sa pensée, malgré les influences qui la sollicitèrent parfois en des sens divergents ou même opposés, Montesquieu paraît avoir toujours gardé la maîtrise de lui-même. C'est elle qui permit l'évolution régulière de ses idées vers une complexité de jugement de plus en plus grande et la possession de plus en plus large des principes régulateurs de son activité intellectuelle.

Ce livre est donc avant tout une histoire intérieure de la pensée de Montesquieu, où l'on n'a fait entrer, de l'histoire extérieure, que les traits indispensables à l'intelligence du système. Pour cette tâche, suffisamment ardue, nous avons été soutenu par M. Lanson, qui nous a fait profiter de ses recherches personnelles pour dater certaines pages de l'*Esprit des lois*, par M. Flach, qui a institué de si curieux rapprochements entre Montesquieu et Platon, surtout par M. E. d'Eichthal, qui non seulement ne nous a pas ménagé ses indications si précieuses, mais encore a pris la peine de suivre l'impression de ce livre. Qu'ils veuillent bien accepter ici l'hommage de notre reconnaissance.

MONTESQUIEU

CHAPITRE PREMIER

LA FORMATION DE L'ESPRIT.

I. Les tendances naturelles. — II. Les *Lettres persanes*. — III. L'influence des voyages. — IV. L'influence des lectures.

I

Charles Louis Joseph de Secondat devenu, par la mort d'un oncle en 1716, président à mortier au parlement de Guyenne et héritier du nom de Montesquieu, conserva toute sa vie le pli particulier qu'avaient formé en lui ses origines gasconnes, aristocratiques et parlementaires.

Il est, au plus intime de lui-même, le fils de sa terre et le descendant d'une famille de magistrats. Cette hérédité n'a cessé de peser sur lui; et quand on étudie le développement de cet esprit, si profond et si caustique, si frondeur et si amoureux de l'ordre, si fier des prérogatives et si épris de liberté individuelle, ces contrastes n'étonnent plus; ils se fondent dans l'harmonie de leur origine. Ce sont des tendances disparates d'un même esprit, soumis à la loi d'une hérédité complexe. La biographie psychologique de Montesquieu est particulièrement difficile à écrire parce que, précisément, ces tendances ont poussé droit, chacune devant elle, vigoureuse et, semble-t-il, exclusive. L'intelligence de ce penseur fut si largement hospitalière que les idées les plus contraires y ont trouvé un abri somptueux. Le gascon est responsable des plaisanteries sans bornes, — sans retenue aussi — qui se continuent des *Lettres persanes* à l'*Esprit des lois*. De son extrême jeunesse à son extrême vieillesse, la verve gasconne, le savoureux patois de la Brède, les saillies d'esprit qui trahissent la vivacité méridionale, les historiettes légères qui décèlent l'imagination voluptueuse des climats énervants, restèrent la grande joie du gaillard Président. Mais ce plaisantin est, à l'instant même où il plisse ses fines lèvres, l'homme le plus réfléchi et le penseur le plus austère. Ce gascon dissimule mal un grave magistrat.

Il appartient, depuis de longues générations, à la noblesse de robe, qui donne à la province l'exemple de la vie réglée, de la justice, du bel ordre, de toutes ces vertus familiales et patriotiques que les historiens retrouvent si communément parmi ces gentilshommes, de situation médiocre et digne. Ses deux grands-pères avaient été présidents au Parlement de Guyenne et son oncle l'était encore. Montesquieu fit du droit comme un autre fait du commerce. Il trouvait là son élément naturel. Il s'y plongea avec ardeur. Son père l'obligeait, du reste, à passer des journées entières sur le Code. Ce jeune homme travaillait avec réflexion. A vingt ans, il avait lu quantité de livres sur les lois romaines, sur le droit canonique, sur les coutumes de France, sur les lois barbares, et de tout cela, faisait des extraits raisonnés. Dès ce moment, il cherchait l'esprit de ces diverses législations. Sa pensée mûrissait; elle se tournait, comme d'elle-même, vers les hautes spéculations. Prenant occasion de textes dont on ne voit à aucune époque de sa vie qu'il ait mis en doute la véracité ou la valeur, ce jurisconsulte s'échappait déjà à travers les systèmes, les déductions et les conjectures subtiles. Il apprenait à méditer profondément. Il aura, toute sa vie, l'orgueil de pousser les idées jusqu'à des régions où n'avaient pas atteint ses devanciers. Il aimera la subtilité des hypothèses et l'imprévu des systèmes qui ouvrent l'espace aux larges considérations. Reste d'une habitude de jeunesse qui, n'ayant jamais été soumise aux règles d'une critique sévère, l'entraînera aux excès de la logique, aux artifices du raisonnement, aux jeux d'une dialectique plus brillante que solide.

Gascon, Charles de Secondat ne détestait pas fronder. Il avait épanoui sa jeunesse dans les landes de son pays, à faire l'école buissonnière et à se battre avec les petits paysans. Il aimait l'indépendance. Il lira les pamphlets que l'on fait courir contre Louis XIV, devenu vieux. Il fréquentera chez la marquise de Lambert, où l'on accueille si favorablement les idées subversives de Fénelon, toutes les doctrines qui battent en brèche les institutions du pays, au moment où disparaissait le grand Roi. Il écrira les *Lettres persanes* qui sont, avant tout, le pamphlet le plus révolutionnaire que pouvait écrire en 1721, l'esprit le plus ennemi des choses de son temps.

Ce pamphlétaire est néanmoins un homme de discipline. Monsieur de Montesquieu est, depuis 1714, conseiller au parlement de Guyenne, et depuis 1716, président à mortier du même Parlement. On a la gravité de sa charge et l'esprit de sa fonction. Les Parlements étaient terriblement alors les champions de l'ordre moral, s'ils ne l'étaient pas toujours de l'ordre public. Ils frondaient, mais en protestant de leur soumission et de leur dévouement absolu au pouvoir établi. Montesquieu dira plus tard qu'il n'a voulu que donner aux hommes de tous les pays des raisons nouvelles d'aimer leurs lois et leur gouvernement. Il ne touchera qu'avec précaution aux problèmes dangereux, et les critiques le lui ont assez durement reproché. Reproches vains : Montesquieu suivait le pli de son caractère, formé par une jeunesse de robin, par les magnifiques vertus héréditaires dans sa famille parlementaire, et par quatorze années de fonctions judiciaires. On ne se libère pas facilement d'un tel passé ni de traditions semblables.

Ajoutons enfin à ces forces qui poussent cette intelligence, celle de l'esprit féodal. A tort ou à raison, Montesquieu prétendait reconnaître en France deux peuples, deux races : la race des vainqueurs, héritière des vertus des Francs, et la race des vaincus, descendante humiliée des Gaulois. Il croyait appartenir à la première, et des Francs il disait : « Nos pères. » Il possédait un donjon gothique, de grosses tours crénelées, des tourelles à mâchicoulis, baignées par de larges fossés. Il était le seigneur du pays, protégeait ses paysans, les défendait contre les impôts, avait conscience de sa force et de leur faiblesse. Alors il généralisait et, sentant la force de la race victorieuse et la faiblesse de la race vaincue, croyait nécessaire une sorte de tutelle féodale. Par elle, le paysan serait protégé contre l'autorité du Roi et celle de la Loi. Il y aurait comme des pouvoirs superposés dans l'organisation sociale. Ce féodal se souvenait que le meilleur gouvernement qui eût jamais paru sur la surface de la terre était le gouvernement gothique, avec ses castes distinctes, ses grands seigneurs et son peuple de serfs, tous heureux parce que le Roi était contenu par des assemblées de notables puissants, tous libres parce que le pouvoir y arrêtait toujours le pouvoir.

Ce sont là des forces natives, des tendances naturelles, d'obscures orientations qui sollicitent un esprit, comme malgré lui. Montesquieu développa ces instincts originels par une éducation dont l'influence sur toute sa vie fut considérable.

De très bonne heure, Montesquieu se passionne pour l'antiquité ; il s'enchante au spectacle de Rome et ne s'imagine être fort que s'il a pour lui les Romains. On ne saurait assez faire la part dans toutes ses œuvres de ce qui revient à l'humaniste, au philosophe épris des systèmes politiques du monde ancien, avant de signaler ce qui révèle l'observateur attentif aux choses de son temps. L'observation directe fut très longtemps chez lui contrariée par cette science livresque ; et si les préjugés, l'apriorisme, les principes imposés avant toute expérience diminuent parfois la valeur de ses enquêtes positives, c'est à son éducation classique qu'il faut en faire remonter la responsabilité. Tout jeune, Montesquieu est un fervent adorateur de la vie antique. Les pères de l'Oratoire qui, de 1700 à 1705, formèrent, au collège de Juilly, son intelligence, s'appliquèrent à accroître ce goût très vif pour la culture classique. On a de Montesquieu, jeune élève, un cahier d'histoire romaine, par demandes et réponses, qui témoigne de sérieuses connaissances. Aussi bien l'éducation, telle qu'on l'entendait à Juilly, était-elle admirable pour développer ce goût de l'humanisme. Le latin y est la grande occupation ; les classes s'y font en latin, on y étudie les auteurs latins que l'on commente dans leur langue ; les élèves font des discours latins et jouent des tragédies latines. La vie du collège s'épanouit dans « un tintamarre latin », et partout ce ne sont que « cliquetis de conjugaisons et déclinaisons latines ». Cette sorte de religion communiquait à la vie antique un prestige éblouissant. « Les anciens lui étaient un culte », dit Sainte-Beuve. Oui, un culte, car non seulement il acceptait leur sagesse politique, leurs systèmes constitutionnels favorables à la liberté, mais encore il se sentait plein d'admiration devant leur grandeur morale et la sincérité de leur stoïcisme. Jusqu'à leur sort éternel, tout l'intéressait de ce qui pouvait les concerner. Quand ses maîtres enseignaient que l'idolâtrie de ces païens méritait la damnation, Montesquieu, à peine âgé de vingt-deux ans, s'élevait avec force contre cette sévérité de théologiens, à laquelle il opposait sa bonté d'humaniste.

Toute sa vie, cette double empreinte, démocratique et stoïcienne, apparaîtra chez lui, et il n'est pas exagéré de croire qu'elle fut imposée à sa jeunesse par cette éducation fortement classique, de laquelle Malebranche disait qu'elle donnait, « non pas seulement le langage de Rome, mais aussi les mœurs ».

Ses premiers essais furent des œuvres d'humaniste : tel ce discours sur Cicéron, dont l'éloquence ample et fleurie trouvait de profonds échos dans l'âme de notre futur magistrat ; et cette dissertation, écrite en 1716, sur la *Politique des Romains dans la religion* dont l'idée fondamentale est déjà d'un sceptique. Cette attention presque exclusive donnée aux Romains explique que Montesquieu n'ait eu que des connaissances assez superficielles de la langue et des œuvres grecques. Sans être négligé à l'Oratoire, le grec n'y tenait qu'une place secondaire. Montesquieu semble avoir lu les philosophes et les historiens grecs dans des traductions, non dans le texte original.

On pourrait croire que ce tempérament littéraire dût retarder chez ce jeune homme l'éclosion du goût des réalités, des recherches positives. Il n'en fut rien. Montesquieu a subi, autant qu'homme de son temps, le prestige des méthodes scientifiques. Il a voulu, dans la hiérarchie de ses disciplines intellectuelles, faire passer la science au premier plan. Depuis le début du siècle, un mouvement général emporte les esprits, loin de la métaphysique, vers l'étude des faits. Les littérateurs se donnent l'apparence de gens que les sciences exactes et les sciences de la nature n'effraient plus. Fontenelle fait lire l'astronomie aux dames.

L'abbé Pluche écrit, en de gros volumes, « *le Spectacle de la nature* »; et bien que le style en soit de qualité médiocre, le livre obtient immédiatement un succès foudroyant. Pluche demandait que les jeunes gens pussent consacrer deux années entières à la géométrie, à la mécanique, aux sciences naturelles et à « un cours réglé d'expériences de physique ». Montesquieu trouvait des exemples frappants de cet état d'esprit, à Bordeaux même, dans son entourage et parmi ses plus intimes amis. Un surtout, exerça sur lui une réelle influence, c'était Melon. Melon avait fondé, en 1712, une Académie des Sciences à Bordeaux. Il y intéressa de très bonne heure Montesquieu. L'Académie s'occupait d'arts et de belles-lettres, mais aussi de sciences physiques et naturelles; et ce fut un grand ami du Président, de Mairan, qui remporta le prix fondé par le duc de la Force en faveur du meilleur travail scientifique. Montesquieu se piqua au jeu. En 1716, il fonde à son tour un prix d'anatomie, donne à la docte Société une collection d'instruments de physique, se fait agréger à ce groupe de savants et se flatte de tenir, parmi eux, un rang honorable. Le voilà donc qui abandonne momentanément ses Latins et son droit pour observer à la loupe et enrichir ses collections et ses herbiers. Il a le culte enthousiaste de cette formation scientifique, et il n'est pas loin de croire qu'à elle est attaché le bonheur de l'humanité. Les arts et les sciences sont ce qui fait la différence entre les sauvages et les civilisés. Si les Mexicains avaient connu la philosophie et un peu de physique, ils n'auraient pas péri : ils avaient pris les Espagnols armés de fusils pour des dieux[1]. Il croit à l'éminente valeur de la science : elle orne notre intelligence et, seule, nous offre des joies pures. Une heure de lecture suffisait au Président pour dissiper toutes ses tris-

---

1. *Pensées inédites*, t. I, p. 389.

tesses. Il était, au sens le plus haut et le plus fort du mot, un « intellectuel ». Sa foi à la science supplanta un instant dans son âme la foi aux dogmes catholiques. Disciple de Descartes, il a prétendu que la science prolongerait sans doute la durée de la vie humaine. Il s'est appliqué fort sérieusement au problème de l'aviation, et pour donner plus de valeur à ses hypothèses sur le vol des enfants et des hommes, il a voulu étudier de très près dans le traité de Borelli : *De motu animalium,* l'organisation de l'oiseau[1].

Ses mémoires scientifiques qui s'échelonnent de 1717 à 1723 attestent l'activité remarquable de cette curieuse intelligence. Le philosophe s'essaye dans plusieurs dissertations sur le *système des idées,* où il expose et critique celui de Malebranche, sur la *différence des génies;* sur *la Politique des Romains dans la religion;* sur *les Dieux animaux,* où il propose un essai d'explication naturelle de la mythologie antique ; surtout dans un remarquable *Traité des Devoirs,* où déjà apparaissent certaines idées maîtresses de l'*Esprit des lois.* Le savant s'intéresse aux problèmes de médecine, de physique, d'histoire naturelle : il discute longuement sur l'*essence des maladies en général,* ce qui lui permet de se moquer des « choses en soi » chères à la scolastique, et d'avouer ses préférences pour la doctrine cartésienne des esprits animaux [2] ; puis en 1718, il étudie l'usage des glandes rénales, et la cause de l'écho ; en 1720, la transparence des corps, la pesanteur des corps, le flux et le reflux de la mer; en 1723, le mouvement relatif, les huîtres fossiles, la fleur de la vigne, à quoi il ajoute des observations sur l'histoire naturelle. Il semble avoir long-

---

1. *Pensées inédites,* I, p. 498 et suiv.
2. Ce fut le sujet de trois « résomptions » lues par Montesquieu le 15 novembre 1717, l'une sur l'ivresse, l'autre sur la fièvre intermittente et la troisième sur les esprits animaux.

temps caressé le projet, qui d'ailleurs n'aboutit pas, d'écrire l'histoire physique de la terre ancienne et moderne, devançant ainsi l'idée que réalisera si majestueusement Buffon. C'est probablement à l'époque où ces préoccupations sont si vives, qu'il songe encore à écrire l'histoire du ciel dont les Pensées inédites nous ont conservé quelques fragments [1].

On a bien souvent déterminé l'influence de ces premières études sur la formation intellectuelle de Montesquieu. Elles lui apprirent à observer les faits, à les réunir, à les comparer avec d'autres, à les analyser, à les classer, à en tirer des conséquences, après en avoir établi la cause. Dès ce moment, il s'annonce comme un esprit éminemment spéculatif, que les expériences positives retiennent sans doute, mais pas assez longuement pour qu'il s'abstienne de toute conclusion précipitée, ni assez servilement pour qu'il persiste à demeurer sur le seul terrain des faits. Les expériences excitent cet esprit généralisateur. Son vrai domaine est la recherche des causes et des conséquences. Ce savant est un philosophe.

Aussi bien ne peut-il s'empêcher de faire servir la science à quelques idées qui, déjà, lui sont chères. Il est convaincu de la vanité des recherches métaphysiques. Il ne s'égare point à poursuivre les essences des choses, mais établit les rapports que les choses ont entre elles. Ce n'est pas même assez d'être philosophe ; il faut, pour vraiment philosopher, être libre de tous préjugés, surtout de préjugés religieux. « Un régulier ordi-

---

[1]. *Pensées inédites*, t. I, p. 305. Pendant ses Voyages, il eut plusieurs fois l'occasion de se servir de ses connaissances scientifiques, comme par exemple dans son « Mémoire sur deux fontaines de Hongrie, qui convertissent le fer en cuivre ». *Voyages*, t. I, p 370. En 1744, il envoie à son ami Folks de la Société Royale de Londres, des dissertations sur « des pierres de figure réelle », « sur une plante aquatique » appelée *fucus*, sur les expériences de M. Le Mounier ». Cf. *Biblioth. Raisonnée*, t. XXXVIII, p. 158-62.

nairement pédant et livré par état à des préjugés », ne pourra, selon Montesquieu, être philosophe. Et cette liberté d'esprit l'amène à voir dans les recherches scientifiques un résultat pratique, qui est un accroissement de rationalisme. « Ces observations, dit-il dans son *Histoire du Ciel*, nous font voir un merveilleux simple, au lieu de ce faux merveilleux que l'on imagine toujours dans ce qui est grand. Elles nous ont donné des points sûrs pour fixer les époques de la Religion ; car l'histoire des hommes, pour devenir invariable, a besoin d'être fixée par les événements qui arrivent dans le ciel[1]. »

Ce qu'il importe donc de signaler dans la formation de Montesquieu, pendant cette période scientifique s'étendant de 1717 à 1723, c'est tout d'abord le pli que prendra sa pensée et qui l'obligera à parsemer l'*Esprit des lois* de définitions qui ne sont ni d'un juriste, ni d'un métaphysicien, mais d'un géomètre et d'un naturaliste; c'est ensuite l'influence « rationaliste » qui s'exercera désormais sur toutes les démarches intellectuelles du philosophe[2]. La science a conduit Montesquieu à laïciser la métaphysique, à la détacher de la théologie, à ne donner sa confiance qu'aux faits, à croire enfin que tout, dans le monde des phénomènes, s'explique par une raison naturelle et se prolonge en de lointaines conséquences. Cette attitude d'esprit commandera la rédaction de l'*Esprit des lois*.

II

Jusqu'alors, le Président n'a livré que la moitié de sa

---

1. *Pensées inédites*, t. I, p. 305.
2. Cette préoccupation rationaliste apparaît bien dans la dissertation sur les Dieux animaux, qui est de la même époque. Cf. *Pensées inédites*, t. I, p. 314-318.

pensée. Il se donne des allures de savant, et ne semble occupé qu'à de minutieuses recherches. Il paraît goûter l'éloquence un peu vaine et l'apparat frivole des discours d'académies provinciales. On le croit en train de se satisfaire avec la gloire acquise dans sa petite patrie. Mais ce provincial était touché par de plus grandes ambitions. Au moment même où il prétendait se documenter sur l'histoire physique de la terre, il rédigeait, dans le plus grand secret, un livre dont il voulait faire à la fois un pamphlet, une satire, une peinture de mœurs, un roman voluptueux et une sérieuse étude politique. Amalgame étrange qui réclamait, pour réussir, l'esprit le plus caustique, le plus léger et tout ensemble le plus grave de ce commencement de siècle.

Montesquieu semblait prédestiné à cette œuvre. Il y avait en lui des parties d'excellent satirique, d'excellent peintre et d'excellent philosophe. Je dis simplement des parties. Son talent était fragmentaire, à la fois primesautier et développé en profondeur. Il touchait directement l'essentiel des choses, découvrait d'un coup la figure réelle des hommes et des événements, s'attaquait droit aux idées par leurs côtés les plus intéressants, mais n'aimait pas ou ne savait pas s'attarder en de longs et lourds développements. Il lui fallait des spectacles rapides. Les *Lettres persanes* sont en effet le déroulement de tableaux merveilleux de netteté, de précision, de relief, de piquant, mais aussi de rapidité. Tableaux d'un kaléidoscope où l'on fait, en quelques instants, le voyage autour de la France de 1721. Le côté pittoresque y est, à la vérité, gâté par un roman d'aventures, le plus étranger à l'objet, le plus déplaisant et le plus monotone que l'on puisse imaginer.

Pour Montesquieu, le roman devait agrémenter la fatigue de la route. Les lecteurs du dix-huitième siècle s'y intéressèrent en effet au moins autant qu'au spectacle lui-même. On était à l'époque de la Régence, aux jours des récits licencieux et de la littérature graveleuse. On n'eût point pardonné à l'auteur d'offrir un délassement austère. Les histoires de harem et les mésaventures d'eunuques étaient alors bien venues pour piquer l'intérêt. Elles sont aujourd'hui la partie morte de l'ouvrage, n'ayant pour elles ni la couleur orientale, ni la délicatesse de la perversion, ni même la nouveauté de l'intrigue.

Le genre des *Lettres persanes* était-il bien nouveau, à cette date de 1721 ? « Rica et moi, dit Usbek dans la première lettre, nous sommes peut-être les premiers parmi les Persans que l'envie de savoir ait fait sortir de leur pays et qui aient renoncé aux douceurs d'une vie tranquille pour aller laborieusement chercher la sagesse. » Les premiers parmi les Persans, cela se peut ; mais n'étaient-ils pas des voyageurs semblables, le *spectateur* d'Addison, le Siamois des *Amusements sérieux et comiques* de Dufresny, ou l'Espion que l'Italien Marana promenait dans les cours de l'Europe ? Eux aussi, ils avaient crayonné le tableau des mœurs contemporaines, avec esprit et malice. Il est vraisemblable que Montesquieu connut ces devanciers et qu'il y trouva la première ébauche de la comparaison qu'il voulait instituer entre des coutumes étrangères et les mœurs françaises, ce qui lui permettrait de dauber tout à son aise sur ces dernières. Mais il ne faut pas exagérer ces dépendances. La pensée fondamentale des *Lettres persanes* est perdue et comme noyée dans l'œuvre de Dufresny et de Marana. S'il faut à tout prix que Montesquieu ait été de la suite de quelqu'un, il serait peut-être plus exact de dire qu'il le fut de La Bruyère, pour lequel il éprouvait une si profonde admiration. Ajoutons, pour être tout à fait juste, que, si les voyages de Chardin et de Tavernier lui ont révélé quantité de traits de mœurs et certaines anecdotes dont il a fait son profit, il n'en reste pas moins que les *Lettres per-*

sanes témoignent d'une spontanéité, d'une originalité tout à fait remarquables. Sous leur apparence frivole, ces lettres avaient été longuement méditées, préparées en vue de produire, à leur entrée dans le monde, un éclat retentissant.

Elles eurent, en effet, beaucoup de succès. De 1721 à 1730 environ, les éditeurs couraient après les auteurs, en les suppliant de leur faire, eux aussi, des *Lettres persanes*. En réalité, personne n'en écrivit, du moins en France, car en Angleterre Montesquieu trouva un pâle imitateur. Mais le cadre des fameuses *Lettres* fut imité et contrefait par tout le monde.

Ce succès n'alla pas sans de vives protestations. On en voulait à Montesquieu, non pas d'être infiniment spirituel, mais de l'être aux dépens de choses infiniment respectables. « Dans tout cela, disait Marivaux, je ne vois qu'un homme de beaucoup d'esprit qui badine, mais qui ne songe pas assez qu'en se jouant, il engage un peu trop la gravité respectable de ces matières (la religion, les mœurs et le gouvernement). Il faut là-dessus ménager l'esprit de l'homme, qui tient faiblement à ses devoirs et ne les croit presque plus nécessaires, dès qu'on les lui présente d'une façon peu sérieuse. »

En effet, dans les *Lettres persanes,* il y a d'abord l'étincelante plaisanterie d'un homme d'esprit et d'un roué de la Régence, dont le talent est de faire servir à son irrévérence les hommes et les choses de son temps. Il a tout vu de ce qui se dit, de ce qui se fait, de ce qui se trame autour de lui, en plein jour, dans le secret des cours et l'ombre des alcôves. Aussi présente-t-il à ses lecteurs le tableau amusé, poussé parfois sans doute à la caricature, mais dans l'ensemble fort ressemblant, du monde de la Régence.

Que pense donc le Président de Bordeaux de ses contemporains?

Il les juge assez mal ; il les a fort diligemment vilipendés et, les ayant bien battus, a voulu encore être applaudi par ses victimes. Il croyait que les Français avaient perdu leur assise. Le règne du grand Roi avait été le règne de l'ordre — de l'ordre apparent, — du décorum, des bienséances et du respect des choses traditionnelles. Louis XIV mort, Montesquieu découvre partout un besoin irrésistible de fronder, de bousculer les idées reçues et les cadres établis. Les Français de 1721 lui paraissent agités d'un besoin maladif de destruction. Ils ont la forfanterie du vice. Ils se déchirent, au sein de l'Église, parce qu'ils sont d'avis différents sur la bulle *Unigenitus*, que d'ailleurs bien peu comprennent. Les hommes politiques ont fait succéder à la belle et honnête diplomatie que recommandait si vigoureusement Fénelon, le plus effronté machiavélisme. Dubois et Law ont appris aux Français à n'agir que pour tromper. Les femmes sont la partie la plus frivole, la plus libertine aussi, de ce peuple frivole et libertin. Elles s'adonnent au jeu, afin de « favoriser une passion plus chère ». Elles apportent dans le monde des passions inassouvies. Elles protègent les hommes, pourvu qu'ils soient des don Juan : « Que dis-tu d'un pays où l'on tolère de pareilles gens, et où l'on laisse vivre un homme qui fait un tel métier ? où l'infidélité, la trahison, le rapt, la perfidie et l'injustice conduisent à la considération [1] ? » Uniquement tendu vers le plaisir, le peuple français n'apparaît à Montesquieu pourvu d'aucune sérieuse qualité politique. Il est en train de se laisser dévorer par le pouvoir despotique. Il n'a plus que des parlements déchus, « foulés aux pieds », « à l'autorité toujours languissante », victimes « du temps qui détruit tout, de la corruption des mœurs qui a tout affaibli, de

---

1. *Lettres persanes*, XLVIII.

l'autorité suprême qui a tout abattu[1] ». Les ordres sont ruinés ; les classes privilégiées assistent à l'effondrement de leur gloire; les liens de famille sont partout relâchés. « Le corps des laquais est plus respectable en France qu'ailleurs; c'est un séminaire de grands seigneurs; il remplit le vide des autres états. Ceux qui le composent prennent la place des grands malheureux, des magistrats ruinés, des gentilshommes tués dans les fureurs de la guerre; et quand ils ne peuvent pas suppléer par eux-mêmes, ils relèvent toutes les grandes maisons par le moyen de leurs filles, qui sont comme une espèce de fumier qui engraisse les terres montagneuses et arides[2]. »

C'est là un tableau très dur et dont on ne voit pas qu'un moraliste puisse tirer des sujets de divertissement et de folle gaieté. Le fond des *Lettres persanes* nous découvre donc un observateur très détaché des préjugés, et plutôt enclin à noter les tristesses de la réalité. Cependant cet observateur est prodigieusement amusant. Il l'est peut-être parce qu'il accuse un peu trop le relief des choses et qu'il charge à dessein ses portraits, mais surtout parce qu'il sait découvrir dans l'ensemble un peu triste, le détail piquant, comique ou grotesque qui jettera sur tout cela sa note gaie. Dans le monde des fripons, voici le fermier général, de physionomie commune et de manières grossières ; dans le monde d'Église, voici le directeur, vêtu de noir, l'air gai et le teint fleuri; dans le monde des intellectuels, voici le poète, être grimacier et un peu fou, et le savant, qui sournoisement modeste quand il parle de lui-même, est audacieusement arrogant quand il juge les autres; dans le monde des grands seigneurs enfin, voici l'un des hommes du royaume qui se présente le mieux, tant il met

---

1. *Lettres persanes*, XCIII.
2. *Id.*, XCIX.

de hauteur à prendre sa prise de tabac, à se moucher, à cracher, à caresser son chien.

Ces portraits font des *Lettres persanes* une galerie très intéressante, puisqu'elle nous révèle le caractère du peuple français de 1721 et la puissance d'observation de Montesquieu jetant sur ses contemporains un regard de moraliste qui ne veut être la dupe de personne.

Cependant cet observateur à la fois sagace et ironique, est l'homme le plus épris de philosophie sociale ou même d'idées pures qui ait peut-être paru en France vers 1721. Il est déjà un grand raisonneur, un grand chercheur de causes, et dès qu'il touche aux questions religieuses ou politiques ou économiques, il apparaît, non comme un amateur qui se satisfait à effleurer la surface des choses, mais comme un sérieux esprit qui pénètre dans les idées à des profondeurs jusqu'alors inconnues.

En ce qui regarde la religion, les idées de Montesquieu sont d'une brutalité excessive. Le Président est encore jeune, « confiant en sa raison, confiant en sa santé, confiant dans la vie ». Il apporte dans ses réflexions un ton d'insolence, qui ne fait guère d'honneur à la logique; mais un philosophe de la Régence se devait de parler ainsi.

« Ce que je dis de ce prince ne doit pas t'étonner; il y a un autre magicien plus fort que lui, qui n'est pas moins maître de son esprit qu'il l'est lui-même de celui des autres. Ce magicien s'appelle le pape; tantôt il lui fait croire que trois ne sont qu'un; que le pain qu'on mange n'est pas du pain, ou que le vin qu'on boit n'est pas du vin, et mille autres choses de cette espèce[1]. » Il dira plus loin : « Le pape est le chef des chrétiens; c'est une vieille idole qu'on encense par habitude[2]. » Il n'a pas assez de sarcasmes contre les évêques « gens de loi » qui se reconnaissent deux

---

1. *Lettres persanes*, XXIV.
2. *Id.*, XXIX.

fonctions « bien différentes » : la première de proposer des règles de vie et des vérités de foi, la seconde de dispenser d'accomplir la loi. Et cela excite la verve moqueuse de Montesquieu [1]. Mais n'aurait-il rien compris à l'économie du christianisme, ce philosophe superbe ? La chose n'est point douteuse ; la raillerie fit néanmoins merveille sur l'esprit de ses contemporains. Au reste, cet anticatholicisme se résout en un respect véritable du sentiment religieux — à quelque divinité qu'il s'adresse — pourvu qu'il serve la cause de la société. Bien longtemps avant de le proclamer dans l'*Esprit des lois,* Montesquieu croit que le meilleur moyen de plaire à Dieu est, non pas d'observer telle ou telle cérémonie, ce qui serait la survivance du formalisme antique, mais « de vivre en bon citoyen, d'observer les règles de la société et les devoirs de l'humanité », d'aimer les hommes « en exerçant envers eux tous les devoirs de la charité et de l'humanité, en ne violant pas les lois sous lesquelles ils vivent [2] ». Montesquieu est donc, à ce moment, un parfait rationaliste, une sorte de déiste qui, rejetant de la religion les dogmes et les cérémonies, la fait tout entière consister dans quelques préceptes moraux, à base philanthropique et sociale. Ainsi la religion se ramène à la morale, et celle-ci s'affranchit du dogme pour se fonder sur la raison.

Il importe assez peu, après cela, de savoir que Montesquieu se montre encore dans les *Lettres persanes* violemment anticlérical, plein de mépris pour les théologiens, les moines, les missionnaires ou l'Église [3], déférent pour le protestantisme qu'il semble mettre au-dessus du catholicisme [4]. Ce sont là points secondaires dans sa philosophie

---

1. Même lettre.
2. *Lettres persanes,* XLVI.
3. *Id.,* lettres XXIV, XXIX, XLVI, XLIX, LVII.
4. *Id.,* CXVIII.

religieuse. L'essentiel de sa pensée se trouve parmi les lettres d'allure plus calme et de ton plus froid. C'est là qu'il distille son scepticisme élégant : « Ainsi, quand il n'y aurait pas de Dieu, nous devrions toujours aimer la justice, c'est-à-dire faire nos efforts pour ressembler à cet être dont nous avons une si belle idée, et qui, s'il existait, serait nécessairement juste. Libres que nous serions du joug de la religion, nous ne devrions pas l'être de celui de l'équité[1]. »

Sceptique en religion, Montesquieu s'essayait encore à la critique des idées et des systèmes politiques. Il y apportait une remarquable liberté d'esprit, surtout dès qu'il touchait aux choses rappelant le règne du grand Roi. Car il avait la haine de ce monarque, qu'il n'a jamais considéré que comme un tyran[2]. A travers Louis XIV, il atteint tous les despotismes, pour lesquels il n'a ni assez d'horreur ni assez de mépris, ce qui le pousse à exalter la liberté civile et politique. Celle-ci devient en ses mains une sorte de thème antithétique qu'il oppose sans se lasser aux turpitudes de la tyrannie. Mais il en est encore aux conceptions des XVIe et XVIIe siècles. Depuis la Renaissance jusqu'à Voltaire, on n'imaginait que le Romain vertueux, que le Grec avide de liberté dans ses républiques étroites mais valeureuses. Montesquieu n'a point connu d'autre type de liberté, et dès lors confond ensemble « l'honneur, la réputation, la vertu » avec les républiques qui en sont « les sanctuaires[3] ». Montesquieu rêve encore à la manière d'un humaniste. Mais n'a-t-il pas, dès 1721, songé à un système de liberté passé dans les faits, éprouvé par l'expérience ? « Ce sont ici les historiens d'Angleterre », dit à Rica le moine bibliothécaire, « où l'on voit la liberté sortir sans

---

1. *Lettres persanes*, LXXXIV.
2. *Id.*, XXXVII.
3. *Id.*, XC.

cesse des feux de la discorde et de la sédition ; le prince toujours chancelant sur un trône inébranlable ; une nation impatiente, sage dans sa fureur même[1] ». Là-dessus certains critiques assurent que Montesquieu possédait, dès 1721, les idées essentielles de sa théorie de la liberté et qu'il avait, dès lors, compris que la liberté anglaise a pour condition nécessaire un antagonisme latent des pouvoirs et des partis qui, en se limitant les uns les autres, donnent naissance à un état de liberté. Il semble que ce soit là solliciter un peu trop les textes. Montesquieu ne songeait sans doute pas à ce beau système qui le hantera plus tard, et, en tous cas, on ne voit pas que l'expression de sa pensée recèle encore tant de richesses.

Cependant de bien graves problèmes se posaient déjà devant lui, et si le bel esprit de la Régence aimait, au début de son livre, à saluer d'un grand éclat de rire les questions les plus délicates, il ne faut pas oublier qu'à mesure que l'ouvrage avançait, l'auteur lui-même gagnait en gravité. Telles lettres sur le droit des gens, sur la conquête, sur l'avancement des sciences, sur la classification des gouvernements, sur les origines féodales et germaniques de la liberté, les colonies, l'esclavage, la dépopulation, le divorce, sont de véritables dissertations philosophiques où ne manquent ni l'originalité des solutions, ni la profondeur des points de vue. C'est là surtout que les *Lettres persanes* annoncent l'auteur de l'*Esprit des lois*.

Mais autant elles l'annoncent par les détails, par les idées secondaires, par les échappées de l'intelligence, autant elles se distinguent de lui par l'esprit général. L'auteur de l'*Esprit des lois* est un génie systématique, que le souci de tout construire d'après quelques formules initiales conduit jusqu'aux excès de la logique.

---

1. *Lettres persanes*, CXXXVI.

Il étudiera les raisons des lois que nous ont transmises nos pères, et, du même coup, nous incitera à établir de nouvelles lois selon les mêmes principes et d'après les mêmes raisons. Le législateur est, à ses yeux, un philosophe qui ne perd jamais de vue la nature des choses. C'est là, si l'on peut dire, l'attitude constante de Montesquieu, son idée maîtresse, le point central de sa pensée. Tout autre était l'auteur des *Lettres persanes*. « La plupart des législateurs ont été des hommes bornés que le hasard a mis à la tête des autres, et qui n'ont presque consulté que leurs préjugés et leurs fantaisies[1]. » La page qui suit ne laisse pas d'être étincelante, et d'un remarquable bon sens. Mais ne voyons-nous pas qu'en définitive, si Montesquieu excelle à détruire, il est encore incapable de reconstruire? Il peut être d'une très grande utilité de tourner en ridicule les législateurs qui « se sont jetés dans des détails inutiles » ou dans des subtilités, et qui « ont suivi des idées logiciennes plutôt que l'équité naturelle ». Il est d'une très grande sagesse de recommander le respect des lois, la stabilité des institutions : « Par une bizarrerie qui vient plutôt de la nature que de l'esprit des hommes, il est quelquefois nécessaire de changer certaines lois. Mais le cas est rare; et lorsqu'il arrive, il n'y faut toucher que d'une main tremblante. » Ce sont là de nobles et belles paroles; un législateur qui s'inspirerait de ces principes inscrirait dans les lois la justice, l'équité, la conscience publique, mais l'auteur de l'*Esprit des lois* songera à bien autre chose. Il n'envisagera pas là justice en soi, l'équité en soi, mais cette justice et cette équité que rendent nécessaires, en certains temps et en certains lieux, certaines puissances physiques et morales d'où dérivent les diverses législations. Il ne faut donc

---

1. *Lettres persanes*, LXXIX.

pas s'acharner à retrouver dans les idées politiques de l'*Esprit des lois* le prolongement, l'épanouissement des idées déjà contenues dans les *Lettres persanes*. La pensée du philosophe a évolué dans le sens d'une complexité croissante et n'a pas craint d'abandonner les points de vue que primitivement elle avait adoptés.

C'est surtout en économie politique que l'auteur des *Lettres persanes* se rapproche le plus de l'auteur de l'*Esprit des lois*. Là comme ici, Montesquieu proclame sa conviction, qui n'admet d'abord aucun adoucissement, mais qui s'atténuera dans la suite, que le luxe est une source de richesses, est peut-être la vraie source de richesses et qu'ainsi l'économie politique doit être traitée d'un point de vue aristocratique[1]. Ces idées feront l'objet d'un chapitre particulier, mais dès 1721, ce que les *Lettres persanes* annonçaient, c'était un philosophe politique libéral, très libre d'esprit, très frondeur, très original, et parfois très profond. Il n'est pas tout à fait injuste d'appeler les *Lettres persanes* « la préface spirituelle et hardie de l'*Esprit des lois* ».

Après les *Lettres persanes*, le Président de Montesquieu songe à se débarrasser de sa charge. Il est pris tout entier par l'ambition littéraire et la vie mondaine. A Bordeaux, à Paris, il fréquente les salons les plus renommés, et de Mme Duplessy à Mme de Prie, Mlle de Clermont et Mme Lambert, il n'est presque pas de centre intellectuel célèbre qu'il ne remplisse du bruit de son nom. Cet homme grave ne craint pas de partager les distractions frivoles, les amusements vains de cette société légère. Pour elle, il écrira le *Temple de Gnide* que Mme du Deffand appela de suite « l'Apocalypse de la galanterie »; un traité *de la Considération et de la réputation*, que la marquise de

---

[1]. *Lettres persanes*, CVII.

Lambert prétendit corriger; un *Voyage à Paphos*, qui célèbre le cynisme de l'amour et du vice, et raille l'hypocrisie du plaisir. Toutefois, les études sérieuses hâtaient l'éclosion de cette pensée. Il n'est pas certain que Montesquieu ait fait partie du club de l'Entresol, ni qu'il ait, dès ce moment, travaillé pour cette académie politique, secrète et frondeuse. Mais il fut écrit en 1722 ou 1723, le traité sur *la Politique*, qui révèle un Montesquieu sceptique à l'endroit de « la prudence » des politiques, fussent-ils Louis XI, Sforce, Sixte-Quint ou Philippe II. Leurs « raffinements » restèrent sans influence sur la direction des événements. Ceux-ci dépendent de lois rigoureuses, que la sagesse humaine est incapable d'arrêter. Que sont ces lois? Montesquieu n'en signale encore que quelques-unes, telles que « le caractère commun », « l'âme universelle », « le ton général » des peuples, et ces lois sont elles-mêmes « l'effet d'une chaîne de causes infinies ». Dès ce moment, Montesquieu est sur le chemin de traiter les lois comme la discipline scientifique lui a enseigné de traiter n'importe quel autre phénomène. Elles sont des réalisations d'une raison suffisante qu'il s'agit de découvrir.

En 1724, la pensée du philosophe s'attache à un problème spécial, qui semble avoir assez préoccupé ses contemporains: celui de la monarchie universelle. Autour de lui, on s'effrayait de cette éventualité; les grands conquérants paraissaient avoir poursuivi l'ambition de commander à l'univers, et les ennemis de Louis XIV « l'accusaient mille fois, plutôt, je crois, sur leurs craintes que leurs raisons, d'avoir formé et conduit ce projet[1] ».

Montesquieu juge ces craintes chimériques et cette ambition folle. Pourquoi? Parce que les empires sont, par la nature des choses, ce qu'ils sont, que les conditions géolo-

---

1. *Réflexions sur la Monarchie Universelle en Europe*, p. 34.

giques déterminent ici des républiques, là des empires, et que ce serait violenter l'ordre naturel que d'amalgamer dans une « monarchie universelle » des États si profondément distincts.

Des multiples travaux auxquels Montesquieu se livra de 1725 à ses voyages, il suffit de retenir sa dissertation sur *les devoirs de l'homme*[1] : le futur auteur de l'*Esprit des lois* s'y révèle déjà avec une grande force. Il écrit : « Ceux qui ont dit qu'une fatalité aveugle a produit tous les effets que nous voyons dans le monde, ont dit une grande absurdité; car quelle plus grande absurdité qu'une fatalité aveugle qui produit des êtres qui ne le sont pas[2]? » Il met donc à l'origine des choses une raison, intelligente et ordonnée. Il fait de la justice « un rapport général »; tout doit en dériver et tout y aboutir. Il établit entre les devoirs de l'homme une hiérarchie; les devoirs individuels cèdent aux devoirs sociaux, et parmi ceux-ci « le devoir du citoyen est un crime, lorsqu'il fait oublier le devoir de l'homme ». — S'il admire enfin les stoïciens, c'est parce que, « nés pour la société, ils croyaient tous que leur destin était de travailler pour elle ».

Qu'il s'agisse de politique ou de morale, Montesquieu promet donc de parcourir des voies nouvelles. Sa pensée nourrit des idées fécondes.

III

Il manquait à ces notions, à ces pressentiments de l'intelligence l'épreuve de la réalité. Lassé de travailler sur des idées, Montesquieu n'aspirait plus qu'à le faire sur la vie. Il fallait donc parcourir l'Europe, se condam-

---

1. Lue le 1er mai 1725 à l'Académie de Bordeaux.
2. Cf. *Esprit des lois*, liv. I, ch. I.

ner à de longues absences. Mais le Président se sentait si peu lié à son foyer! Les devoirs de la famille ne lui furent jamais un sujet de scrupules. D'autre part il aimait beaucoup les voyages et parlait avec chaleur de leur agrément et de leur utilité. Il portait envie aux grands philosophes de l'antiquité, Platon, Aristote, Démocrite et Cicéron, qui s'expatrièrent pour enrichir leurs conceptions politiques. Enfin l'Académie française, en le recevant le 24 janvier 1728, lui prodigua tant de malignes allusions et de compliments ironiques, que le nouveau venu ne put voir dans cette attitude qu'une invitation à s'abstenir de toute intimité. Montesquieu hâta son départ, et le 5 avril 1728, accompagné du comte de Waldegrave, neveu de Berwick, il quittait Paris.

Ce voyage dura trois ans et demi. Lente promenade à travers l'Allemagne, l'Italie, l'Autriche, la Hollande et l'Angleterre, qui permettait au philosophe d'examiner de très près les mœurs et les institutions, et à l'artiste d'étudier sur pièces, devant les riches galeries de Florence ou de Rome, la technique des beaux-arts. Il a raconté lui-même ces pérégrinations; le récit en est un peu lourd, mais de toute première importance pour l'histoire de sa pensée[1]. C'est le rôle de cette expérience dans l'élaboration du système de notre auteur que nous allons suivre uniquement.

Voici Montesquieu à Vienne. C'est la ville des élégantes distractions, où les ministres d'État ne laissent pas de demeurer de charmants causeurs. Et la chose vaut qu'on la remarque! Il entendit là parler de la noblesse hongroise. Il avait écrit, de la noblesse française, qu'elle n'était qu'un corps de laquais, et, généralisant sa pensée, avait affirmé que toute noblesse était vouée, quand elle

1. *Voyages de Montesquieu*, publiés par le baron Albert de Montesquieu, 2 vol. Bordeaux, 1894-96.

est héréditaire, « à l'extrême corruption ». La vision de la noblesse hongroise, simple dans sa fierté, généreuse dans ses rancunes, loyale pour son prince et douce aux petits, jeta Montesquieu dans l'admiration. Puis il passa en Italie, sur la terre fécondée par le sang de ces vieux Romains qu'il aimait d'amour, et dont il s'était formé une si haute image. Terre de liberté, terre de courage, terre de vertu républicaine, il se préparait à vivre là tout son rêve d'humaniste passionné. Il vient donc à Venise, mais ne trouve pas d'expressions assez fortes pour stigmatiser cette « république » sans vertu, sans dignité nationale, sans courage civique [1]. Il traverse alors d'autres républiques, et partout n'aperçoit que haine, discorde et misère [2]. Ce spectacle fit sur lui une impression extraordinaire. Son Journal de voyage est tout rempli de plaintes amères contre ces gouvernements républicains, contre ces peuples infidèles aux lois de frugalité et de vertu qu'il avait jugées indispensables à un État républicain. Tout cela n'allait pas sans un réel désenchantement à l'égard de l'idée républicaine elle-même. Tandis qu'il avait autrefois exalté la sagesse du peuple pour élire ses magistrats, il se plaît à la dénigrer aujourd'hui [3]. « Les pays électifs, dit-il, sont pires que les héréditaires. On suppose (ce qui n'est jamais) que les électeurs cherchent le bien public; ce n'est que leur bien particulier. Voyez les Romains qui, dans le temps qu'il s'agit de leur existence, donnent le commandement de leur armée à Terentius Varron, fils d'un boucher, parce qu'il avait acheté les suffrages [4]. »

Ce n'était point un accès d'humeur qui dictait à Mon-

---

1. *Voyages*, t. I, p. 38.
2. *Id.*, t. I, p. 273.
3. *Esprit des lois*, liv. II, ch. II.
4. *Voyages*, t. I, p. 225.

tesquieu cette appréciation sévère : désormais elle apparaîtra sans cesse dans le Journal de voyage, nous donnant ainsi la preuve que le contact des réalités avait profondément modifié la notion livresque que le philosophe s'était faite de la République.

Son séjour à Gênes ne contribua pas médiocrement à précipiter cette évolution morale. Mœurs privées et publiques, institutions, lois, maximes d'État, tout s'effondre dans cette république misérable. Les finances sont livrées au plus complet désordre ; l'aberration des législateurs est telle que « c'est un moindre malheur d'y avoir tué un homme que d'avoir fraudé un impôt » ; l'anarchie y est souveraine : « huit ou neuf cents nobles y sont autant de petits souverains » ; l'État ne sait plus que sacrifier les raisons de vivre à la vie elle-même, et l'on voit « toujours quelque noble de Gênes en chemin, pour demander pardon à quelque prince des sottises que sa République a faites [1] ». Ce sont ces démentis cruels, infligés par la vie à ses constructions idéales, qui ont poussé Montesquieu à laisser, dans ses notes intimes, libre cours à la rancune. « Il n'y a rien dans le monde, dira-t-il après son voyage en Hollande, de plus insolent que les républicains. » Et encore : « Le bas peuple, qui est le tyran le plus insolent que l'on puisse avoir [2] ». Cet état d'esprit nous éloigne beaucoup des pages enthousiastes que l'auteur des premiers livres de l'*Esprit des lois* avait consacrées aux républiques antiques ; mais c'est lui qui désormais subsistera. Puis, Montesquieu quitta l'Italie, employant les premiers mois de 1729 à parcourir la Suisse, la Basse-Allemagne et les pays du Rhin. Il aperçut assez bien la situation de la Prusse, et s'arrachant à l'admiration qu'il était alors bien porté de témoigner pour cet État d'une jeu-

---

1. *Voyages*, t. II, p. 290.
2. *Id.*, t. II, p. 79, 131 et 221.

nesse si vigoureuse, il ne craignit pas de s'indigner contre le despotisme qui ruinait ce pays.

Ses impressions ne furent guère meilleures en Hollande. Il avait écrit de belles pages flatteuses sur les républiques fédératives. Il semblait souhaiter la diffusion de cette forme de gouvernement. Ne verra-t-il donc pas dans ces fédérations la vertu républicaine qui le fuit depuis qu'il la poursuit à travers le monde? Il y vit « la corruption ». Rien de plus pénible que le spectacle de ce peuple hollandais misérable et fripon. Il est accablé d'impôts et « d'impôts ridicules [1] ». La république n'y est qu'une tyrannie déguisée; les magistrats font de la chose publique une dépouille qu'ils se partagent; le peuple d'Amsterdam n'a pour ses représentants qu'un dégoût profond. En somme, les deux années consacrées à l'examen des gouvernements du continent apprirent au voyageur philosophe le danger des conceptions livresques, le mirage auquel il faut savoir échapper quand on contemple le monde antique, la vulgarité des États contemporains où n'existent nulle part ni la frugalité, ni la médiocrité, ni le renoncement à soi-même pour le bien général, mais où s'étalent partout l'individualisme effréné et le déchaînement des intérêts. Très épris de liberté, il lui a suffi de voir rapidement la situation déplorable que fait à la Prusse son gouvernement despotique, pour sentir augmenter en lui-même la haine dont il a toujours poursuivi cette forme de l'autorité.

Dans ce désarroi de la pensée, rien ne demeure plus que l'idée monarchique. Aussi bien l'expérience ne l'avait, elle non plus, guère ménagée. Le spectacle de la monarchie française, de 1690 à 1720, avait jeté Montesquieu dans une sorte de scepticisme, dont on trouve un puissant écho dans les *Lettres persanes* et les premiers livres de l'*Esprit des*

---

1. *Voyages*, t. II, p. 221.

lois. Il y demeure convaincu que les monarchies aboutissent, plus ou moins vite, mais fatalement, à la tyrannie[1]. Il croit qu'elles ne peuvent subsister sans de certains corps intermédiaires, surtout sans un corps de noblesse hiérarchisé. Au reste, c'est la destinée de ces corps de s'avilir par la corruption[2]. Où donc trouver la stabilité politique? Et si les hommes du XVIII° siècle se refusent à réagir contre le courant qui les emporte, et à remettre en honneur parmi eux la vertu, la frugalité, la médiocrité, l'amour désintéressé de la patrie, le philosophe devra-t-il s'abandonner au découragement? Les institutions ne pourraient elles corriger la malice des hommes? Renonçons à vivre désormais sous le régime des républiques antiques, puisque aussi bien les frontières des États modernes sont aujourd'hui trop reculées pour permettre l'établissement de ces institutions disparues. Tout le problème se ramasse donc autour de cette pensée : n'est-il pas possible de modifier les monarchies modernes, de les arrêter sur la pente du despotisme, de les transformer en de véritables asiles de liberté?

Jusqu'à son arrivée en Hollande, il semble bien que Montesquieu n'ait pas attaché grande importance à ces questions, qui bientôt le solliciteront tout entier. On peut remarquer, à la lecture de ses notes de voyage, qu'il se préoccupe en somme assez peu d'étudier les rouages administratifs des États qu'il visite. Il se prend de préférence aux choses extérieures, à l'esprit général des nations, à la tenue morale des peuples, à la prospérité et à la décadence des États. On ne le voit qu'une fois s'intéresser très rapidement au mécanisme du gouvernement de Venise [3]. Mais à peine est-il arrivé dans les Provinces-Unies, qu'il

---

1. *Lettres persanes*, CIII.
2. *Esprit des lois*, liv. I, ch. IV.
3. *Pensées inédites*, t. II, p. 244.

oriente ses recherches vers d'autres objets. Il s'efforce de pénétrer l'organisation intime des États-Généraux, leur méthode de travail et leur composition particulière. Il s'attarde à délimiter leur puissance, à déterminer le contrepoids qu'ils mettent dans la balance du gouvernement. Il constate qu'ils sont très puissants, et que cette puissance ne s'oppose cependant pas à l'autorité du grand pensionnaire. Ils contiennent son pouvoir et assurent le libre jeu de la Constitution. Grâce à eux, l'équilibre se maintient; aucun pouvoir n'est trop faible, car aucun n'est trop fort. De la lecture de ces notes de voyage se dégage l'impression très vive que ce spectacle fut véritablement pour Montesquieu une révélation. Il y trouvait réponse aux questions qu'il se posait récemment. La liberté peut être sauvegardée même si les conditions psychologiques d'un peuple ne sont plus la fidèle réplique de celles des républicains d'autrefois. Ses garanties ne reposeront plus uniquement sur les forces morales, mais elles consisteront plutôt dans un ingénieux mécanisme politique. C'est ce qu'ont bien compris les Hollandais dont Montesquieu ne pouvait assez mépriser le déplorable esprit public, et qui, néanmoins, jouissaient du gouvernement le plus libre que le philosophe eût encore aperçu.

C'est ce que comprit à son tour Montesquieu. Il entrevoyait à ce moment un point de vue nouveau, une méthode politique originale, une idée centrale, dont la puissance de rayonnement ne pouvait manquer de le frapper.

C'est pendant le séjour en Angleterre, cette terre classique de la liberté, qu'apparut aux yeux du philosophe la lumière totale. Il arrivait, en octobre 1729, sur le yacht de son ami lord Chesterfield, n'ayant aucun des préjugés qui font voir un pays sous de riantes couleurs. Certes, il n'avait pas attendu l'année 1729 pour jeter un regard curieux sur ce peuple d'Outre-Manche qui, précisément alors, provoquait un mouvement d'admiration éperdue dans toute la France. A plusieurs reprises, soit dans les *Lettres persanes,* soit dans les premiers livres de l'*Esprit des lois,* soit parmi les pensées détachées qu'il notait au jour le jour, Montesquieu avait indiqué sa façon de penser sur cette nation, ses mœurs et son gouvernement. Ses jugements étaient sévères[1]. Le 7 mai 1727, quelques mois seulement avant son départ, il écrivait que sous une apparente prospérité, la Grande-Bretagne cachait les plaies les plus honteuses. Il assurait que la décadence de ce pays était irrémédiable, et poussé par un sentiment de patriotisme sincère mais aveugle, adjurait la France de ne point se solidariser avec une nation sur le penchant de sa ruine [2]. Il ne pouvait éviter d'examiner « la constitution anglaise », dont le prestige était immense. Notre philosophe n'était guère préparé à cette étude : il semble avoir commis, sur le mécanisme politique de l'Angleterre, de grossières erreurs dont Voltaire s'égayait et se scandalisait. Non pas, on ne saurait trop le répéter, qu'il faille soutenir que Montesquieu n'aurait connu les traités de Locke sur le *Gouvernement civil* qu'après son voyage en Angleterre ; il est certain qu'il les pratiquait au moment d'écrire les *Lettres persanes,* mais toutes ces notions restent encore pour lui comme lettre morte. Il n'en a pénétré ni la forte substance ni la valeur documentaire.

Le voyage en Angleterre lui permit de préciser les idées venues après de multiples lectures, d'amener à maturité des concepts depuis longtemps en formation, de comprendre enfin des systèmes politiques jusqu'alors trop vite entrevus, ou méprisés. Au reste, Montesquieu ne fut pas dans cette

---

1. *Lettres persanes,* CIII, CV ; — *Esprit des lois,* liv. II, ch IV ; liv. III, ch. III ; liv. V, ch. XIX ; liv. VI, ch. VI ; *Pensées inédites,* t. II, p. 343, 434, 440, etc...
2. *Pensées inédites,* t. II, p. 431.

évolution de sa pensée la dupe des apparences, la victime d'une illusion.

Les apparences n'étaient en faveur ni du peuple anglais, ni de ses mœurs, ni de sa sagesse, ni de la stabilité de son gouvernement. Montesquieu les a soigneusement relevées, mais le ton de ses *Notes sur l'Angleterre* diffère très sensiblement de celui de ses *Pensées inédites*. Là, il ne cesse de donner libre carrière à son humeur sarcastique; il n'a garde d'oublier que sous les dehors les plus trompeurs, l'Angleterre est en proie à la plus répugnante corruption. Ici, au contraire, les défiances paraissent être tombées, c'est une curiosité sympathique qui s'éveille et trouve plaisir à couvrir de fleurs un pays dont il venait de dire le plus grand mal. Mais surtout, ce qui nous montre à l'évidence les progrès de la pensée politique du Président, l'enrichissement superbe qui, depuis le voyage en Hollande, n'avait cessé de se continuer dans l'élaboration du système nouveau, ce sont les réflexions que lui suggère le régime constitutionnel de l'Angleterre. Il en a démêlé le mécanisme complexe; il connaît enfin les origines de la liberté. « L'Angleterre, dit-il, est à présent le plus libre pays qui soit au monde, je n'en excepte aucune république. Je l'appelle libre, parce que le prince n'a le pouvoir de faire aucun tort imaginable à qui que ce soit, par la raison que son pouvoir est contrôlé et borné par un *act*; mais, si la Chambre basse devenait maîtresse, son pouvoir serait illimité et dangereux, parce qu'elle aurait en même temps la puissance exécutive; au lieu qu'à présent le pouvoir illimité est dans le Parlement et le roi, et la puissance exécutive dans le roi, dont le pouvoir est borné [1]. » C'est là tout l'essentiel de la doctrine développée au XI° livre de l'*Esprit des lois*. Séparation des pouvoirs, existence de puissances qui, se fondant l'une sur l'au-

---

1. *Notes sur l'Angleterre.*

tre, s'appuient réciproquement sur leur force, et conservant ainsi l'harmonie de leurs volontés, vont d'une allure uniforme et pacifique, tout cela, Montesquieu le voit désormais dans une lumière éclatante. Cela est capital. Non certes, Montesquieu n'a pas appris des Anglais à s'intéresser aux problèmes politiques, mais il a pris à leur contact, à l'école des Chesterfield et des Bolingbroke, au spectacle de la vie publique anglaise, des habitudes de pensée nouvelles. Il cherche un état social créateur de liberté. Jusqu'alors, il l'avait trop intimement associée aux conditions des républiques anciennes, à l'exiguïté du territoire et à la haute vertu des âmes; mais aujourd'hui ces facteurs ne le retiennent plus. Non qu'il nie leur puissance, mais il a compris que les temps modernes ne sauraient plus s'en accommoder. La liberté n'est cependant pas une chimère! Où trouver les conditions de son existence, les garanties de son maintien? Et Montesquieu, en 1729, répond avec assurance qu'il les découvre dans un mécanisme constitutionnel particulier aux Anglais, caractérisé essentiellement par la séparation des pouvoirs.

Les résultats de cette enquête personnelle, qui dura près de trois ans, furent durables. Ils devinrent pour la pensée de Montesquieu comme un stimulant nouveau; toute l'orientation de son esprit en fut changée. Il avait jusqu'alors considéré les gouvernements d'Athènes, de Lacédémone et de Rome comme des républiques idéales, sans doute, mais presque uniquement pour leur vertu, leur foi patriotique. Aujourd'hui, ce qu'il préfère examiner en elles, c'est l'admirable répartition des pouvoirs qui y englobait dans une union pacifique les tendances monarchiques, aristocratiques et populaires [1]. Nous trouvons un premier écho de ces préoccupations nouvelles dans les *Pensées inédites* dont une page

---

1. *Esprit des lois*, liv. XI, ch. XII à XX.

semble avoir été l'ébauche du plan suivi dans les *Considérations sur la grandeur et la décadence des Romains*[1]. A la vérité, ce livre consacré à l'étude des causes de l'épanouissement et de la chute d'un grand Empire, n'insiste presque pas sur les révolutions dont souffrit, à Rome, le système de la séparation des pouvoirs, mais cette omission était imposée à l'historien. Ce que Montesquieu veut mettre en relief, ce ne sont pas les phases diverses de la liberté politique des Romains, mais bien les vicissitudes de l'Empire. Il s'intéresse moins au Romain citoyen d'un État libre, qu'au Romain conquérant et maître du monde.

Cette idée domine tout le livre, et nous ne saurions y insister davantage, car la philosophie y aurait moins de part que l'histoire.

Quelques années après les *Considérations*, Montesquieu dut achever le XI° livre de l'*Esprit des lois*, auquel il ajouta une étude très poussée sur la distribution des trois pouvoirs à Rome, à l'époque des rois et sous la République.

Ce point de vue lui paraissait alors si fécond, si nouveau, qu'il aurait voulu l'appliquer à l'étude des divers gouvernements, mais l'immensité du sujet l'épouvanta : « Je voudrais, dit-il, rechercher dans tous les gouvernements modérés que nous connaissons, quelle est la distribution des trois pouvoirs, et calculer par là les degrés de liberté dont chacun d'eux peut jouir. Mais il ne faut pas toujours tellement épuiser un sujet qu'on ne laisse rien à faire au lecteur. Il ne s'agit pas de faire lire, mais de faire penser[2]. »

Ce sont là de fières paroles, qui trahissent la joie de l'inventeur. En effet, Montesquieu avait appris, dans ses voyages, à examiner les problèmes politiques d'après une méthode qu'il a lui-même brillamment appliquée.

---

1. *Pensées inédites*, t. I, p. 115.
2. *Esprit des lois*, liv. XI, ch. xx.

IV

La grande passion dont Montesquieu ne songea jamais à se libérer, tant il y trouvait de secours pour toutes les circonstances de la vie, fut la passion de la lecture. « Aimer à lire, disait-il, c'est faire un échange des heures d'ennui que l'on doit avoir en sa vie, contre des heures délicieuses. » — « L'étude a été pour moi le souverain remède contre les dégoûts de la vie, n'ayant jamais eu de chagrin qu'une heure de lecture n'ait dissipé[1]. » Il y a des philosophes qui tirent leurs pensées d'eux-mêmes : ils lisent peu, ou, s'ils s'intéressent à ce qu'ont écrit les autres, c'est moins pour accepter leurs conclusions que pour y trouver des matériaux en vue de constructions nouvelles. Ces penseurs restent, quelque passionnés qu'ils soient pour les livres, des solitaires. Leur pensée jaillit du fond de leur conscience et elle apparaît comme un si lointain prolongement des doctrines étrangères, que le critique peut, sans danger, l'isoler et la contempler dans sa solitude superbe.

D'autres, au contraire, sont toujours en quête d'idées. Ils cherchent leur conception du monde à travers celle des autres. Ils accueillent avec sympathie les théories les plus rebattues et les doctrines les moins tapageuses. Ils en expérimentent au dedans d'eux-mêmes la vérité profonde. Et sans doute ils ne seront pas des disciples serviles, mais ils aimeront à mettre leurs pas dans les pas des autres, sauf à continuer la route plus loin que ne l'auront fait leurs devanciers, sauf même à la parcourir avec plus d'entrain et d'allégresse. — Il peut être assez indifférent de

---

1. *Pensées diverses.*

déterminer les points de contact, lâches et imperceptibles, par où la pensée des premiers tient à celle de vagues précurseurs, mais il est du plus haut intérêt de suivre attentivement l'éclosion de la vie intellectuelle des seconds. En eux, nous saisissons sur le vif la formation d'une pensée, les démarches et les hésitations d'une intelligence, le rôle, enfin, de la personnalité qui, au milieu d'idées déjà mises en circulation, jette le poids d'un talent original.

Montesquieu se rangeait volontiers parmi ceux qui ne reconnaissent pas — ou fort peu — d'ancêtres intellectuels. C'est un des traits de son caractère ; il avait la fierté de sa pensée. Il ne voulait fouler que des terres vierges. Il aimait à répéter : « J'ai eu des idées neuves », et s'excusait, sur cette superbe remarque, d'avoir dû créer encore « des expressions neuves ». Au milieu de ses dissertations, quand l'imprévu de ses recherches lui semble vraiment curieux, il s'arrête volontiers et s'adresse un instant au lecteur avec un sourire de complaisance : « Je ne sache pas que personne se soit jamais avisé de cette cause », puis, ayant ainsi attiré l'attention sur l'ingéniosité de sa réponse, il la développe avec amour. Mais ce n'est pas seulement dans les détails, perdus dans l'entassement des innombrables petits paragraphes de son œuvre, que Montesquieu insère de semblables proclamations. Il la met en épigraphe à son livre, et nous avertit, avant toute autre chose, qu'il nous offre le fils de sa pensée, non de la pensée des autres : *Prolem sine matre creatam*.

Eh bien ! cela n'est qu'à moitié vrai. Quand on restitue à ce génie créateur la pensée systématique qui organise et, pour ainsi dire, vivifie l'*Esprit des lois*, il reste incontestable que l'ouvrage est tout plein d'idées qui appartiennent à autrui. Que l'on se hâte d'ajouter que, tout en prenant son bien où il le trouve, Montesquieu ne cesse pas cependant d'accuser, à l'instant même où il emprunte la richesse de son propre fonds et la puissance de sa personnalité, rien n'est plus juste ni plus nécessaire. La grande force de Montesquieu est de tourner au profit de sa pensée fondamentale les idées qu'il rencontre au hasard de ses lectures. Il les transforme en arguments de sa thèse; il les accorde avec sa doctrine personnelle. Il les anime d'une vie nouvelle, et mérite ainsi que l'on les lui laisse, puisqu'elles ont été comme recréées par son génie.

Il n'en est pas moins vrai que les constructions de son raisonnement reposent sur une vaste expérience et une lecture immense. Nous savons comment les leçons de la vie, depuis le jour où, jeune magistrat, il jetait ses regards sur la société de la Régence, ont servi à mettre dans sa pensée la confirmation vivante de ses théories livresques. Mais surtout, ses ouvrages s'expliquent par ses lectures, et, pour ne nous en tenir qu'au plus célèbre, l'*Esprit des lois*, il y a grande apparence que le mystère de sa composition et celui de sa signification s'éclaireraient d'une vive lumière si l'on parvenait à restituer chacun de ses livres, chacun de ses chapitres à l'auteur qui les inspira. C'est un labeur immense pour lequel le Catalogue de la Bibliothèque de la Brède sera d'un très grand secours. Il ne saurait être question de déterminer ici toutes les sources où puisa Montesquieu; mais comment, déjà façonné par son éducation et par l'expérience, ce philosophe accepta-t-il la leçon des livres?

Tout d'abord il a subi très fortement l'influence d'Aristote. « Il faut réfléchir sur la *Politique* d'Aristote et et sur les deux *Républiques* de Platon, si l'on veut avoir une juste idée des lois et des mœurs des Grecs. Les chercher dans leurs historiens, c'est comme si nous voulions trouver les nôtres en lisant les guerres de Louis XIV[1]. »

---

1. *Pensées inédites*, t. II, p. 192.

Il est bien évident qu'il a lu, en effet, la *Politique* lentement, soigneusement, la plume à la main, et que le plus grand philosophe de l'antiquité est resté son plus grand maître. Aristotélicien, Montesquieu l'est presque toujours, et quand on croit retrouver l'exemplaire de ses doctrines chez un précurseur moins ancien, on s'aperçoit souvent que c'est encore de la source grecque que dérive cette pensée[1]. Montesquieu pose en principe que le législateur doit très rarement innover, et toucher aux lois existantes « d'une main tremblante ». C'est toute la pensée d'Aristote : « Il est dangereux, disait-il, d'accoutumer les citoyens à abroger trop facilement les lois; il vaut mieux laisser subsister quelques erreurs dans la législation et le gouvernement. Il y a moins d'avantages à innover que de danger à accoutumer les hommes à la versatilité de l'obéissance... La loi n'a de force que par l'habitude de l'obéissance, et l'habitude ne peut être que le produit de la longueur du temps; en sorte que changer facilement les lois établies pour leur en substituer de nouvelles, c'est énerver la puissance de la loi[2]. » Combien d'autres rapprochements nous permettraient de mesurer toute l'influence d'Aristote sur le philosophe de la Brède ! S'il admet qu'il y ait des esclaves par nature, que dans une république les lois somptuaires sont indispensables ainsi que l'égalité des fortunes, le vote du peuple et la voie du sort, que les institutions essentielles de la démocratie « dérivent du principe démocratique : la parfaite égalité entre les citoyens », c'est qu'avant lui, Aristote avait soutenu les mêmes

---

[1]. Pour une étude plus approfondie, voir l'édition de la *Politique* par Barthélemy St-Hilaire. Mais il faut se garder d'accepter sans réserve toutes les conjectures de l'éditeur, qui, dans Montesquieu, n'aperçoit guère que le reflet d'Aristote.
[2]. *Politique*, liv. II, ch. VI.

doctrines, et presque dans les mêmes termes[1]. Nous ne rappellerons même pas les détails innombrables qui, dans l'auteur de l'*Esprit des lois*, révèlent le lecteur attentif de la *Politique*; M. Barthélemy Saint-Hilaire a fait le relevé de ces emprunts avec un soin particulièrement diligent, et une partialité peut-être excessive en faveur du philosophe grec. Mais où se distingue surtout la maîtrise d'Aristote sur Montesquieu, c'est dans le choix et la disposition des idées essentielles qui soutiennent les premiers livres de l'*Esprit des lois*. Ces livres sont d'un humaniste. Plus encore, ils sont d'un disciple d'Aristote.

Les lois sont relatives à la nature du gouvernement, assure Montesquieu. Mais déjà l'auteur de la *Politique* avait dit que les lois sont constamment en rapport avec la constitution, et qu'elles sont justes ou injustes, bonnes ou mauvaises, suivant le système du gouvernement. Et il donnait en exemple la législation de Carthage, où l'on avait confondu la nature de l'oligarchie et de l'aristocratie, « double combinaison qui constitue en réalité une troisième espèce de gouvernement et vicie l'allure générale de l'État[2] ». Les lois sont encore relatives, ajoute Montesquieu, au principe du gouvernement. Avant lui, Aristote avait très longuement examiné « les bases des différents gouvernements », le principe qui les faisait mouvoir, et les moyens par lesquels le législateur pouvait non seulement organiser le gouvernement, mais en assurer la durée. Il les résumait dans cet axiome : « Les lois doivent être relatives au principe des divers gouvernements[3] ». Montesquieu veut que l'éducation soit organisée en vue de maintenir le principe et la na-

---

1. *Politique*, liv. I, ch. III; liv. II, ch. VII; liv. III, ch. VII liv. IV, ch. IX; liv. VI, ch. I, II et suiv.
2. *Id.*, liv. II, ch. IX.
3. C'est le titre du chapitre 1ᵉʳ du liv. VI de la *Politique*.

ture du gouvernement, car elle nous prépare à être citoyens ; chaque famille doit donc être gouvernée sur le plan de la grande famille qui les comprend toutes. Mais déjà Aristote avait écrit cette page remarquable : « Il est un moyen plus efficace que tous de conserver les gouvernements, quoiqu'il soit négligé de nos jours : c'est d'élever les citoyens dans l'esprit du gouvernement. Les lois les plus utiles et portées par des suffrages unanimes ne seront rien, si les mœurs et l'éducation ne portent pas l'empreinte du gouvernement, suivant qu'il est oligarchique ou démocratique. Cependant, élever les hommes dans l'esprit du gouvernement, ce n'est pas les façonner au gré d'un parti oligarchique ou démocratique, c'est les rendre propres à maintenir l'oligarchie ou la démocratie[1]. » Montesquieu enseigne que les révolutions dont sont menacés les gouvernements, la corruption dont ils souffrent, la décadence dont ils meurent, proviennent d'une cause générale : l'oubli des principes. Aristote l'avait déjà remarqué : quelle est, se demande-t-il, l'origine des révolutions de la démocratie ? L'inintelligence ou l'application à faux de son principe. Celui-ci est que les citoyens conservent entre eux l'égalité « sous un rapport ». Mais ils ont voulu l'étendre sur tout. Égaux en liberté, ils ont voulu l'égalité absolue. Voilà la cause première des révolutions. « Souvent même on se propose seulement d'ajouter ou d'ôter un rouage à la machine politique. » Cela suffit à introduire dans la constitution les plus profondes modifications, d'où sortent les bouleversements[2].

Montesquieu fait dépendre sa théorie de la liberté, ou, de façon plus générale, sa théorie de la meilleure constitution politique, de la séparation des trois pouvoirs. L'histoire, l'expérience de ses voyages, le progrès de ses

1. *Politique*, liv. V, ch. ix.
2. *Id.*, liv. V, ch. i.

idées, et, plus que tout, la lecture des œuvres de Locke ont été les sources de cette partie de l'*Esprit des lois;* mais si ces influences furent prédominantes, il semble bien que celui qui donna tout d'abord l'ébranlement, ce fut Aristote. C'est lui qui proclama le principe auquel Montesquieu devait faire une fortune : « Trois grands pouvoirs, disait-il, entrent nécessairement dans l'organisation d'une république, et le devoir d'un sage législateur est de les mettre en harmonie avec l'espèce du gouvernement... Ces pouvoirs sont : le pouvoir délibératif, le pouvoir exécutif, considéré dans les attributions et l'élection des magistrats, le pouvoir judiciaire[1]. » C'est enfin à l'auteur de la *Politique* qu'il faut faire remonter la préoccupation de compter, parmi les facteurs essentiels de la vie sociale des peuples, le climat, le terrain, tout ce que Montesquieu appellera d'un mot « les causes physiques » des lois. Non pas que la théorie du philosophe français soit la reproduction banale de celle d'Aristote : les différences sont telles que, sauf les tendances générales de la spéculation qui apparaissent semblables chez l'un et l'autre philosophe, il faut bien reconnaître que d'autres lectures ont décidé du choix et de la disposition des matériaux dont Montesquieu a construit son système. Toutefois, c'est dans la *Politique* que l'on rencontre cette remarque : « On trouve partout que les causes physiques ont une grande influence sur la nature du gouvernement. Les habitants des régions froides sont pleins de courage, et sont faits pour la liberté. Les Asiatiques manquent d'énergie : aussi sont-ils nés pour le despotisme et l'esclavage[2]. »

1. *Politique*, liv. IV, ch. IV.
2. *Id.*, liv. VII, ch. VII. Il faut encore signaler qu'Aristote avait enseigné la distinction des rapports que les lois soutiennent d'un côté avec la nature des gouvernements (livre II, ch. IX), et de l'autre avec le principe de chaque constitution (liv. VI, ch. I et suivants).

Bien qu'Aristote ait exercé sur Montesquieu une influence considérable, les lacunes de son système et l'étroitesse de ses idées n'échappèrent pas au philosophe français[1]. Il lui reprochera de « vouloir satisfaire tantôt sa jalousie contre Platon, tantôt sa passion pour Alexandre[2] ». Il lui tiendra surtout rigueur de ne paraître songer, en écrivant, qu'à réfuter son admirable maître, dont il jugeait les doctrines beaucoup moins utopiques qu'Aristote n'avait bien voulu le dire. De là vient que, très souvent, l'*Esprit des lois,* principalement dans les premiers livres, présente un amalgame étrange de pensées. Les unes sont proprement aristotéliciennes et semblent donner la réplique aux doctrines de *la Politique,* mais presque aussitôt sont brisées dans leur élan par d'autres pensées, dont le son est purement platonicien. Montesquieu a compté Platon parmi les quatre grands poètes qui ont enchanté l'humanité ; il a fait plus : il lui a demandé cet accent particulier, cette sagesse optimiste et complaisante, qui communiquent parfois aux théories de l'*Esprit des lois* je ne sais quel air de rêverie et d'irréalité.

Si la république de Montesquieu ressemble moins à Lacédémone ou à Sparte qu'aux idéales cités dont Platon aimait à tracer le plan, c'est que l'auteur de l'*Esprit des lois* fut un lecteur très assidu de *la République* et des *Lois* du philosophe grec. C'est presque toujours à celui-ci qu'il faut faire remonter la responsabilité de ces institutions républicaines que Montesquieu proclame nécessaires, sans se demander si elles sont possibles. Il veut que les législateurs s'emploient à interdire toute commu-

---

1. *Pensées diverses.*
2. En dépit de ces nombreux points de contact signalés ici, les différences restent nombreuses et profondes entre la méthode de Montesquieu et celle d'Aristote. Voir, sur la question des gouvernements, le livre cité de M. Durkheim, p. 44 et ch. III, — et sur la question des trois pouvoirs, le livre de M. E. d'Eichthal : *Souveraineté du peuple,* etc..., ch. II.

nication entre la cité et les étrangers. C'est parce que Platon avait déclaré que les lois doivent tendre à la vertu et négliger tout le reste, richesses et autres avantages de la nature; aussi empêcheront-elles que l'on « introduise dans la cité le commerce, le goût du gain, les marchands forains de toute espèce, ce qui donne aux habitants un caractère double et frauduleux, et bannit la bonne foi et la cordialité de leurs rapports ». Car « l'effet naturel du commerce est d'introduire une grande variété dans les mœurs, par les nouveautés que les rapports avec les étrangers font naître nécessairement; ce qui est le plus grand mal que puissent éprouver les États policés par de sages lois[1] ». Si Montesquieu assure que le plus léger changement dans les lois, les mœurs, les institutions en apparence les moins essentielles, peut entraîner de graves perturbations dans la République[2], c'est qu'il a lu dans *les Lois* : « Dans tous les États, les jeux eux-mêmes ont l'influence la plus puissante sur la stabilité ou l'instabilité des lois;... si l'on introduit dans les jeux des changements qui se renouvellent sans cesse, si les jeunes gens ne se plaisent jamais aux mêmes choses,... nous pouvons assurer que rien n'est plus funeste à un État. Cela conduit, sans qu'on s'en aperçoive, la jeunesse à prendre d'autres mœurs, à mépriser ce qui est ancien, à faire cas de ce qui est nouveau. Or, c'est le plus grand mal qui puisse arriver à tout État. »

Plus que tous les emprunts de détails qu'une lecture attentive relèverait dans l'*Esprit des lois*, ce qui montre bien la profonde influence de Platon sur Montesquieu, c'est

---

1. *Esprit des lois*, liv. IV, ch. vi et *les Lois*, liv. IV et liv. XII.
2. *Id.*, liv. XIX, ch. v et *les Lois*, liv. VII. Comme le fera Montesquieu (*Espr. des lois*, liv. XIX, ch. xiv), Platon étudie quels sont « les moyens naturels de changer les mœurs et les manières d'une nation » (*La République*, liv. IV).

l'importance capitale donnée, dans l'œuvre du politique français comme dans celle du philosophe grec, à cette maxime : « Les institutions doivent s'appuyer sur les mœurs[1]. » La politique de Platon suppose à la base de la cité la vertu. Pour lui, l'art politique consiste à faire des hommes vertueux, capables des institutions sur lesquelles l'État repose. Mais il répugne que la vertu soit le fruit de la peur du châtiment; ce n'est là qu'une vertu d'esclave, destituée de tout caractère propre de moralité. Il faut donc substituer à cette vertu forcée, immorale dans sa nature et d'ailleurs presque impuissante, la vertu fondée sur l'éducation. Alors les institutions s'appuyeront, non sur les lois, mais sur les mœurs, sur les lumières, la raison et la conscience publique. Plus que tous les autres États, l'État populaire aura donc pour principe la vertu, qui, elle-même, rendra nécessaire l'établissement d'une éducation « conforme à l'esprit des lois[2] ». La démocratie s'imprégnera avant tout de l'amour de la patrie, et cet amour consiste dans l'amour de l'égalité et de la frugalité. Alors Platon consacre presque tout un livre à montrer les moyens par lesquels le législateur établira cette égalité[3], et c'est lui qui enseignera à Montesquieu la nécessité de partager les terres, celle de fixer les dots des femmes, les donations, les successions, les testaments. Au reste, il reconnaîtra la très grande difficulté de ces procédés violemment égalitaires : « Il serait à souhaiter, dit-il, que l'un n'ait rien de plus que l'autre; mais, comme cela n'est pas possible, il est nécessaire que les cens soient inégaux, afin que dans la collation des charges, l'imposition des subsides et les distributions, chacun soit traité

---

1. Cette idée est très puissante sur Montesquieu, dès 1721. Voir *Lettres persanes*, LXXIX, et dans l'*Esprit des lois*, liv. V, ch. vii; liv. VIII et tout le livre XIX.

2. Cette expression, si naturelle à Montesquieu, est cependant de Platon. *Les Lois*, liv. VI, trad. Cousin, p. 304.

3. *Les Lois*, liv. V et liv. XI.

comme il doit l'être, non seulement d'après son mérite personnel et celui de ses ancêtres, mais encore d'après les richesses et l'indigence[1]. » Montesquieu ne parlera pas autrement. Il reste encore le disciple admirablement docile de Platon, dans cette autre partie de l'*Esprit des lois* consacrée à analyser les moyens par lesquels, après avoir établi les mœurs de la démocratie, le législateur pourra les conserver, et dans ce VIII° livre où il étudie avec tant de pénétration la corruption des principes des trois gouvernements. Platon n'avait guère eu devant les yeux que son idéale République : il l'avait formée, l'avait organisée, l'avait suivie dans son existence, il n'avait même pas omis de prévoir les causes de sa ruine. Il indique parmi elles l'esprit d'indépendance, quand chacun se croit capable de juger de tout. « A la suite de cette indépendance, dit-il, vient celle qui se soustrait à l'autorité des magistrats ; de là on passe au mépris de la puissance paternelle et de la vieillesse ; en avançant dans cette route, on arrive à secouer le joug des lois ; et lorsqu'on est enfin parvenu au terme même, on ne reconnaît plus ni promesses, ni serments, ni dieux[2]. » Que la réalité ne connaisse pas cet enchaînement rigoureux dans la suite des maux, cela n'est pas douteux, mais le philosophe de la Brède n'hésite pas à décrire, comme l'avait déjà fait son maître, la marche de la corruption du principe démocratique. « Le peuple veut faire les fonctions des magistrats ; on ne les respecte donc plus. Les délibérations du sénat n'ont plus de poids ; on n'a donc plus d'égards pour les sénateurs, et par conséquent pour les vieillards. Que si l'on n'a pas du respect pour les vieillards, on n'en aura pas non plus pour les pères ; les maris ne méritent pas plus de défé-

---

1. *Les Lois*, liv. V et *Esprit des lois*, liv. V, ch. v.
2. *Les Lois*, liv. III, et aussi *la République*, liv. VIII et IX. — *Esprit des lois*, liv. VIII, ch. II.

rence, ni les maîtres plus de soumission. Il n'y aura plus de mœurs..., plus de vertu. »

Ces rapprochements nous font comprendre toute la part que la philosophie antique peut revendiquer dans l'ordonnance et le dessein de l'*Esprit des lois,* plus généralement encore, dans la formation de la pensée de Montesquieu. L'aristotélisme et le platonisme ont, semble-t-il, dominé presque exclusivement cette pensée, du moins à la période où s'élaborait l'analyse des divers gouvernements, qui remplit les huit premiers livres de l'*Esprit des lois.* Mais ce n'est pas assez que d'arrêter l'influence de l'antiquité à ces deux grands noms. En réalité, toute la substance de la pensée antique s'est incorporée à l'esprit de Montesquieu. Il faut laisser aux critiques le soin de déterminer tout ce que le philosophe français doit encore à ses lectures de Cicéron, mais autant et plus que ces grandes œuvres maîtresses, les ouvrages secondaires eux-mêmes ont joué un rôle immense dans la formation intellectuelle de Montesquieu. Sa bibliothèque de la Brède contenait les œuvres les plus rares. A côté des Plutarque, des Xénophon, des Démosthène, des Lysias, des Polybe[1], nous y rencontrons Libanius, Pollux, Athénée, Strabon, Philon, Dion Cassius, Zosime, Suidas, Philostrate, Procope, Évagre, Stobée, Hérodien, Arrien, Étienne de Byzance, Nicétas, Théophylacte, Xiphilin, Agathias, Nicéphore, Constantin Porphyrogénète, Eusèbe, Herménopule ; et, du côté des Latins, si presque tous les grands auteurs y figurent, quelques-uns même en plusieurs éditions, nous nous heurtons à toute une série de talents de second ordre, tels que Florus, Justin, Cornélius Népos, Aurélius Victor, Ammien Marcellin, Capitolin, Aulu-Gelle, Ulpien, Vopis-

---

[1]. Il disait de lui : « Il a admirablement bien expliqué quelle part les consuls, le Sénat, le peuple prenaient dans le gouvernement de la République romaine. » *Pensées inédites,* t. I, p. 85.

cus, Curius Fortunatianus, Aristide Aelius, plusieurs autres encore, dont on est sûr que Montesquieu faisait une lecture attentive, car en regard de la plupart de ces noms, il écrivait, sur son Catalogue, de courtes appréciations, justes et bien frappées.

Sans quitter la terre des classiques, qui avait produit ces ouvrages dont Montesquieu disait « qu'ils étaient pour les auteurs, tandis que les nouveaux étaient pour les lecteurs », nous devons signaler quelques auteurs italiens dont il semble que ce philosophe ait subi la forte influence. Le plus grand est Machiavel, l'auteur d'un traité de politique admirable dans son impudence et son immoralité [1]. Mais si *le Prince* a provoqué la désapprobation constante de Montesquieu, au point que l'on a pu trouver dans ses papiers les fragments d'une réfutation de cette philosophie brutale, il n'en est pas de même des *Discours sur Tite-Live* qui lui suggérèrent plusieurs idées dont il tira quelque profit pour son système politique. Il paraît bien ne pas avoir lu les œuvres de Machiavel avant 1726, mais il ne manquera pas de les utiliser diligemment pour les *Considérations sur les Romains*. Machiavel attribuait les succès et la gloire de la république romaine à la fusion des trois espèces de gouvernements, monarchique, aristocratique et démocratique, et à la sagesse de sa conduite. C'est ainsi qu'il étudie la politique des Romains à l'égard des vaincus, leur manière de faire la paix, l'utilité de leurs magistratures, leurs institutions guerrières, leur tactique et surtout les qualités de valeur et de patriotisme qui firent des armées romaines des armées de héros. Par cette enquête purement politique sur les causes de la grandeur de Rome, Machiavel fut un des premiers à révéler à Montesquieu les principes du rationalisme historique, en

---

1. Cf. pour plus de détails le livre récent de M. Levi-Malvano : *Montesquieu e Machiavelli*, 1912.

négligeant comme trop mystérieux le rôle de la Providence et en proclamant l'obligation de consulter la législation et le droit pour écrire l'histoire des peuples.

Le prestige d'un si grand nom continua à s'exercer quand Montesquieu rédigea l'*Esprit des lois*. Toutefois ce prestige ne lui en imposait plus. Après l'épreuve des voyages, on voit Montesquieu se déclarer convaincu de l'inaptitude du peuple à choisir ses mandataires. Cependant au livre second de l'*Esprit des lois*, il avait écrit : « Le peuple est admirable pour choisir ceux à qui il doit confier quelque partie de son autorité. Il n'a à se déterminer que par des choses qu'il ne peut ignorer, et des faits qui tombent sous les sens... Toutes ces choses sont des faits dont il s'instruit mieux dans la place publique qu'un monarque dans son palais [1]. » C'est qu'alors Montesquieu se souvenait sans doute d'un chapitre des *Discours sur Tite-Live*, dans lequel Machiavel assure que « le peuple se dirige dans l'élection de ses magistrats par les témoignages de capacité les moins douteux qu'il soit possible d'avoir, et qu'il a bien moins à craindre que les princes les effets de l'erreur ou de la corruption [2] ». Et comment ne pas remarquer que les *Discours sur Tite-Live* sont comme le développement ininterrompu d'une théorie qui ne sera pas moins chère à Montesquieu ? Pour celui-ci, la corruption des gouvernements s'explique, en dernière analyse, par la corruption de leur principe ; aussi ne cesse-t-elle que par le rajeunissement du principe : « toute autre correction est ou inutile ou un nouveau mal [3] ». Mais cette doctrine ne serait-elle pas l'écho des leçons de Machiavel ? « Aussi, lisons-nous dans un discours, est-il plus clair que le jour que les sectes et les répu-

---

1. *Esprit des lois*, liv. II, ch. II.
2. *Discours sur Tite-Live*, liv. III, ch. XXXIV : « Le peuple fait-il, pour les places, de meilleurs choix que les Princes ? »
3. *Esprit des lois*, liv. VIII, ch. XII et XIII.

bliques ne durent si elles ne sont renouvelées ; et la manière de les renouveler est de les ramener vers leur principe, car il faut bien que les fondements de toutes sectes, républiques et royaumes aient quelque bonté en eux, par le moyen de laquelle ils reprennent leur première réputation et accroissement... Cette réduction vers le premier être (j'entends parler des républiques) se fait ou par accident extérieur ou par prudence intérieure... Il convient que cela naisse ou d'une loi ou d'un homme de bien qui naisse entre eux : lequel par son exemple et par ses œuvres vertueuses fasse même effet que l'ordonnance [1]. »

Qu'après cela, l'honnêteté généreuse de Montesquieu se soit révoltée contre les thèses de l'Italien, rien n'est plus sensible en quelques endroits de l'*Esprit des lois*[2], mais soit qu'il les ait combattues, soit qu'il les ait suivies, le philosophe français a subi leur forte empreinte.

Il n'a pas moins subi l'action de Jean-Vincent Gravina, auteur des *Origines juris civilis*, qu'il pratiqua aux alentours de 1710, avec une diligente attention, comme en témoigne le recueil de ses *Pensées inédites*. Même il fit de cet auteur un « extrait » considérable[3]. Requier, qui, en 1766, traduisit les *Origines*, ne manqua pas de signaler aux lecteurs éclairés « que le fameux auteur de l'*Esprit des lois* s'était beaucoup enrichi de celui-ci, dans les endroits où les lois sont philosophiquement examinées » ;

---

1. *Discours sur Tite-Live*, liv. III, ch. 1, traduction de MDCXIV, p. 197.
2. Ce serait aux critiques à montrer comment les thèses développées surtout aux livres IX et X de l'*Esprit des lois* sont la réfutation, souvent très serrée, de Machiavel. Depuis que ces lignes ont été écrites, le livre de M. Levi-Malvano a paru : nous y renvoyons le lecteur.
Montesquieu lut de bonne heure Machiavel, mais probablement la lecture attentive n'est-elle pas antérieure à 1726. Dans une note il signale « *à lire* » Machiavel, avec certains autres livres, et en particulier l'*Histoire de la médecine* de Freind. Or cette histoire a paru en 1725-1726. *Pensées inédites*, t. I, p. 30, et t. II, p. 364 avec la note de la p. 567.
3. Les *Origines* paraissent de 1701 à 1713. — *Pensées inédites*, t. I, p. 121, 122, etc... et la note de la p. 122.

à quoi il ajoutait : « il l'a peu cité, et il eût pu le mettre beaucoup mieux à profit qu'il n'a fait¹ ».

Gravina est sans doute plutôt un historien qu'un philosophe ; il songe plus à présenter un érudit traité des lois romaines qu'à rechercher les causes des législations. Néanmoins, il a des intuitions philosophiques vraiment remarquables. Avant l'auteur de l'*Esprit des lois*, il a proclamé que la loi est le fruit, non pas du hasard ou de la force, mais de la Raison commune, et que si les lois, dérivées de cette même source, témoignent cependant de contradictions étranges, la cause en est qu'elles sont l'expression d'une raison particulière, soumise à des influences spéciales². C'est là, en germe, tout le relativisme de Montesquieu, et si l'idée appartient à son génie, peut-être n'est-il pas inutile de constater que, parmi les auteurs dont il faisait sa lecture favorite, Gravina ne pouvait que le confirmer davantage dans ses convictions. « Ce moyen général, dit-il, d'entretenir la tranquillité publique, les plus sages législateurs l'ont plié au caractère des peuples. Ils l'ont adapté aux mœurs du pays et du siècle. De là, quoique la nature ait donné aux hommes la même idée d'honnêteté, l'aspect n'en est pas le même chez tous. Les lois des divers peuples sont diverses entre elles, parce qu'ils ne puisent pas leur avantage dans les mêmes sources, et que, quoiqu'ils aient besoin d'être bien gouvernés, ils ne sauraient l'être tous d'une façon égale. » — On s'étonne de l'ampleur qu'ont prise dans l'*Esprit des lois* certaines dissertations historiques sur les lois romaines : l'essentiel de cette érudition, nous le savons aujourd'hui, provient des recherches de Gravina. Nous citerons, par exemple, les pages sur l'adultère, le divorce, l'usure, le péculat, la condition des

---

1. Voir l'*Esprit des lois romaines*, ouvrage traduit de J. V. Gravina, par M. Requier, MDCCLXVI, p. VII.
2. Voir cette page remarquable dans traduction Requier, t. I, p. 61.

enfants, les mariages à Rome, celles enfin traitant de l'évolution des lois sur la tutelle à Rome et en Grèce [1].

Les critiques ont ajouté à ces noms celui de l'illustre Vico, mais il est infiniment probable que Montesquieu ne lui doit rien, si toutefois il l'a lu [2]. Il n'en est pas de même du philosophe Doria, auteur d'une remarquable *Vita Civile* (1710) que possédait Barbot, l'ami de Montesquieu; celui-ci, nous le savons, lui empruntait les livres de sa riche bibliothèque [3]. Bien des parties de la *Vita Civile* sont pour nous sans intérêt, mais beaucoup d'autres nous révèlent une pensée politique dont les points de contact avec la pensée de Montesquieu paraissent irrécusables. L'étude des législations, dit Doria, se résume dans « la recherche de la raison, de la cause intérieure et fondamentale de toutes les lois [4] ». Les États eux-mêmes sont établis et s'organisent selon deux maximes essentielles : les uns ont pour principe de se conserver tels qu'ils sont, les autres de s'agrandir. — Les législateurs ne peuvent refuser d'accepter d'autres maximes politiques, mais elles devront s'accorder avec le principe général, pour éviter l'incohérence et le désordre. Au reste cet « esprit des lois » qu'il est très important de ne point perdre de vue, se complique du fait que les lois sont encore relatives à diverses choses : à l'esprit général des peuples, à la nature du sol, au nombre et à la nature des habitants [5]. La sagesse du législateur est de savoir accorder entre elles toutes ces forces, puis de savoir maintenir les lois, les cou-

---

1. Gravina, t. I, p. 78 à 95, 105, 127, 183, 208, 425, 459 à 534.
2. C'est du moins à cette conclusion qu'aboutit M. Sclopis dans ses *Recherches critiques sur l'Esprit des lois*, p. 238.
3. L'exemplaire de la *Vita Civile* que possédait Barbot est aujourd'hui à la bibliothèque municipale de Bordeaux.
4. *Vita Civile*, p. 16.
5. *Vita Civile*, p. 223, 224, 225.

tumes, les principes particuliers, la Constitution, issus de cet ensemble. Car les principes varient avec les gouvernements : celui des Républiques est la vertu des citoyens; celui des Monarchies, l'ambition dans les sujets, et pour les gouvernements despotiques, ils n'ont pas besoin de la vertu, il suffira de tout y avilir[1]. On a vu des États changer de principes, et par exemple Rome, après avoir suivi la maxime de la « conservation de la Constitution », adopta peu à peu les maximes d'agrandissement par la conquête. Ce fut là une conduite funeste et l'origine de la décadence de cette nation[2]. Ce qui est vraiment nécessaire, c'est de conserver les maximes fondamentales, c'est d'empêcher leur énervement, leur corruption, par l'introduction dans l'État de nouveaux principes et de nouvelles coutumes. « Dans toute république ou royaume bien ordonné, les innovations de ce genre sont toujours pernicieuses. » On veillera donc avec soin sur les étrangers, avec lesquels on entretient des relations commerciales nécessaires; on punira ceux qui voudraient introduire de nouvelles coutumes « qui donneraient naissance à de nouvelles maximes politiques », et l'on châtiera très sévèrement ceux qui s'attachent à corrompre les maximes établies[3]. Cependant des deux maximes fondamentales, celle de la conservation et celle de l'agrandissement, Doria convient que celle-là est « meilleure pour les républiques », celle-ci plus conforme aux monarchies. La république en effet s'appuie sur la vertu, sur la simplicité des mœurs, et réclame « une médiocre grandeur de territoire[4] ». Elle évitera donc d'éveiller l'ambition des particuliers et leur cupi-

---

1. *Vita Civile*, p. 247, 248.
2. *Id.*, p. 222 à 256.
3. *Id.*, p. 268, 269, 270, 284.
4. *Id.*, p. 241.

dité; elle proscrira le luxe et ne fera pas de conquêtes. Ce sont là des maximes politiques dont nous devons remarquer non seulement la sagesse, mais surtout la conformité frappante avec celles proclamées dans l'*Esprit des lois*.

Montesquieu lui-même a pris soin de nous faciliter l'enquête sur la formation de son génie, car dès les premières pages de l'*Esprit des lois,* il nous fait cette confidence : « Quand j'ai vu ce que tant de grands hommes, en France, en Angleterre et en Allemagne, ont écrit avant moi, j'ai été dans l'admiration, mais je n'ai point perdu le courage : « Et moi aussi je suis peintre », ai-je dit avec le Corrège. »

Pourquoi l'Italie ne figure-t-elle pas dans cette énumération dictée par la reconnaissance? Ne serait-ce pas qu'en effet les véritables théoriciens du droit, du droit des gens et du droit de la nature, les véritables philosophes politiques étaient alors beaucoup moins des italiens que des anglais, des allemands et des français? L'Allemagne surtout assista, vers la fin du XVIIe et le commencement du XVIIIe siècle, à une extraordinaire floraison de théories et de systèmes juridiques. Alors parurent de lourdes et érudites études sur l'origine du droit, sur les raisons des diverses législations, qui illustrèrent les noms de Grotius, Puffendorf, Barbeyrac, Heineccius, Everard Otto, Thomasius et Gérard Noodt. Il serait fastidieux de pousser le parallèle entre leurs œuvres et celle de Montesquieu; mais plusieurs raisonnements de l'*Esprit des lois* dérivent directement de ces sources, et c'est vraiment la reconnaissance qui a encore dicté ces paroles : « Je rends grâces à MM. Grotius et Puffendorf d'avoir exécuté ce qu'une grande partie de cet ouvrage demandait de moi, avec une hauteur de génie à laquelle je n'aurais pu atteindre. »

Plus que l'Italie, plus que l'Allemagne, peut-être autant que la Grèce et la Rome antiques, l'Angleterre a été la grande formatrice de Montesquieu. Ses origines intellectuelles sont, pour une large part, dans les ouvrages parus sur cette terre classique de la liberté. De très bonne heure, Montesquieu s'était intéressé au mouvement des idées anglaises. Jeune homme, il s'appuie déjà sur l'autorité de Cudworth pour soutenir une opinion théologique. Il suit de près la querelle de « l'obéissance passive » qui bat alors son plein en Angleterre, et l'on voit bien, par la qualité des arguments qu'il invoque, que ses armes sont les mêmes que manient les théoriciens d'Outre-Manche. Vers le temps des *Lettres persanes*, il connaît fort bien les doctrines de Filmer et de Blackmore, et certainement pratique l'*Essai sur le gouvernement civil* de Locke. La bibliothèque de la Brède est fort riche en ouvrages anglais ou traduits de l'anglais. Que n'a-t-il pas désiré de ce pays? Ses productions littéraires, les œuvres de ses poètes, de ses grands prosateurs, de ses critiques, de ses grammairiens, de ses médecins, de ses voyageurs, de ses historiens, tout retenait l'attention de Montesquieu. Nous avons de lui une note bien curieuse. « Livres originaux, y disait-il, que j'ai à lire : Stanley, Polyen, Hudibras, Bacon, Clarke, l'*Histoire de la médecine* du docteur Freind, le *Tableau des esprits* de Barclay; — Acheter : Harris : *Collection of Travels;* Churchill : *Collection;* Bajlip : *Etymological Dictionary english;* Chambers : *Dictionnaire;* Bracton : *De legibus Angliæ;* Fortescue : *De legibus Angliæ;* l'*Abrégé de l'Essai de l'entendement humain*, traduit de l'anglais par M. Bossu, à Londres, 1720 (meilleur que le livre même de Locke)[1]. » Il admire Pope, Bolingbroke, Warburton. Celui-ci était

---

1. *Pensées inédites*, t. I, p. 30.

un évêque anglican dont les ouvrages exercèrent une réelle influence sur l'auteur de l'*Esprit des lois*. A plusieurs reprises, soit dans ses Notes inédites, soit dans sa correspondance[1], le nom de Warburton revient, et l'on sent bien toute l'admiration que cet anglais avait imposée à son lecteur français. Montesquieu a souhaité entrer en relations avec lui, et la correspondance encore inédite qu'ils échangèrent montrera l'étendue de ce prestige et de cette affectueuse vénération. Nous-même avons essayé ailleurs de montrer les dépendances de la pensée de Montesquieu à l'égard du philosophe anglais, en ce qui concerne les théories politico-religieuses de l'*Esprit des lois*.

La liste des livres anglais à lire ne mentionne ni le *Leviathan* de Hobbes ni l'*Oceana* de Harrington. Il est cependant bien certain que ces deux ouvrages, surtout le *Leviathan*, excitèrent la pensée de Montesquieu. Tout le premier livre de son *Esprit des lois*, et aux origines mêmes de sa vie littéraire, plusieurs *Lettres persanes* et le traité sur *les Devoirs*, sont une riposte aux théories de Hobbes, pour lequel tout droit individuel dépend d'une concession bénévole du Prince. Montesquieu au contraire, fortifié dans sa pensée par la lecture de Locke, subordonnait l'action du gouvernement au respect de certaines règles supérieures : lois naturelles morales, supérieures à la volonté arbitraire du législateur, — justice éternelle et universelle, antérieure aux lois et conventions humaines, — droits naturels individuels que l'État est moralement tenu de respecter. Mais où l'on saisit bien toute la force de la discipline anglaise sur l'esprit de Montesquieu,

---

1. La mort a surpris M. Céleste au moment où il mettait la dernière main à la publication de la Correspondance de Montesquieu. Le tome premier contiendra plusieurs lettres échangées entre Warburton et Montesquieu d'un très grand intérêt.

c'est quand on aperçoit, parmi ses ancêtres intellectuels, non pas seulement d'authentiques philosophes comme Hobbes, Locke, Clarke, Cumberland, ou de vrais écrivains politiques, comme Bolingbroke, Algernon Sydney et les multiples auteurs de libelles de circonstance que possède la bibliothèque de la Brède; mais encore des médecins comme John Arbuthnot, des historiens comme Rapin-Thoyras, des pamphlétaires et des ironistes comme Thomas Gordon ou Bernard Mandeville [1].

Quand un auteur livre ainsi sa pensée, dont l'originalité n'est certes pas compromise, mais excitée et comme stimulée par ces éveilleurs d'idées, il arrive que toute son œuvre est imprégnée d'un parfum exotique qui lui communique un charme étrange.

Cependant, le prestige du sol natal et la saveur de la pensée française ne manquent pas en cette intelligence, ouverte à toutes les influences, soumise à toutes les disciplines, et d'ailleurs si fière. Sans pousser aussi loin qu'on l'a fait l'influence de Jean Bodin sur Montesquieu, il est néanmoins hors de doute que notre philosophe lut de fort près les *Six livres de la République*. Mais comment ces deux pensées pourraient-elles se fondre l'une dans l'autre, si Bodin songeait surtout à concilier la politique et la morale, Montesquieu à se désintéresser à peu près du point de vue moral, pour n'essayer que de fixer entre la politique et certains agents extérieurs des relations de causalité? Sans doute, Bodin a signalé l'influence du climat; mais Chardin l'avait aussi enseignée à Montesquieu, et beaucoup plus fortement. « Je trouve toujours, disait-il, la cause ou l'origine des mœurs et des habitudes des Orientaux dans la qualité de leur climat; ayant observé dans mes voyages que, comme les mœurs suivent le tempéra-

---

1. Sur ces influences, voir notre *Montesquieu et la tradition politique anglaise en France*, Paris, 1909.

ment du corps, le tempérament du corps suit la qualité du climat, de sorte que les coutumes ou habitudes des peuples ne sont point l'effet du pur caprice, mais de quelques causes ou de quelques nécessités naturelles[1]. » Et voilà, sans nul doute, le pressentiment de ce déterminisme physique qui ne laisse au hasard ni la vie matérielle des hommes, ni la vie politique des peuples, ni les décisions des législateurs. Nous savons encore que Montesquieu examina avec beaucoup de sympathie les idées de Fénelon, celles de *Télémaque* qu'il appelait « l'ouvrage divin de ce siècle », celles aussi de l'*Examen de conscience s*. *les devoirs de la royauté* qui, paru en 1734 à la suite du *Télémaque*, révèle de si curieux points de contact entre les doctrines de ces deux philosophes. Malebranche resta toujours l'une de ses admirations, bien que, dans sa jeunesse, il eût entrepris la réfutation patiente de son système. Il n'est pas jusqu'à ce doux rêveur d'abbé de Saint-Pierre qu'il n'ait pris au sérieux : « N'étant point né, écrivait-il, dans le siècle qu'il me fallait, j'ai pris le parti de me faire sectateur de l'excellent homme l'abbé de Saint-Pierre, qui a tant écrit de nos jours sur la Politique[2]... » A la vérité, ce « sectateur » se montra fort peu docile, et l'on pourrait constater que si presque toutes les thèses de l'abbé ont été reprises par Montesquieu, c'était dans le dessein de leur opposer des thèses contraires[3], mais cela même est un témoignage de l'action vivante de ce précurseur.

Brunetière n'a pas manqué de signaler l'influence de

---

1. Chardin, *Voyages*, édit. 1723, t. V, p. 219-220.
2. *Pensées inédites...*, t. I, p. 102.
3. Bertolini avait déjà signalé ce caractère, et remarqué que le livre de Montesquieu sur les Républiques fédératives est « entièrement opposé au plan de la *Diète européenne* de l'abbé de Saint-Pierre. Montesquieu ne paraît avoir fait son ouvrage que pour s'opposer aux sentiments de l'abbé ». Cf. *Analyse de l'Esprit des lois*, p. 21.

l'œuvre de Bayle sur l'auteur de l'*Esprit des lois*. Plus que certains exemples détachés, ou certaines thèses fugitives, Montesquieu aurait trouvé chez ce maître des esprits à l'aurore du xviii° siècle une direction et comme un inépuisable principe de critique nouvelle. Le premier, Bayle a mis dans l'institution sociale sa raison d'être et le principe actif de son perfectionnement futur. Il lui a subordonné la morale, la religion, l'activité des citoyens tout entière.

En avançant qu'il valait mieux être athée qu'idolâtre et ne rien croire du tout que de se proposer les amours de Jupiter ou les perfidies de Junon pour modèle, Bayle apprenait à Montesquieu à ne se soucier ni de la vérité, ni de la probabilité de la religion, mais uniquement de son utilité, et « du bien que l'on en tire dans l'état civil ». Ainsi les lois civiles doivent parfois corriger « les fausses religions ». Il n'appartient donc pas aux religions de régler la morale ou la politique, mais au contraire, à la politique ou à la morale de rectifier ou d'épurer les religions. Tout cela demanderait de longs développements, mais Brunetière pouvait écrire avec raison: « Dans la mesure où l'*Esprit des lois* peut se définir un traité de jurisprudence universelle, émancipé de la tutelle et soustrait à la sanction de la théologie, c'est Bayle qui a démontré le premier, je ne dis pas seulement la possibilité, mais l'urgence de l'écrire[1]. »

On pense bien que si les morts exerçaient une pareille action sur l'esprit de Montesquieu, les théoriciens contemporains ne restaient pas en dehors du mouvement de sa pensée. Depuis que l'on a dit que le Président faisait ses livres dans les salons, à écouter toutes sortes de conversations, pas un de ses biographes n'a manqué de rappeler

---

1. Cf. *Études critiques sur l'histoire de la littérature française*, t. V, p. 107.

« l'actualité » de la plupart de ses doctrines. Il faudrait, parmi tous les excitateurs d'idées qui mirent en branle l'activité de Montesquieu, faire une place spéciale à Melon [1]. Cet économiste bordelais a exercé une véritable influence sur les idées économiques du Président. Ils étaient grands amis. A l'Académie de Bordeaux, Melon introduisit le goût des dissertations scientifiques, et Montesquieu fut très prompt à le suivre. En 1722, Melon et Montesquieu se fréquentent beaucoup à Paris, et il n'est pas sans intérêt de remarquer qu'en 1717, Melon avait pris connaissance, à Londres même, de la fameuse *Fable des Abeilles* de Mandeville, dont il accepte lui-même l'idée fondamentale sur le luxe et l'organisation de l'industrie, et dont il est très probable que Montesquieu fait à son tour la lecture vers 1724. Ne serait-ce pas sur l'invitation de son ami? Toujours est-il qu'il se souviendra de sa pensée, quand il étudiera « l'esprit des lois romaines » [2], les rapports de l'exportation et de l'importation, la liberté du commerce, la monnaie, la justice, le change et les dettes publiques. Toutefois son amitié pour Melon ne put le résoudre à adopter sa théorie cruelle du rétablissement de l'esclavage en Europe, et c'est manifestement cette doctrine qu'il s'acharne à détruire au XV° livre de l'*Esprit des lois*.

Il ne saurait être question ici de pousser jusque dans les détails les recherches sur toutes les sources de la pensée de Montesquieu.

Mais il était nécessaire de montrer que son active curiosité s'est exercée en tous les sens, et n'a laissé nul domaine de la pensée européenne inexploré. Il a subi les disciplines les plus dissemblables, les impressions les plus diverses; il s'est mis en quête de toutes les productions

---

[1]. Voir la thèse, un peu courte, de Douzinac, *Jean-François Melon, économiste*, Toulouse, 1907.
[2]. L'expression est de Melon.

politiques de l'esprit humain. Son œuvre cependant n'est pas une simple collaboration. Si Montesquieu s'est constamment efforcé de sympathiser avec les âmes du passé et celles du présent, il n'a vu dans ces relations qu'un moyen de prendre plus nettement conscience de ses secrètes préférences, afin de les fortifier en soi. Chez ses devanciers, ce qu'il a surtout cherché et trouvé, c'est la confirmation des idées générales qui l'inspiraient depuis sa jeunesse. La lecture des œuvres étrangères a mûri sa pensée et l'a fait passer de la période des pressentiments à celle des fortes affirmations. Il fallait fixer cet aspect de la vie intellectuelle de Montesquieu. Ce lecteur acharné n'a pu se soustraire à l'action de ses lectures; même à son insu, les souvenirs ont encombré sa réflexion et fait de son œuvre l'œuvre d'un érudit, qui, certes, ne manque pas d'idées personnelles, mais se plaît à accumuler devant lui des matériaux sur lesquels il exerce sa maîtrise.

CHAPITRE II

LES ORIGINES DE SA MÉTHODE SOCIOLOGIQUE.

I. La survivance de l'esprit théologique en Sociologie. — II. Tentatives diverses en faveur de la méthode sociologique. — III. La méthode sociologique de Montesquieu est le prolongement d'une méthode de travail particulière. — IV. Comment l'emploi de cette méthode sociologique explique l'économie et l'ordre de l'*Esprit des lois*. — V. Que cette méthode explique le genre de documentation positive que préfère Montesquieu.

I

Quoique soumis à la discipline antique et à celle des meilleurs esprits de son temps, Montesquieu avait l'ambition d'ouvrir, à son tour, une voie nouvelle, qu'il serait le premier à suivre, aussi loin que ses forces le permettraient. La science du droit était alors fort en honneur, et, précisément vers 1720, des travaux remarquables avaient enrichi ce domaine de la pensée : il ne fallait pas songer à renouveler ce genre d'études. Mais pourquoi toutes les générations seraient-elles dans la nécessité d'appliquer à cette science une méthode immuable ? C'était, en effet, sur cette question de méthode que le besoin de rajeunir se faisait particulièrement sentir. En Allemagne, Christian Thomasius, savant d'une si libre allure dans les questions philosophiques, se montre, dans la science de la législation, surtout préoccupé de recherches et de distinctions métaphysiques; l'importance des lois de Moïse le retient longuement. Il raisonne d'après les autorités de l'école sans s'intéresser aux faits vivants; il va même jusqu'à blâmer ceux qui appliquent l'histoire à la politique.

En France, cet état d'esprit théologique règne encore souverainement. Voici le Président d'Aguesseau « le dernier de l'ancienne école », qui résume en lui toute la sagesse des politiques du xviie siècle. Sa méthode était simple : former la philosophie sur le modèle de l'antiquité, pour aboutir à la foi chrétienne.

Le principe de l'autorité est le pivot sur lequel tourne tout son système politique ; mais cette autorité est subordonnée à la loi de Dieu, qui exige un lien de fraternité entre tous les hommes. D'Aguesseau rapporte ainsi à Dieu l'institution et le but final de la société humaine. Les lois civiles sont, en dernière analyse, l'expression de sa volonté souveraine. Elles se légitiment, parce que leur origine est divine. Elles sont obligatoires, parce que la soumission à la volonté de Dieu est obligatoire. Mais pourquoi les lois sont-elles diverses? Et d'où vient que leur force soit ici plus grande et là dérisoire, sur un même objet? A cela, d'Aguesseau ne savait que répondre. Sa méthode juridique, toute pénétrée de théologie, l'obligeait à ne partir que de Dieu seul, à n'aboutir qu'à Dieu seul. Quant aux différences de la raison humaine, la chose paraissait de minime importance, et jamais d'Aguesseau ne s'est astreint à fixer des rapports de convenances, à découvrir des motifs de disparités. — Les grands écrivains politiques délaissent encore l'idée de relativité.

II

Devant l'infinie diversité des coutumes et les multiples contradictions des législations humaines, quelle fut l'attitude de Montesquieu? Dès sa jeunesse, il voulut triompher de ce pêle-mêle de maximes et de lois et dominer le flottement incessant de la vie. « Au sortir du collège, disait-il, on me mit dans les mains des livres de droit : j'en cherchai l'esprit. » Il le chercha longtemps dans les ténèbres, et fut lent à se frayer une voie originale. Il suivit tout d'abord les sentiers déjà battus. Car, avant lui, les philosophes avaient essayé de rendre raison de ces variations de la loi. Montesquieu ne l'ignorait pas. Le premier essai qui dut solliciter sa pensée, fut celui de Philon. « Ce qui doit nous empêcher, disait Philon, d'ajouter foi légèrement à tant d'opinions incertaines, répandues presque par tout le monde, et qui nous convainc que les Grecs, pour être trop décisifs, tombent dans l'erreur aussi bien que les Barbares, c'est que l'éducation, les coutumes reçues, les lois anciennes varient étrangement, en sorte qu'il n'y a pas une seule de ces choses en quoi tout le monde convienne ; au contraire, dans chaque pays, dans chaque nation, dans chaque État, dans chaque ville, dans chaque village, bien plus, dans chaque maison même, il y a une grande diversité de sentiments, car les hommes ont à cet égard d'autres idées que les femmes, et les enfants pensent autrement que les pères et les mères. Ce que l'un juge déshonnête, l'autre le trouve honnête, et ce que l'un estime honnête, l'autre le croit déshonnête. Je ne suis point surpris que le vulgaire ignorant, — qui est esclave des lois et des coutumes de sa patrie, de quelque manière qu'elles aient été établies, — s'en rapporte aveuglément aux traditions de ses ancêtres, affirmant ou niant sans examen [1]. » En somme, le philosophe n'a qu'à constater le chaos des opinions humaines. Philon ne croit pas qu'on puisse l'expliquer vraiment ; les lois sont affaire de tempéraments et d'âges, et, en un sens, c'est bien la fantaisie qui gouverne les hommes.

1. Cf. Philon, *De Temulentia*.

Ainsi parlera plus tard Montaigne, pour qui Montesquieu éprouvait une si vive admiration. Lui aussi se décourage devant l'arbitraire et le conventionnel qui font du monde un théâtre permanent d'actes irrationnels. A quoi bon débrouiller ce gâchis humain qui demeure la preuve vivante de l'infirmité de notre raison? « La règle des règles et générale loi des lois », c'est « que chacun observe celle du lieu où il est ». La fantaisie ne s'explique pas, mais se légitime par la vie.

Montesquieu ne céda jamais à ce scepticisme découragé. Perdu dans l'entassement de ses notes et de ses observations qui se contrariaient l'une l'autre, il conservait la persuasion que, malgré l'infinie diversité des lois et des mœurs, « les hommes n'étaient pas uniquement conduits par leurs fantaisies », et que tout, même la fantaisie, devait s'expliquer par une raison supérieure.

Mais laquelle? L'école de Carnéade enseignait que la source et l'unique règle de toute sorte de droit, était l'utilité particulière de chaque État. La justice n'a point d'autre origine. « S'il y avait de la justice, disait Carnéade, elle serait fondée ou sur le droit positif ou sur le droit naturel. Or, elle n'est fondée ni sur le droit positif, qui varie selon les temps et les lieux, et que chaque peuple accommode à ses intérêts et à son utilité, ni sur le droit naturel, car ce droit n'est autre chose qu'un penchant que la nature a donné à toutes sortes d'animaux vers ce qui leur est utile, et l'on ne peut le régler selon ce penchant sans commettre mille fraudes, d'où il résulte qu'il ne peut pas être le fondement de la justice. » Puis Carnéade se donnait beau jeu à démontrer que s'il veut être juste, l'homme agit sottement, et cela lui suffisait pour conclure qu'une vertu inséparable de la sottise ne pouvant passer pour juste, la justice n'existait point. Les lois humaines ont une origine d'une simplicité brutale. « Les hommes, disait-il, se sont fait des lois selon que leur avantage particulier le demandait, et de là vient qu'elles sont différentes non seulement selon la diversité des mœurs, qui varient fort d'une nation à l'autre, mais encore quelquefois chez le même peuple, selon les temps. Pour ce qu'on appelle Droit naturel, c'est une pure chimère. La Nature porte tous les hommes et généralement tous les animaux à chercher leur avantage particulier. Ainsi ou il n'y a point de justice, ou s'il y en a quelqu'une, ce ne peut être qu'une souveraine extravagante, puisqu'elle nous engage à procurer le bien d'autrui au préjudice de nos propres intérêts. »

Cette philosophie utilitaire jouit au XVIIe et au commencement du XVIIIe siècle d'une vogue merveilleuse [1]. Montesquieu eut surtout à la discuter sous la forme particulière que lui avait donnée l'Anglais Hobbes. Comme Carnéade, Hobbes nie la justice, le droit positif, le droit naturel et ne voit partout que l'utilité. Tandis que le philosophe ancien rattachait les lois à l'utilité des peuples, Hobbes les rattache à l'utilité propre du Léviathan, assurée et maintenue par la violence. C'est la volonté puissante du Léviathan qui fait courber les fronts ici davantage, là un peu moins, partout avec une brutalité monotone et nécessaire. La force seule s'inscrit dans les lois. Vouloir scruter les origines historiques

---

1. Après avoir exposé la théorie de Carnéade sur la justice, Richer d'Aube ajoute : « Je conviens que la justice n'est point fondée sur le droit positif qui varie selon les temps et les lieux. Je conviens encore que, si le droit naturel n'était autre chose qu'un penchant que la nature a donné à toutes sortes d'animaux vers ce qui leur est utile, la justice ne serait point fondée sur le droit naturel. Mais je nie formellement que cette définition du droit naturel soit juste. Je nie aussi que ce qu'on appelle le droit naturel soit une chimère. Je nie encore que le droit naturel soit la liberté que chacun a de faire usage de ses facultés naturelles conformément aux lumières de la droite raison. Je nie enfin que le droit naturel de l'homme consiste à pouvoir faire ce qu'il estime être son plus grand bien personnel. »
Cf. *Essai sur les principes du Droit et de la Morale*, 1743, Préface, p. XXII. — Ce sont là des affirmations, mais Richer d'Aube n'essaye même pas de fixer les raisons des variations du droit naturel et de la loi.

ou les raisons psychologiques des législations humaines, est œuvre vaine. Recherchons où et comment apparut la force victorieuse. Tout dérive d'elle; à elle seule, elle constitue tout l'esprit des lois.

Il semble bien que Montesquieu examina de très bonne heure cette théorie matérialiste[1]. Elle lui déplut. Il avait foi à une justice éternelle. Il connaît, pour les avoir soigneusement dénombrées, les lois de la nature, ainsi nommées parce qu'elles dérivent uniquement de la constitution de notre être[2]. Il démontre que les lois positives ne sont l'effet ni d'une aveugle fatalité ni d'une brutale tyrannie; mais qu'elles sont réglées sur l'exemplaire idéal de l'équité, antérieur à toute législation humaine. « Dire qu'il n'y a rien de juste ni d'injuste, assure-t-il, que ce qu'ordonnent ou défendent les lois positives, c'est dire qu'avant qu'on eût tracé des cercles, tous les rayons n'étaient pas égaux. » Que cette idée lui vienne de Clarke ou de Bayle[3] ou de quelque autre, il importe assez peu; l'essentiel est que Montesquieu ait ressenti d'assez bonne heure, pour cette doctrine matérialiste, une horreur invincible. Peut-être dès ce moment a-t-il l'idée, — encore bien vague, et qu'il exprime très gauchement, — que les lois ont une origine humaine différente de celle qu'avouait Hobbes. Oui, sans doute, une force s'inscrit dans les lois — mais ce n'est pas la force brutale du Léviathan : « Les lois peuvent avoir une origine de conformité qu'il faut savoir. Comment peut-on appliquer une loi si l'on ne sait pas le pays pour lequel elle a été faite, et les circonstances dans lesquelles elle a été faite? La plupart de ceux qui étudient la juris-

---

1. Dès 1725, dans son *Traité des Devoirs*, il oppose à cette théorie, la doctrine suivant laquelle la justice est éternelle.
2. Cf. *Esprit des lois*, liv. I, ch. II.
3. Cf. Bayle, *Continuation des Pensées diverses*, ch. CLII.

prudence suivent le cours du Nil, se débordent avec lui et en ignorent la source[1]. »

Voilà donc Montesquieu sur le chemin de traiter les lois, toutes les lois, comme des phénomènes « raisonnables », et non pas seulement imprévus ou fantaisistes. Il songe à leur donner des origines naturelles, humaines. Quelques efforts avaient été tentés dans ce sens par certains philosophes, en particulier par Puffendorf, dont nous savons que Montesquieu fut un lecteur passionné. Aussi bien, la tentative de cet allemand accuse-t-elle un progrès sensible sur les théories que nous avons déjà examinées. Pour lui, la Loi, c'est la Raison humaine. Si les lois varient, c'est que la raison va de l'extrême justesse à l'extrême corruption. Elle est droite quand elle pose des principes « vrais, c'est-à-dire qui s'accordent avec la nature des choses », ou quand elle les déduit « par une juste conséquence de quelque premier principe vrai en lui-même ». « La vérité et la droiture consistant dans la convenance des idées et des propositions avec les choses mêmes qu'elles représentent, en vain en appellera-t-on à la raison, tant qu'on ne pourra point démontrer ce qu'on avance par des principes conformes à la nature des choses[2]. » Puffendorf se rapproche donc de la réalité, et, faisant des lois l'expression rationnelle de la nature des choses, n'est pas éloigné d'admettre que les variétés des législations s'expliquent par la diversité de la nature des choses. C'était là comme la mise en branle d'une théorie relativiste, extrêmement féconde. Mais il est bien certain que Puffendorf ne vit point l'étendue de ces conséquences; il lui reste la gloire d'avoir introduit dans les études juridiques, sinon le système, du moins l'idée relativiste.

1. Cf. *Pensées inédites*, t. I, p. 155.
2. Cf. *Droit de la Nature et des gens*, 1734, p. 217 et suiv.

Ces leçons ne furent sans doute pas perdues pour Montesquieu. En admettant, comme il le dit, qu'il ait été poussé, « au sortir du collège », à rechercher l'origine, les causes, l'esprit des lois, il paraît bien probable que les exemples d'illustres devanciers l'excitèrent à parcourir cette carrière [1]. Au reste connaissait-il encore l'orientation à prendre? Et si l'expression de « l'esprit des lois » date de sa jeunesse, en apercevait-il dès ce moment le riche contenu, les multiples éléments? Ce mot ne lui appartient point; à notre connaissance, il avait été employé, avant Montesquieu, par deux philosophes politiques : Domat et l'italien Doria. A coup sûr, ce n'est point Domat qui put lui révéler la signification de ce mot, car il entendait par là le sens propre et profond des législations, « cet esprit qui dans les lois naturelles est l'équité, et dans les lois arbitraires l'intention du législateur ». L'auteur de l'*Esprit des lois* resta toujours étranger à de pareilles préoccupations. Bien différente est la pensée de Doria, l'auteur d'une œuvre très curieuse, intitulée *Vita civile*. Doria y revient à plusieurs fois sur « la raison du droit civil », sur « l'esprit des lois », et par là il entendait les causes radicales de leurs dispositions, causes internes et causes extérieures, dont la principale lui paraissait être l'allure générale de l'esprit public. Le livre parut en 1710, peu après que Montesquieu « sortit du collège », quand il continuait ses études juridiques à Bordeaux, mais il est dou-

---

1. Gravina avait écrit : « Quoique toutes les lois n'aient qu'un même but, elles ne laissent pas d'être différentes entre elles, parce que les législateurs ont eu égard à la différence des peuples, par rapport aux mœurs, aux pays, aux coutumes. » *Opuscules*, Utrecht, 1713. Everard Otto, dans ses *Remarques critiques* et son *Commentaire sur les Institutes de Justinien*, 1729, recherche les « Raisons ou motifs du droit », qui lui paraissent être : « l'utilité de l'État, le génie, les mœurs, les opinions des peuples, l'équité naturelle ». Bolingbroke, dans le *Craftsman*, indiquait à son tour les rapports des lois avec les mœurs, la situation des pays, le climat, l'esprit général des peuples.

teux que cet étudiant ait lu l'œuvre italienne à cette époque et qu'il y ait pris une nouvelle méthode d'étude de la jurisprudence.

Ce n'est pas que, dès ce moment, tout son esprit ne soit tendu vers ce désir. Montesquieu est encore un jeune homme qu'il songe déjà à se créer une méthode de travail personnelle, une *manière* originale *d'apprendre ou d'étudier la jurisprudence ;* mais ce sont là tentatives sans importance, dans lesquelles il faut voir simplement l'idée juvénile que réalisera l'homme mûr, non la première ébauche de la méthode sociologique mise en œuvre dans l'*Esprit des lois*. Comme il le disait lui-même, il « suivait son objet sans former de dessein ». Il ignorait les règles et les exceptions. Il s'intéressait aux législations comme s'y intéressait tout honnête jurisconsulte de son temps.

Mais il acquiert dès cette époque des habitudes intellectuelles qui deviendront comme des formes où viendra s'imprimer la réalité. Il subit la discipline scientifique. De 1716 à 1723, son attention se concentre autour des phénomènes physiques qu'il se plaît à observer, à analyser, à comparer, à expliquer. Il examine la nature, malgré une vue faible et basse, à la loupe. Il dissèque une grenouille, et entreprend l'étude des causes. Il est fortement convaincu de la nécessité de la dépendance causale et prétend bien découvrir l'enchaînement des faits. Nous le voyons rechercher, coup sur coup, la cause des fièvres, celle de l'écho, celle de la pesanteur des corps, celle du flux et du reflux de la mer, à quoi il ajoutait des observations sur l'histoire naturelle qui témoignent d'un esprit avide de comprendre les phénomènes. Ces recherches donnent à son esprit un pli particulier qui, lui-même, affecte toutes les démarches de son génie. Il a pris le sentiment très vif des nécessités de relation, des dépendances où sont les choses les unes à l'égard des autres, de l'universel déterminisme.

Ces habitudes de pensée influeront à leur tour sur sa manière d'observer et de comprendre les phénomènes moraux. Ici encore, Montesquieu s'efforcera de retrouver la causalité nécessaire, et les faits lui seront une occasion, moins d'exercer une critique sévère, que d'essayer de subtiles interprétations. Mais les débuts furent assez pénibles. « Je lis, écrivait-il dans ses *Réflexions sur la jalousie*, toute une histoire sans faire la moindre attention aux coups donnés dans les batailles et à l'épaisseur des murs des villes prises ; uniquement attentif à regarder les hommes, mon plaisir est de voir cette longue suite de passions et de fantaisies. » « Ce n'est pas toujours la Nature et la Raison qui gouvernent les hommes, mais le pur hasard... » Aussi ces bizarreries embarrassent visiblement Montesquieu. « C'est ce qui fait, dit-il, que l'homme est si difficile à définir. » Il va jusqu'à admettre que les coutumes existantes peuvent dépendre de faits, absurdes en eux-mêmes, mais qui, en se perpétuant, créent une certaine allure générale dont les origines demeurent pour le philosophe « irrationnelles ». « N'est-il pas vrai que, si le mahométisme avait soumis toute la terre, les femmes auraient été partout renfermées ? On aurait regardé cette manière de les gouverner comme naturelle et on aurait de la peine à imaginer qu'il y en pût avoir une autre. Si les femmes scythes avaient continué leurs conquêtes, si les Égyptiens avaient continué les leurs, le genre humain vivrait sous la servitude des femmes, et il faudrait être philosophe pour dire qu'un autre gouvernement serait plus conforme à la nature [1]. »

Ce fut aux alentours de 1721 que le Président tourna

---

1. Cf. *Pensées inédites*, t. I, p. 290-305.

décidément ses recherches vers les phénomènes moraux et sociaux. A ce moment, il n'a plus foi dans la valeur des types éternels, ou des formules absolues. Les gouvernements, par exemple, tirent leur essentielle bonté, non de leur conformité avec un type idéal conçu en dehors des contingences, mais de leur adaptation à de certaines conditions précises de l'existence [1]. L'excellence est donc chose éminemment variable, relative, et, peut-on ajouter, temporaire.

Dans la 81e *Lettre persane*, Montesquieu formule très nettement cette pensée : « Depuis que je suis en Europe, mon cher Rhédi, j'ai vu bien des gouvernements. Ce n'est pas comme en Asie, où les règles de la politique se trouvent partout les mêmes. J'ai souvent recherché quel était le gouvernement le plus conforme à la raison. Il m'a semblé que le plus parfait est celui qui va à son but à moins de frais, et qu'ainsi celui qui conduit les hommes de *la manière qui convient le plus à leur penchant et à leur inclination est le plus parfait.* » Sous leur forme anodine, ces paroles cachaient en réalité une pensée très audacieuse, très originale. Elles sonnaient le glas de toutes ces méthodes plus ou moins métaphysiques, plus ou moins théologiques qui, subordonnant la réalité à des principes imposés souverainement, absolus et immuables, enseignaient à ne juger les faits sociaux qu'en fonction de ces prototypes éternels. Elles inauguraient, sans doute encore bien timidement, le règne de l'idée relativiste. Arrière donc les spéculations métaphysiques sur l'équité, fondement du droit, ou sur la conformité des institutions avec des types préexistants et immuables. Le problème cesse, par l'introduction de l'idée de relativité et celle de causes naturelles, d'être philosophique pour devenir historique.

1. *Lettres persanes*, LXXXI.

Telle était la puissance de cette conception que la méthode juridique en fut toute transformée.

III

Les philosophes, sans même en excepter John Locke, avaient jusque-là placé les raisons des lois dans des régions inaccessibles. Montesquieu comprit que, pour justifier la loi, pas n'était besoin de se perdre en de semblables considérations, et qu'il suffisait de baisser les regards sur la terre, d'examiner les hommes, les milieux physiques et les tempéraments des sociétés. Les nécessités métaphysiques devaient donc faire place à des nécessités d'un ordre moins sublime.

Nous connaissons le phénomène social qui permit à Montesquieu de mettre en valeur, pour la première fois, sa nouvelle théorie de l'enchaînement des faits; ce fut le problème de la dépopulation de l'Europe, auquel il ne consacra pas moins de douze lettres persanes[1]. « Pendant le séjour que je fais en Europe, faisait-il dire à Rhédi, je lis les historiens anciens et modernes; je compare tous les temps; j'ai du plaisir à les voir passer, pour ainsi dire, devant moi; et j'arrête surtout mon esprit à ces grands changements qui ont rendu les âges si différents des âges, et la terre si peu semblable à elle-même[2]. »

Ce n'était pas assez dire. Sans doute Montesquieu, dès ce moment, lit avec une curiosité passionnée, ouverte à toutes les manifestations de l'esprit, les œuvres scientifiques, historiques, philosophiques, et nous verrons, dans un chapitre spécial, qu'aussi bien toute sa méthode reposait

---

[1]. *Lettres persanes*, CXIII à CXXIV.
[2]. *Id.*, CXIII.

sur une lecture prodigieuse, sur une documentation ample et serrée ; mais il ne lui suffit plus de considérer les révolutions du monde, il veut en connaître les causes profondes. Que sont-elles ? Quelles sont les forces qui mènent le monde ? Sous quelle idée directrice le philosophe rangera-t-il ses considérations ? Montesquieu le sait encore bien vaguement, mais il le sait, en 1721. « J'ai été bien aise, dit-il, de te donner ces idées générales avant de répondre plus particulièrement à ta lettre sur la diminution des peuples, arrivée depuis dix-sept à dix-huit siècles. Je te ferai voir, dans une lettre suivante, qu'indépendamment des causes physiques il y en a de morales qui ont produit cet effet [1] ».

Ce sont là des paroles importantes dans l'histoire de la pensée de Montesquieu. Elles sont la révélation du moment initial de la méthode philosophique de notre auteur. Désormais Montesquieu oblige son esprit à suivre une discipline définie, à prendre une attitude déterminée, à envisager les choses sous un angle particulier. Rien de plus important que d'étudier ce point de départ, cet acte primordial d'orientation et de mise en branle qui n'est pas encore la démarche conquérante d'un esprit affermi par la certitude, mais dans lequel il faut voir le dessein primitif du système futur, la source de pensée, la prise de contact personnelle avec le réel.

Que l'enquête positive sur les causes soit physiques soit morales de la dépopulation ne se présente point avec toute la richesse documentaire ou l'ampleur des points de vue que l'on pourrait souhaiter, rien n'est plus vrai, mais rien n'importe moins. Montesquieu ne songe pas encore à éblouir par d'ingénieuses trouvailles. Parmi les causes physiques de la dépopulation, il ne relève que l'apparition de certaines pestes, et parmi les causes morales, il lui

---

1. *Lettres persanes*, CXIV

suffit de mentionner la polygamie qui décime les pays mahométans, l'interdiction du divorce qui crée, dans les familles des pays chrétiens, des séparations intestines très fortes, et le célibat qui « a anéanti plus d'hommes que les pestes et les guerres les plus sanglantes n'ont jamais fait ». Ce sont là de simples lieux communs que tout l'art de Montesquieu ne parvient pas à rajeunir. Toutefois, quelques idées neuves apparaissent, où l'on découvre le philosophe soucieux d'établir les relations les plus lointaines qui enchaînent l'un à l'autre les phénomènes sociaux. La diminution d'un peuple dépend quelquefois d'une seule idée, d'une simple espérance, d'un nouveau tour dans son imagination. La religion peut imposer une certaine manière de penser dont l'influence sur la procréation sera bienfaisante ou funeste. La religion des mages enseignait que l'acte procréateur était agréable aux dieux, et la Perse regorgeait d'habitants. Mahomet enseigne aux hommes à rester indifférents à tout, hors à l'éternelle patrie, et les pays musulmans voient s'étendre tous les jours leur solitude. Enfin Montesquieu note une relation étroite entre la propagation de l'espèce et la liberté. L'espèce se multiplie, moins en raison de la richesse du sol ou des conditions économiques rendant la vie agréable et facile, qu'en raison de la douceur du gouvernement. Les Républiques voient leur population se renouveler et s'accroître de façon continue, tandis que dans les pays soumis au pouvoir arbitraire les mariages et les naissances diminuent sans cesse.

Les phénomènes sociaux s'expliquent ainsi par deux sortes de causes : les unes physiques, les autres morales ; — telle est l'idée qui va désormais commander toute l'activité intellectuelle de Montesquieu. D'abord très simple, elle ira, se modifiant et s'enrichissant sans cesse, au fur et à mesure que les progrès de l'observation et de la réflexion détermineront une complexité plus grande de la pensée.

Mais cette sorte d'équilibre qu'il fallait établir entre les facteurs physiques et les facteurs moraux de la vie sociale n'apparaît, en définitive, qu'assez tard dans la pensée de Montesquieu. Le philosophe connut d'abord l'illusoire ambition d'enfermer la réalité dans une formule aussi simple qu'absolue. Dévot adorateur des formules scientifiques, entièrement subjugué par la rigueur que ses études physiques lui ont révélée dans l'enchaînement des phénomènes, il ne proclame que l'universel déterminisme.

En 1721, la préoccupation des causes morales vient un moment dériver ce courant de fatalisme physique qui semblait l'emporter, et la vision du monde ondoyant qui passe devant ses yeux lui démontre l'impuissance des formules sans nuances. Mais la notion des causes physiques revient bientôt à la surface, et c'est elle qui va permettre à Montesquieu, en 1724, de résoudre la question de l'origine des gouvernements. Nul problème n'était davantage à l'ordre du jour, mais l'on peut dire que nul ne suggéra plus de vaines hypothèses. Quand on se refusait à reconnaître je ne sais plus quel ordre divin, on se réfugiait dans le doute. « La forme des sociétés, disait l'abbé Prévost comme conclusion de ce long débat, ne dépend que des usages et des habitudes... Je crois pouvoir conclure que ce n'est point une nécessité naturelle qui attache chaque peuple à la sienne. C'est le hasard qui les y a déterminés et l'habitude les y attache[1]. » Montesquieu n'admet point le hasard parmi les forces qui mènent le monde. Il se prend donc à la difficulté et propose aussitôt une cause physique : la forme des gouvernements dépend de la grandeur du

---

1. Cf. *Pour et Contre*, t. V, p. 280.

territoire : « En Asie, on a toujours vu de grands Empires ; en Europe, ils n'ont jamais pu subsister. C'est que l'Asie que nous connaissons a de plus grandes plaines, est coupée à plus grands morceaux par les montagnes et les mers, et comme elle est plus au midi, les fleuves moins grossis y forment de moindres barrières. Un grand Empire suppose nécessairement une autorité despotique dans celui qui le gouverne. La puissance doit donc être toujours despotique en Asie, car si la servitude n'y était pas extrême, il se ferait d'abord un partage que la nature du pays ne peut pas souffrir. En Europe, le partage naturel forme plusieurs États d'une médiocre étendue dans lesquels le gouvernement des lois n'est pas incompatible avec le maintien de l'État ; au contraire, il y est si favorable que sans elles cet État tombe dans la décadence et devient inférieur à tous les autres[1]. »

Il croit superflu de chercher ailleurs l'origine de la forme des sociétés : le territoire décide ici de la servitude civile et là de la liberté politique.

Montesquieu prenait ainsi des habitudes de pensée et comme une tournure d'esprit dont l'influence envahissante devait se faire sentir dans tous les domaines de la spéculation. Un an plus tard, ayant décidément abandonné les recherches scientifiques pour les problèmes psychologiques, politiques et moraux, il rédige une dissertation sur les Devoirs. Plusieurs idées que l'on découvre avec admiration dans l'*Esprit des lois* sont déjà en germe dans ce discours, mais plus que ces rapprochements de pensées, ce qu'il faut mettre en évidence, c'est la puissance de l'idée systématique, découverte en 1721 et qui, à travers d'infinies sinuosités, jaillit à nouveau, robuste et magnifique. « Nous avons tous, disait alors Montesquieu, des machines

---

1. Cf. *Opuscules* de Montesquieu, p. 20 ; repris dans l'*Esprit des lois*, liv. XVIII, ch. VI.

qui nous soumettent éternellement aux lois de l'habitude. Notre machine accoutume notre âme à penser d'une certaine façon. Elle l'accoutume à penser d'une autre. C'est ici que la physique pourrait trouver place dans la morale, en nous faisant voir combien les dispositions pour les vices et les vertus humaines dépendent du mécanisme[1]. »

On ne trace pas avec une pareille fermeté un plan d'études susceptible de renouveler toute la psychologie, si déjà l'esprit n'est acquis à de bien fortes convictions. Montesquieu est acquis en effet à cette idée que toute méthode scientifique doit consister dans la recherche des causes physiques, mais non pas uniquement des causes physiques. Il sait trop bien qu'il y a dans l'homme et même dans la nature, un domaine immense merveilleusement vivant, qui leur échappe. C'est ainsi que lorsqu'il veut pénétrer la nature de l'homme et de ce qui, dans l'homme, provoque les plus troublantes recherches, la nature des passions, en vain fait-il l'essai de la méthode physique. Les passions demeurent impénétrables à qui se contente de disséquer l'organisme humain. Huarte lui a appris que les dispositions intellectuelles et même le génie ont leur explication dernière dans le mode de nourriture et dans l'hérédité. Ainsi, par exemple, c'est à la nourriture que leurs ancêtres prirent dans le désert que les Juifs doivent quelques-unes de leurs inclinations et un certain tour de génie dont ils héritent fatalement. Tout cela semble avoir intéressé Montesquieu, mais certainement l'incomplet de cette méthode ne lui a point échappé. Il avoue qu'avec elle seule, l'enquête ne saurait aboutir, et il lui associe la méthode morale. S'il donne à la première un développement grandiose, en rattachant fortement la nature physique de l'homme à la nature de ses aliments, et ceux-

---

[1]. *Pensées inédites*, t. I, p. 377.

ci à la nature du climat, qui devient ainsi le générateur de la vie, il reconnaît néanmoins la nécessité de la méthode morale, et n'ose plus donner de solution aux problèmes qui le hantent qu'avec le concours des deux espèces de causes : physiques et morales[1]. C'est de ce double point de vue qu'il examine les phénomènes, et c'est dans cette nouvelle forme systématique qu'il prétend résoudre leur complexité : « Lorsque les médecins et les auteurs moraux, écrit-il, traitent des passions, ils ne parlent jamais la même langue : les moraux mettent trop sur le compte de l'âme; les autres, trop sur celui du corps; les uns regardent plus l'homme comme un esprit; les autres, plus comme la machine d'un artisan. Mais l'homme est également composé de deux substances qui, chacune, comme par un flux et un reflux, exerce et souffre l'empire[2]. »

Ce n'est pas seulement quand il s'agit de l'homme que Montesquieu indique la collaboration des causes physiques et morales, et qu'il reconnaît à celles-ci un pouvoir supérieur ; l'étude du caractère des peuples lui révèle cette même collaboration et cette même supériorité : « Les causes morales, disait-il, forment plus le caractère général d'une nation et décident plus de la qualité de son esprit que les causes physiques. »

Tous les sujets lui sont bons pour mettre à l'épreuve ce cadre fondamental, ce plan d'études, cette méthode nouvelle. Au mois de décembre 1732 il lit à l'Académie de Bordeaux une longue dissertation qui lui fut suggérée par le spectacle de Rome en 1728, et qu'il intitule : *Réflexions sur les habitants de Rome*. Il y prétend que le tempéra-

---

1. Voir l'*Essai sur les causes qui peuvent affecter les esprits* dans les *Pensées inédites*, t. I, p. 96. Dans cet Essai, M. Lanson trouve « l'antagonisme des causes morales et physiques, avec l'indication de la supériorité des causes morales ».
2. Même *Essai*, p. 98.

ment du peuple romain a subi de profonds changements, et s'efforce de retrouver sous quelles influences la constitution énergique des anciens maîtres de l'univers avait dégénéré jusqu'à devenir la nature efféminée et flasque des Romains de 1730. Il n'hésite pas : sa pensée va droit aux deux sources d'information qu'elle affectionne : « Je trouve, dit-il, plusieurs causes de ce changement : les unes physiques, les autres morales [1]. » Il met alors en relief l'influence du climat, des mœurs, des institutions, mais il est bien évident qu'il ne songe à immoler ni les causes physiques aux causes morales, ni celles-ci à celles-là; il juxtapose leur puissance, avec une tendance marquée à faire prévaloir la force des agents moraux : « Je me persuade, disait-il, que l'ancien peuple, *patiens pulveris atque solis*, avait une tout autre force que celui-ci : l'institution, l'habitude, les mœurs font aisément vaincre la force du climat. »

A la date de 1730, la pensée de Montesquieu est donc toute pénétrée de l'efficacité de la méthode qui consisterait à découvrir, dans les phénomènes sociaux, la trace inévitable d'agents physiques, celle surtout de forces morales. Au reste, ces deux concepts restent encore assez indécis, non pas tant parce que l'auteur hésite sur le sens et la portée des mots, que parce que, jusqu'à ce jour, il n'a point appliqué cette idée directrice à un sujet digne d'elle. Mais il songe à fournir enfin, de cette façon originale d'expliquer la réalité, une illustration éclatante, qui n'est rien moins que l'histoire romaine elle-même. Comme les phénomènes de la dépopulation, de la forme des gouvernements, des passions et des devoirs, de la mutabilité des tempéraments nationaux, celui de la grandeur et de la décadence d'un peuple doit pouvoir s'expliquer par le développement

---

[1]. *Voyages*, t. II, p. 379-382.

de causes physiques et morales. Que vaudra donc la méthode? Et si le secret de cette fluctuation dont souffrit l'empire romain se trouve, par elle, éclairci, son autorité ne sortira-t-elle pas de l'épreuve, affermie et consacrée?

Aussi Montesquieu déploie-t-il toute l'ingéniosité de son talent, toutes les ressources d'un esprit fécond et subtil, à dénombrer les causes physiques et morales qui pesèrent sur les destinées de Rome. Lui-même nous a livré, dans une page que l'on ne remarque pas assez, les dispositions d'esprit avec lesquelles il aborda son sujet : « Voici, dit-il, en un mot, l'histoire des Romains : ils vainquirent tous les peuples par leurs maximes; mais, lorsqu'ils y furent parvenus, leur république ne put subsister; il fallut changer de gouvernement, et des maximes contraires aux premières, employées dans ce gouvernement nouveau, firent tomber leur grandeur.

« Ce n'est pas la fortune qui domine le monde, on peut le demander aux Romains, qui eurent une suite continuelle de prospérités quand ils se gouvernèrent sur un certain plan, et une suite non interrompue de revers lorsqu'ils se conduisirent sur un autre. Il y a des causes générales, soit morales, soit physiques, qui agissent dans chaque monarchie, l'élèvent, la maintiennent, ou la précipitent; tous les accidents sont soumis à ces causes; et si le hasard d'une bataille, c'est-à-dire une cause particulière, a ruiné un État, il y avait une cause générale qui faisait que cet État devait périr par une seule bataille. En un mot, l'allure principale entraîne avec elle tous les accidents particuliers[1]. »

Ces paroles nous font connaître très exactement les progrès de la méthode, dont l'ébauche apparaît en 1721,

---

1. *Considérations sur ... les Romains*, ch. XVIII.

et qui n'a cessé depuis de se préciser et de se développer en profondeur.

La médiocrité du territoire avait assuré aux Romains la forme républicaine, et les maximes de ce gouvernement qui repose sur la vertu leur avaient donné sur tous leurs voisins la supériorité. Ils marchèrent de victoire en victoire. Les conquêtes modifièrent l'étendue du territoire républicain. Elles l'agrandirent tellement que la forme démocratique ne put subsister, et qu'elle dut, par de continuels changements, se transformer en un régime monarchique et même despotique. De nouvelles maximes dirigèrent alors les Romains, mais étant elles-mêmes dénuées de « vertu », elles ne purent produire que la corruption. Ce fut pour l'Empire la décadence et la mort.

Rien ne montre mieux comment les causes physiques et les causes morales s'entremêlent dans la complexité des phénomènes sociaux et décident du rythme de la vie. La véritable méthode sociologique est donc celle qui permet de débrouiller cet enchaînement, et de préciser les forces qui, du monde invisible des âmes où elles s'agitent, se réalisent dans l'histoire.

IV

Voilà un ensemble de préoccupations qui, de l'extrême jeunesse à la pleine maturité de Montesquieu, n'a cessé de prendre une très grande importance dans le développement de sa pensée. C'est une attitude de l'esprit qui s'affirme, se précise et devient définitive. Il est naturel de songer que cette attitude ne s'affirmera jamais plus fortement qu'au moment où le philosophe entreprendra de rechercher les causes mêmes des lois. Il suivra, dans ses multiples enquêtes, la tendance de sa nature. Il appliquera à son livre les cadres où, depuis si longtemps, il a pris l'habitude d'insérer sa pensée. Sa documentation ne cessera de s'enrichir; les groupes de faits intéressants iront toujours se multipliant; mais tout rentrera dans les « catégories » de la méthode nouvelle. — Sans doute, il y eut un moment d'affolement. Montesquieu ne parvenait pas d'abord à mettre un peu d'ordre « dans le nombre infini de choses » qu'il recueillait au hasard de ses lectures immenses. Les concepts de causes morales et de causes physiques ne prirent pas tout d'un coup une valeur parfaitement définie. Leur analyse fut la grande affaire du philosophe, pendant les vingt années consacrées à l'*Esprit des lois*. « J'ai bien des fois, disait plus tard Montesquieu, commencé et bien des fois abandonné cet ouvrage; j'ai mille fois abandonné aux vents les feuilles que j'avais écrites; je sentais tous les jours les mains paternelles tomber; je suivais mon objet sans former de dessein; je ne connaissais ni les règles ni les exceptions; je ne trouvais la vérité que pour la perdre; mais quand j'ai découvert mes principes, tout ce que je cherchais est venu à moi, et, dans le cours de vingt années, j'ai vu mon ouvrage commencer, croître, s'avancer et finir[1]. »

Il faut rapprocher de cet aveu cet autre passage qui résume tout l'ouvrage : « Il faut que les lois se rapportent à la nature et au principe du gouvernement qui est établi, ou qu'on veut établir, soit qu'elles le forment, comme font les lois politiques, soit qu'elles le maintiennent, comme font les lois civiles. Elles doivent être relatives au physique du pays, au climat glacé, brûlant ou tempéré; à la qualité du terrain, à sa situation, à sa grandeur, au genre de vie des

---

1. *Esprit des lois*, Préface.

peuples, laboureurs, chasseurs ou pasteurs ; elles doivent se rapporter au degré de liberté que la constitution peut souffrir, à la religion des habitants, à leurs inclinations, à leurs richesses, à leur nombre, à leur commerce, à leurs mœurs, à leurs manières. Enfin, elles ont des rapports entre elles ; elles en ont avec leur origine, avec l'objet du législateur, avec l'ordre des choses sur lesquelles elles sont établies. C'est dans toutes ces vues qu'il faut les considérer[1]. »

Il est bien certain que « toutes ces vues » ne se découvrirent que de loin en loin, l'une après l'autre, aux yeux de Montesquieu. Elles sont les éléments constitutifs des deux concepts sur lesquels le philosophe n'a cessé de s'acharner, mais dont le secret ne lui a été révélé que peu à peu. Nous aurions par conséquent le plus grand intérêt, pour connaître parfaitement la genèse de la pensée et de l'œuvre du philosophe, à savoir la date exacte de chacune de ces découvertes. Au fur et à mesure qu'un rapport nouveau apparaissait à Montesquieu, un livre nouveau s'ajoutait à l'*Esprit des lois*, l'ordre se faisait dans l'entassement des notes ; les faits sociaux se distribuaient en de véritables classes différentes, dépendant immédiatement d'un seul ordre de circonstances. Mais, dans l'état actuel de nos connaissances, cette précision est encore impossible. Tout au plus pouvons-nous déterminer quelques dates très probables. Il y a, semble-t-il, de grandes raisons d'admettre que les dix premiers livres de l'*Esprit des lois* sont le développement — plus ou moins prolongé après 1731 — d'idées conçues avant les Voyages. — Le onzième livre n'est pas antérieur à 1733. — Le rapport étudié au quatorzième livre semble avoir été connu de Montesquieu vers 1722 (certaine *Lettre persane* attribue la dépopulation à des cau-

---

1. *Esprit des lois*, liv. I, ch. III.

ses physiques) et plus particulièrement considéré à l'époque où fut rédigé l'Essai sur *les Causes qui font varier les esprits et les caractères*. L'idée génératrice du livre quinzième paraît avoir retenu Montesquieu vers 1735. — Le rapport qui donna l'occasion à Montesquieu d'écrire le livre vingt-sixième apparut entre 1742 et 1747. — Enfin, c'est en 1747 et 1748 que l'auteur se décide à *ajouter* les livres XXVII, XXVIII, XXX et XXXI.

Sur bien des points, l'incertitude reste donc encore entière. Néanmoins, nous connaissons assez les directions générales de la pensée de Montesquieu, les cadres qui l'enserrent, les fins qui la sollicitent, pour pouvoir saisir l'idée fondamentale qui l'anime de 1720 à 1748. On a cru voir dans l'*Esprit des lois* une sorte d'application inattendue de la méthode cartésienne aux problèmes du droit[1]. Montesquieu s'arrête, avant tout, devant des idées, des abstractions. Il distribue le monde en trois groupes : le groupe des gouvernements républicains, celui des monarchies, celui des constitutions despotiques. Sur les trois concepts de république, de monarchie, de despotisme, Montesquieu applique les préceptes de la méthode cartésienne. Il les définit exactement, les analyse patiemment, les vide de tout leur contenu, en découvre, par le moyen de ces opérations intellectuelles, les dernières conséquences logiques, et, travaillant uniquement sur des idées, s'imagine comprendre adéquatement la réalité. Ainsi faisait Descartes. Sa méthode est le triomphe de l'analyse idéologique, par laquelle on observe moins les choses que l'on ne combine des idées. Sans doute, cette analyse n'exclut pas toute observation, mais les faits n'interviennent que secondairement, à titre d'exemples confirmatoires. Pour Montesquieu, analyser finement et déduire exactement, c'est le premier

---

1. Cf. Lanson, *Revue de métaphysique et de morale*, 1896, p. 540-546.

stade de la méthode sociologique. Puisque les concepts suivants : république et vertu, monarchie et honneur, despotisme et crainte, enferment toute la vie sociale, il suffira de retrouver le rôle, l'influence, les transformations de ces idées, pour donner un tableau complet de la vie sociale. C'est une vue de l'esprit, mais Montesquieu la donne comme l'expression d'un fait évident. Puis, fidèle à l'esprit de Descartes, il en fait la matière d'une longue analyse, ou plutôt d'une importante construction qui se continue pendant les treize premiers livres de l'*Esprit des lois*. Dès lors, la manière change : les définitions ne se prolongent plus en conséquences inattendues. Est-ce épuisement du sujet? Orientation nouvelle de la pensée? Soumission plus absolue aux faits? Renoncement à l'ambition d'enfermer, dans une série de définitions issues l'une de l'autre, la réalité? Résignation à la nécessité d'étudier séparément, comme par lambeaux, les divers facteurs des législations?

Peut-être toutes ces hypothèses sont-elles précieuses; mais, si la manière change, c'est bien plutôt que Montesquieu songe à une application nouvelle de la méthode cartésienne. Ayant envisagé les concepts en eux-mêmes, il les objective dans l'espace, et considère la République, la Monarchie, le Despotisme réalisés en des pays qui diffèrent par le climat, le terrain, la grandeur des territoires (livres XIV à XXVI). C'est la deuxième phase de sa méthode sociologique. Et voici la dernière. Montesquieu objective ses concepts dans le temps. Il prend alors le sens des époques, s'aperçoit qu'il se forme, dans chaque pays, une espèce de génération des lois, qu'il faut donc étudier les lois dans leur berceau, puis les suivre dans leur évolution, car pour bien connaître les temps modernes, il faut bien connaître les temps anciens, et suivre chaque loi dans l'esprit de tous les temps. De là ces études, au premier abord surprenantes dans un traité philosophique des législations, sur les lois romaines touchant les successions, sur l'origine et l'évolution des lois civiles chez les Germains, l'origine et l'évolution des lois féodales chez les Francs (livres XXVII à XXXI).

L'explication est ingénieuse. Elle rattache la méthode sociologique de Montesquieu à un grand système philosophique et éclaire, dans une certaine mesure, la question du désordre de l'*Esprit des lois*. Toutefois, le philosophe de la Brède a-t-il jamais laissé soupçonner que tel fut son dessein? Y a-t-il dans ses écrits ou même dans sa pensée, rien qui justifie cette hypothèse grandiose, mais aventureuse? Nous prêtons à Montesquieu une vue de notre esprit, et c'est le plus grave reproche que l'on puisse faire à cet essai d'explication.

Ne connaissons-nous pas suffisamment l'ensemble de la méthodologie de Montesquieu pour nous dispenser de lui prêter de semblables intentions? L'auteur de l'*Esprit des lois* recherche les causes physiques et morales des législations, et nous savons qu'il se vantait lui-même d'avoir montré dans son livre que les causes morales l'emportent sur les causes physiques[1]. Voilà l'idée fondamentale qui anime toute l'œuvre, et dont il est aisé de suivre la réalisation.

Homme de loi, il est naturel que Montesquieu étudie les phénomènes sociaux selon un ordre adopté par les

1. « L'on peut dire, écrivait-il, que le livre de l'*Esprit des lois* forme un triomphe perpétuel de la morale sur le climat, ou plutôt, en général, sur les causes physiques... Tout l'ouvrage n'a guère pour objet que d'établir l'influence des causes morales. » *Montesquieu : l'Esprit des lois et les Archives de la Brède*, p. 94.

Il faut rapprocher ces paroles d'un passage aussi explicite : « Cet esprit belliqueux que le climat donnait quelquefois au peuple de Rome est, *par les causes morales*, borné au goût qu'il a aujourd'hui pour les combats qu'il voit sur les théâtres, et ce climat qui rendait autrefois le peuple d'Athènes si turbulent, ne sert plus qu'à nous montrer des esclaves peut-être un peu moins stupides. *La nature agit toujours, mais elle est accablée par les mœurs.* » *Pensées inédites*, t. II, p. 173.

jurisconsultes. Cet ordre est d'ailleurs conditionné par le fait social lui-même.

Le premier phénomène social est l'existence des sociétés, grâce à un pouvoir central qui maintient la cohésion des groupes dans une nation (*Esprit des lois,* livres II et III). Le pouvoir central songe alors à promulguer des lois d'organisation sociale, qui conservent la société. De là les lois sur l'éducation (liv. IV), sur le maintien du principe du gouvernement (liv. V), sur la répression des turbulents au civil et au criminel (liv. VI), sur la réglementation du luxe et sur la moralité publique (liv. VII), sur la corruption qui pourrait atteindre les forces vives de la nation (liv. VIII), enfin sur les alliances et les armées pour se défendre contre les dangers de l'extérieur (liv. IX et X).

Voilà donc la société organisée et défendue ; il reste à protéger l'individu contre tous les abus : contre l'arbitraire du gouvernement (liv. XI), contre la dureté et l'injustice des lois pénales (liv. XII), contre les exactions en fait d'impôts (liv. XIII).

De cette succession naturelle de faits sociaux et de lois, les jurisconsultes n'avaient pas réussi à déterminer les causes générales. Montesquieu les a tous fait dépendre d'une cause morale. Toutes les lois dont l'objet est l'organisation de la société dérivent du principe du gouvernement. De là vient que toute l'économie sociale diffère, selon que le gouvernement est républicain, monarchique ou despotique. C'est un principe moral, honneur, vertu ou crainte, qui décide de toutes les lois civiles et politiques. Aussi, Montesquieu ne s'inquiète-t-il pas de rechercher des causes physiques à cet ensemble de faits sociaux.

Il découvrira, au livre XIX, une seconde cause morale d'une multitude de lois ; c'est ce qu'il appelle « l'esprit général », l'ensemble des mœurs et des manières qui impriment aux nations une allure particulière. L'esprit général influe sur le caractère des peuples et sur leur législation, puisque celle-ci a pour règle ordinaire de suivre les mœurs.

Les treize premiers livres de l'*Esprit des lois*, consacrés à mettre en évidence la force d'un principe moral, sont le premier résultat de la vaste enquête que poursuivait Montesquieu. Il possède les causes morales des législations de tous les peuples et de tous les temps; il ne saurait trouver causes plus générales ni plus hautes. — Allons donc à la recherche des causes physiques [1].

Cette préoccupation n'était point nouvelle dans la méthode de travail de Montesquieu. Quand il subissait le prestige des formules scientifiques, il prétendait retrouver partout les preuves du déterminisme physique. En 1721, plusieurs Lettres persanes sont consacrées à remonter aux causes physiques de certains phénomènes sociaux. En 1724, dans *les Réflexions sur la monarchie universelle*, Montesquieu invoque la cause physique de l'étendue du territoire pour expliquer la formation des États. Et c'est vers 1732 qu'il rédige l'*Essai sur les causes qui affectent les esprits*, où l'on a pu voir la première ébauche de la théorie du climat, si fortement proclamée dans l'*Esprit des lois*. Quand Montesquieu commença-t-il la recherche des causes physiques des législations? Il semble qu'il le fit après avoir déterminé de façon presque définitive les causes morales qui remplissent les treize premiers livres. Ce serait probablement quelques années après les Voyages; quoi qu'il en soit, les recherches du philo-

---

[1]. On voit par là combien on a tort d'isoler les treize premiers livres de l'*Esprit des lois* du reste de l'ouvrage, et de les considérer comme je ne sais quelle œuvre complète, à côté d'une autre œuvre plutôt ébauchée que menée à bonne fin. En réalité, ils forment, à la question posée au début de l'ouvrage, la première partie de la réponse; les autres livres en sont la seconde partie, et rien n'autorise à séparer ces deux parties d'une même réponse.

sophe aboutiront à retrouver tout un groupe de phénomènes sociaux, dérivant immédiatement et en premier ressort de deux causes physiques : le climat et la nature du terrain. Du climat dérivent les lois sur le monachisme, l'industrie, la sobriété (liv. XIV); les lois ayant pour objet l'esclavage civil (liv. XV); celles ayant pour objet l'esclavage domestique (liv. XVI); celles qui déterminent la servitude politique de certains peuples à l'égard de leurs vainqueurs (liv. XVII). C'est la nature du terrain qui explique enfin la diversité du droit civil, du droit politique et du droit des gens, selon que les peuples cultivent ou ne cultivent pas la terre (liv. XVIII).

Voilà donc 18 livres de l'*Esprit des lois* dont on peut dire qu'ils sont le développement naturel d'une méthode imposée depuis longtemps à l'esprit de Montesquieu. Qu'il y ait là un excès de simplification, rien n'est plus vrai. Montesquieu n'y a pas assez marqué que les phénomènes sociaux sont extrêmement complexes et dépendent de causes si diverses, si multiples et si enchevêtrées qu'il est bien rare de pouvoir déterminer, dans ce consensus de causes, celle, physique ou morale, de laquelle dérive principalement le phénomène social. Cependant, nous ne pouvons encore accuser cette pensée d'être en proie à je ne sais quel mouvement désordonné, ou la victime de conceptions trop nombreuses pour être clairement distribuées en classes distinctes. Le mouvement de la pensée est encore net, et bien rythmé : Montesquieu épuise les causes morales, puis les causes physiques de la vie sociale.

Mais avec le vingtième livre, ce rythme tend à se briser. La pensée du philosophe trahit alors quelque incertitude, quelque fatigue, quelque relâchement. Quand il étudie le commerce (liv. XX et XXI), la monnaie (liv. XXII), la population (liv. XXIII), la religion (liv. XXIV et XXV), Montesquieu ne recherche plus avec une curiosité aussi précise les causes physiques ou morales des diverses législations qui ont pour objet chacun de ces faits sociaux; il se contente de signaler quelles relations existent entre les lois et ces phénomènes.

Là s'arrête véritablement l'application de la méthode sociologique de Montesquieu. Si les résultats philosophiques en sont, dès le livre XX, assez mêlés, c'est que l'auteur a souffert d'une sorte de découragement, sensible dans la rédaction des livres sur la religion (liv. XXIV et XXV), même dans ceux qui, sans être spécialement consacrés à la recherche de causes, devaient contenir les suprêmes conseils du législateur (liv. XXVI et XXIX).

Cependant, en 1748, la méthode sociologique dont nous venons de retracer l'histoire permet encore à Montesquieu d'entrer en possession d'un point de vue nouveau. Les lois, conditionnées par certaines causes, sont livrées aux changements. Les causes morales varient; l'esprit des peuples change; les principes du gouvernement eux-mêmes admettent certains tempéraments. Montesquieu allait jusqu'à prétendre que, tous les vingt ans, des modifications s'imposaient dans toutes les législations. Cela produit, en tous pays, « une espèce de génération de lois », dans laquelle le philosophe, devenu historien, reconnaîtra « un commencement, un milieu, une fin ». La recherche de l'esprit des lois conduit ainsi à l'étude des évolutions de la loi. « Cette matière, disait Montesquieu, n'aurait point de bornes, si je n'y en mettais. J'ai pris un exemple qui est de l'origine et de la génération des lois des Romains sur les successions, et cet exemple servira ici de méthode. » Voilà l'origine du livre XXVII; après qu'il l'eut rédigé, Montesquieu fit une nouvelle application de sa méthode : « Les livres précédents, disait-il, ont conduit à celui-ci, où je donnerai un petit essai de l'histoire des lois de la France, comme je viens de donner l'histoire de quelques lois romaines[1]. » Ce furent les livres XXVIII, XXX et XXXI.

Alors, il s'arrêta. Il n'avait pas épuisé les richesses de sa méthode : elle ouvrait un champ immense à la spéculation et à l'érudition. Elle était souple, large et nouvelle, mais Montesquieu préférait lancer des idées que les exploiter lui seul. « Il ne faut pas, disait-il, toujours tellement épuiser un sujet qu'on ne laisse rien à faire au lecteur. Il ne s'agit pas de faire lire, mais de faire penser. »

V

Cette méthode, dont Montesquieu ne semble s'être jamais départi, le condamnait à s'appuyer sur l'expérience. Elle était sans doute le triomphe de la spéculation, de l'interprétation, des larges considérations par où se révèle le génie philosophique, mais en même temps elle nécessitait la recherche scientifique, le document érudit, les spectacles ininterrompus des mœurs, des coutumes, des façons de vivre et de penser que l'espèce humaine diversifie selon les temps et les climats. De très bonne heure, Montesquieu comprit la nécessité d'invoquer l'histoire. Les premiers livres de l'*Esprit des lois*, qui prétendaient expliquer la formation et le fonctionnement des divers rouages constitutionnels de la république, de la monarchie et du despotisme, sont tout remplis d'érudition classique, de souvenirs précis, de petits faits particuliers empruntés aux historiens grecs et latins au moins autant qu'aux philosophes.

Il est évident que si, dès ce moment, Montesquieu recueille tant de faits, c'est pour instituer une comparaison, et, par conséquent, supplanter la déduction par l'ex-

---

1. *Pensées inédites*, t. I, p. 194-195.

périence. Néanmoins la méthode déductive tient encore une très grande place dans son œuvre. A plusieurs reprises, on le voit poser des principes, des définitions exactes, dont il développera, par une analyse de plus en plus complexe, tout le riche contenu. Il assure, par exemple, que pour découvrir la nature des trois espèces de gouvernements, « il suffit de l'idée qu'en ont les hommes les moins instruits[1] », et qu'à les définir exactement, on pénètre, du même coup, leur nature intime, d'où « suivent directement » une infinité de lois. C'est de cette même manière géométrique qu'il découvre encore le principe de chaque gouvernement. Et les axiomes politiques qu'il vient d'établir sur la nature des gouvernements, vont, à leur tour, devenir le point de départ de nouvelles déductions. « J'ai dit que la nature du gouvernement républicain est que le peuple en corps, ou de certaines familles, y aient la souveraine puissance ; celle du gouvernement monarchique, que le prince y ait la souveraine puissance, mais qu'il l'exerce selon des lois établies ; celle du gouvernement despotique, qu'un seul y gouverne selon ses volontés et ses caprices. Il ne m'en faut pas davantage pour trouver leurs trois principes ; ils en dérivent naturellement[2]. » Il ne m'en faut pas davantage, déclare l'auteur. On ne saurait mieux avouer que les principes attribués aux gouvernements et, par voie de conséquence, les livres de l'*Esprit des lois* consacrés à développer ces formules, sont le fruit, moins de l'expérience et de l'observation directe des faits que de la logique et de l'analyse abstraite de concepts fondamentaux. Il y a là tout un aspect de la méthode sociologique de Montesquieu qu'il ne conviendrait pas de passer sous silence. Sous le positif que voulait être, que

---

1. *Esprit des lois,* liv. II, ch. I.
2. *Id.*, liv. III, ch. II.

s'efforça de devenir et que devint en effet Montesquieu, se laisse encore apercevoir l'homme des abstractions, le disciple cartésien épris d'idées pures et de syllogismes parfaitement conduits. On pourrait croire qu'avec les progrès de sa pensée, et l'importance plus grande qu'insensiblement les faits prenaient sur les idées, l'auteur de l'*Esprit des lois* parvint à se libérer de cette discipline. Mais. il semble que la séduction de la méthode déductive ne cessa jamais d'agir sur Montesquieu. Quand il étudiera, aux XXIV° et XXV° livres, les rapports des lois avec la religion, il établira d'abord la définition de la religion chrétienne, « qui ordonne aux hommes de s'aimer, veut que chaque peuple ait les meilleures lois politiques et les meilleures lois civiles », et de cette définition, on en conviendra, fort singulière, il fera découler presque toutes les idées qui commandent les chapitres de ces deux livres.

Il est donc parfaitement juste de parler, en ce sens, du Cartésianisme de Montesquieu. Sa méthode est, dans une certaine mesure, le prolongement de la méthode philosophique du grand penseur. C'est le secret de sa force et de sa faiblesse. Elle se présente comme une admirable construction dont on sait que les fondements sont profonds, et dont on voit se former pièce à pièce, morceau par morceau, la structure imposante. Mais que valent les fondements et quelle est la solidité de ces matériaux ? L'édifice repose-t-il sur la réalité ? De bons esprits ont en effet reproché à Montesquieu de n'avoir patiemment construit qu'un fragile château de cartes.

Notre auteur a donc pensé, en premier lieu, qu'un certain nombre de phénomènes sociaux pouvaient s'expliquer, si l'on prenait soin de raisonner sur de bonnes définitions. Pourquoi les peuples du Nord professent-ils à la fois des idées d'indépendance et la religion protestante, tandis que ceux du Midi sont à la fois monarchiques et catholiques ? Le catholicisme est par définition la soumission des fidèles à un chef visible ; le protestantisme, par définition, le triomphe de la liberté individuelle. Ajoutez à cela que le climat du Nord est créateur de liberté et celui du Midi, créateur de paresse et de servitude, et le phénomène trouve là son explication totale [1].

Mais les définitions ne suffisent pas, à elles seules, à révéler les rapports de causalité, qui sont l'objet véritable de la méthode sociologique. Il faut amasser des faits, en réunir un nombre considérable, constituer des ensembles scientifiques, s'adresser à l'histoire antique pour l'explication des institutions disparues, à l'ethnographie, aux récits de voyages pour celle des coutumes modernes. On a prêté parfois à Montesquieu des intentions plus profondes. Ayant entrepris de comprendre la formation et le fonctionnement des diverses institutions, il aurait constaté très tôt que les documents classiques et européens ne lui feraient pas discerner les formes de début et de transition d'une manière assez nette et détaillée. C'est dans le dessein de retrouver ces formes primitives de la civilisation, ces intermédiaires, disparus en Europe, entre la vie sauvage par où durent passer nos premiers ancêtres et les raffinements de l'existence actuelle, que Montesquieu s'intéresse à tous les détails de l'exotisme, de l'ethnographie, et inaugure en sociologie la méthode comparative [2].

L'auteur de l'*Esprit des lois* a-t-il jamais obéi à de si hautes préoccupations, dont on peut dire qu'à peu près personne n'eut le pressentiment, autour de lui ? En ce cas, nous devrions bien constater deux lacunes étranges. En premier lieu, Montesquieu n'a nulle part indiqué, même à termes couverts, qu'il ait nourri pareil dessein.

1. *Esprit des lois*, liv. XXIV, ch. v.
2. Voir un très intéressant article de M. Van Gennep dans la *Revue des Idées*, du 15 janvier 1910.

Mais surtout, sa façon de conduire les enquêtes ethnographiques est en opposition radicale avec le projet qui consisterait à passer par les stades successifs qu'aurait parcourus la civilisation, de la sauvagerie primitive à l'état actuel des mœurs. L'idée d'évolution, de progrès, est totalement absente de la pensée de Montesquieu. D'autres philosophes viendront qui, dans l'étude des faits sociaux, rangeront les phénomènes suivant une série évolutive, auront le souci constant de montrer comment la forme de début d'une institution, d'une croyance ou d'une coutume s'est modifiée sous l'influence de divers facteurs, de manière à revêtir une forme nouvelle qui, à son tour, a donné naissance à d'autres formes, puis à d'autres encore jusqu'à celles qui se constatent dans nos civilisations modernes. Montesquieu, lui, n'a point connu ces soucis. Il n'a voulu que constater les conditions de stabilité dans l'union sociale, non les lois du progrès. Il n'a conçu et réalisé que le programme de la statique sociale, non celui de la dynamique sociale. Soit qu'il ait négligé ce côté de la question, soit qu'il l'ait méconnu, il n'a point analysé dans son œuvre le mouvement qui modifie sans cesse graduellement les actions et réactions mutuelles des phénomènes sociaux.

Sa pensée la plus intime, ce n'est pas dans ce plan qu'on l'aperçoit ; elle se révèle plutôt dans cette formule : « Les hommes ne sont pas uniquement conduits par leurs fantaisies. » Toutes leurs lois, même celles qui nous paraissent étranges, bizarres, tératologiques, démontrent que, malgré l'apparence, elles sont plus ou moins bien raisonnées, sinon raisonnables. Il ne suffit donc pas d'examiner nos lois modernes, nos lois européennes ; le critique se donnerait trop beau jeu. Ce qui doit attirer spécialement le philosophe, ce sont les faits peu communs, sur lesquels on ne voit pas tout d'abord le reflet de la raison humaine.

Voilà pourquoi Montesquieu s'intéresse moins à la diversité des lois humaines qu'à leur caractère d'étrangeté, qui permet les considérations subtiles, personnelles, et ces témoignages fréquents d'orgueilleuse satisfaction : « Il y avait une loi dont je ne sache pas que personne ait connu l'esprit. »... « Voici cette cause que je ne sache pas que l'on ait encore remarquée. » Allons donc à la recherche de l'imprévu ! « Les Lacédémoniens, disait-il, condamnaient à l'amende les maîtres qui ne rendaient pas maigres les Hilotes qui étaient gras. La loi de Diophyte défendait à un homme venu d'Athènes de coucher au port de Pirée ; celle de Gengis-Kan défendait aux Mogols d'approcher des eaux pendant le tonnerre. » Est-ce là simple défi à la raison ? « Lorsqu'une loi paraît bizarre, répond notre auteur, et qu'on ne voit pas que le législateur ait eu intérêt à la faire telle (ce que l'on présume lorsque cette loi n'est fiscale ni tyrannique), il est naturel de croire qu'elle est fondée sur quelque raison suffisante. La loi de Diophyte voulait empêcher qu'un Athénien ne se rendît tyran d'Athènes ; celle de Gengis-Kan que les Mogols qui, dans un pays où le tonnerre est très fréquent, se mettaient d'abord dans l'eau, ne se noyassent[1]. »

Mais l'on voit tout le danger de cette méthode comparative : elle ouvre un champ immense à l'hypothèse et à l'illusion. L'auteur risque de supposer entre deux faits une relation de causalité, parfaitement gratuite. Rappelons ce que dit Montesquieu du suicide en Angleterre. Il croit que « les Anglais se tuent sans qu'on puisse imaginer aucune raison qui les y détermine ». Et voici comment il l'explique à son tour. Cette tendance lui paraît tenir « à l'état physique de la machine », résulter « du climat qui affecte tellement l'âme qu'elle pourrait porter le

---

1. Cf. *l'Esprit des lois et les archives de la Brède*, p. 81.

dégoût de toutes choses jusqu'à celui de la vie ». Le suicide y est donc « indépendant de toute autre cause[1] ». Mais rien n'est moins démonstratif. A supposer que Montesquieu ait réuni un nombre suffisant de faits pour l'autoriser à faire remonter au climat la responsabilité de ces suicides, la preuve restait encore à faire, tout entière. Comme le remarquait déjà Voltaire, le suicide, fréquent en Angleterre, ne l'était pas moins à Paris ou même à Genève. La méthode comparative exigeait ainsi de plus minutieuses enquêtes. Le climat n'est-il pas à peu de chose près identique à Londres et à Dublin? Pourquoi les suicides sont-ils ici moins fréquents? Ces questions eussent amené Montesquieu à constater que la manie du suicide, vers 1730, était moins l'effet du climat que celui de l'affaiblissement des croyances religieuses. Il y avait là une véritable critique de relations causales à instituer, au moyen de la méthode des variations concomitantes. La fréquence des suicides varie-t-elle avec le climat lui-même; et quelle serait donc la saison la plus propice à cette épidémie; ou plutôt cette fréquence ne suit-elle pas les oscillations de l'esprit religieux, en sorte que le suicide abonderait à l'endroit et au moment où la foi diminue? C'est seulement à la suite de ces multiples enquêtes que le philosophe aperçoit si les deux développements se correspondent : une concomitance constante est alors révélatrice d'une loi.

Il est aisé de voir que Montesquieu, s'il a mis en lumière l'importance de la méthode comparative, n'en a soupçonné ni toute la complexité ni toute la délicatesse. A défaut de cette critique rigoureuse, il a cru qu'il suffisait d'entasser, de toutes mains et de tous côtés, faits et lois. Et il est bien vrai qu'à la rigueur, un certain nombre

---

1. *Esprit des lois*, liv. XIV, ch. XII.

d'expériences peut donner un résultat probant. De là, les lectures immenses du Président, et cet entassement de notes où, pendant vingt ans, il prétendit enfermer l'activité des hommes, leurs actions, leurs codes, et les lois intimes du monde physique et du monde moral.

Cet effort mérite l'admiration des siècles, mais il ne pouvait aboutir, parce qu'il était annihilé par un vice de méthode. Pour nombreux que soient les exemples allégués, l'incertitude reste la même : sont-ils établis avec une précision suffisante, et n'expriment-ils pas trop simplement un aspect — le moindre — d'une réalité complexe ? Le philosophe ne doit courir le risque ni d'omettre d'autres faits essentiels qui contredisent ceux que l'on allègue, ni de donner comme faits généraux ce qui n'est peut-être qu'une exception éphémère. A défaut de ces précautions, la science des lois et des mœurs ne sera que la science de cas intéressants, mais trop particuliers pour prendre une valeur véritable ; — elle ne sera qu'une science vaine.

Or, non seulement il arrive à Montesquieu de mettre sur le même plan les observations de voyageurs incompétents ou pressés et les textes précis de l'histoire, mais encore les faits qu'il nous propose ne paraissent pas suffisamment caractéristiques. Bien qu'ils servent à illustrer de belles démonstrations, le lecteur ne peut s'empêcher de soupçonner qu'un seul fait pourrait suffire à les infirmer.

Et d'ailleurs, à examiner les choses de très près, Montesquieu a-t-il entrepris des enquêtes impressionnantes par leur ampleur, leur multiplicité, leur diversité? Il est incontestable qu'il lut de très nombreux récits de voyages et que la part de l'ethnographie est considérable dans son œuvre, même dans ses écrits de jeunesse. Mais a-t-on assez remarqué qu'en réalité les références nous renvoient presque toutes aux mêmes sources d'information? S'il étudie les mœurs de l'Orient, c'est à Chardin qu'il confie presque exclusivement pour la Perse, à Ricaut pour l'empire Ottoman, à Kœmpfer pour le Japon, à Tavernier pour les Indes orientales, à Bernier pour les États du grand Mogol, à Perry pour la Russie ; ses connaissances sur les coutumes de l'Amérique sont presque toutes empruntées à Garcilasso, Solis et Frézier ; l'Afrique lui fut surtout révélée par Smith, Laugier de Tassy, et beaucoup plus tard par Thomas Schaw. Ce sont là, avec les *Lettres édifiantes* et le *Recueil de voyages qui ont servi à l'établissement de la Compagnie des Indes*, les autorités qui reviennent, presque constamment, dans l'œuvre de Montesquieu. Or, il faut bien le dire, quand on connaît l'énorme littérature de l'ethnographie dès la fin du XVIIe et le commencement du XVIIIe siècle, les efforts multipliés en ce moment pour amasser, selon la méthode comparative, les traits de mœurs et les législations bizarres, il semble bien que la documentation de Montesquieu, sans cesser d'être admirable par son abondance, reste cependant trop unilatérale. L'idée du philosophe est illustrée ; démontrée, non pas.

C'est ainsi qu'après avoir posé en fait que les enfants sont plus nombreux dans les ports de mer qu'ailleurs, il interprète le phénomène en l'attribuant à la grande consommation que l'on y fait de poisson[1]. Et le P. Duhalde est appelé à porter son témoignage dans ce sens. Or, d'une part, le P. Duhalde ne dit pas du tout ce que lui prête Montesquieu ; et de l'autre, à supposer que son témoignage existât, devrait-il suffire, à lui seul, pour établir une loi sociologique de cette importance ? Passons au livre XVe qui traite de l'esclavage. Montesquieu y assure que « dans tout gouvernement despotique on a une grande facilité à se vendre[2] ». Ce serait une loi générale ; deux exemples sont

---

1. *Esprit des lois*, liv. XXIII, ch. XIII.
2. *Id.*, liv. XV, ch. VI.

appelés à en témoigner : l'un est emprunté à Perry, dans son *Histoire de la Russie*, l'autre à Dampier, dans son récit de voyage à Achim. — Deux exemples pour fixer une loi, voilà déjà de quoi surprendre ! Mais il y a mieux. Perry n'a rien dit de ce que lui attribue Montesquieu, et Dampier dit très précisément le contraire; car, s'il reconnaît que les esclaves sont nombreux à Achim, il écrit que la reine de ce minuscule territoire, loin d'être une despote, « n'a que très peu de pouvoir et d'autorité ».

Il y a donc, dans la pensée du philosophe, une grande part de préjugés, d'hypothèses, d'interprétations hardies mais instables, et aussi une hâte regrettable à généraliser, à déterminer les lois, toutes choses qui dérivent du vice de méthode que nous avons étudié dans les pages précédentes. Au premier abord, l'œuvre de Montesquieu se présente comme le résultat de méthodes expérimentales, positives, comparatives, selon les dernières exigences de la science sociologique. Mais, après un examen attentif, l'apriorisme apparaît encore très grand. Les faits ne sont pas représentés tels qu'ils sont en eux-mêmes, mais teints de la couleur qu'ils ont prise en passant à travers l'imagination de l'auteur.

Malgré tout, la méthode sociologique de Montesquieu révèle un esprit d'une admirable puissance. Quand on l'insère à sa place, dans la ligne du temps, elle apparaît comme l'une des plus fécondes tentatives de l'intelligence humaine, jusqu'au xviii° siècle. Désormais la philosophie du droit est libérée de toutes les formules métaphysiques, prétendant examiner les choses *sub specie aeternitatis*. Montesquieu a fait sentir la nécessité des résultats scientifiques. Au reste, il importe assez peu que lui-même ait imparfaitement rempli son programme. Il fut, cela n'est pas contestable, très souvent la dupe des mots. Il crut extraire de la réalité des lois qu'en fait il lui imposait par avance. Ni la vertu, ni l'honneur, ni la crainte ne s'imposent à l'observation. Ce ne sont pas des données immédiates de l'expérience. On ne peut les atteindre qu'à travers la réalité phénoménale qui les exprime. Elles se concluent d'une longue et minutieuse enquête historique. Tout au rebours, Montesquieu les déduit de la simple définition des divers gouvernements. On voit toute la différence des deux procédés. Il nous faut donc avouer que ce philosophe, malgré tout son génie, obéit encore fréquemment à un artifice de logique.

CHAPITRE III

LES IDÉES POLITIQUES ET MORALES DE MONTESQUIEU.

I. L'éveil de l'esprit politique au début du xviii° siècle. — II. La diffusion des doctrines politiques de Jurieu et des théoriciens anglais. — III. Montesquieu théoricien du gouvernement républicain, monarchique, despotique. — IV. Le problème de la liberté politique. — V. Les relations de la morale et de la politique.

I

C'est de 1721 à 1748 que les idées politiques de Montesquieu, d'abord assez vaguement annoncées dans les *Lettres persanes*, se précisent, se systématisent, se corrigent et se complètent, au fur et à mesure qu'avance l'*Esprit des lois*. Ce travail d'une vingtaine d'années a été si fécond que la principale gloire de Montesquieu nous paraît aujourd'hui consister dans l'ébranlement que ce philosophe donna, le premier chez nous, aux études politiques. A vrai dire, la fin du xvii° et l'aube du xviii° siècle furent les témoins d'un éveil de l'esprit politique tout à fait remarquable et dont il nous faut tracer un rapide tableau pour comprendre que, si les solutions proposées par Montesquieu à différents problèmes politiques sont bien à lui, viennent bien de lui, les problèmes eux-mêmes avaient été déjà examinés avec érudition et un grand sens philosophique.

Les dernières années du règne de Louis XIV avaient

été marquées par les hardiesses politiques du *Télémaque*. Pour la première fois, un grand écrivain ne craignait pas de critiquer le système de gouvernement alors en vigueur en France et de montrer que d'autres constitutions étaient possibles, qui assureraient, comme dans cette Salente imaginaire, le bonheur et la liberté du peuple. Malgré la fureur du Roi, cette pensée libérale provoqua de longs enthousiasmes, et *Télémaque*, que Montesquieu devait appeler « l'ouvrage divin de ce siècle », fut sur le point de populariser parmi nous tout l'essentiel de la doctrine libérale. Mais une opposition formidable arrêta bientôt l'élan. Fénelon tomba dans une disgrâce complète, se vit livré à des ennemis qui ne cessaient de le traiter « de grand ignorant, d'impertinent qui n'a pas une once de sens commun, d'Iroquois, de Goth, de romanesque[1] », et son livre fut cruellement chansonné.

Un instant refoulés, l'esprit critique, l'inquiétude politique, réapparurent bientôt dans la littérature historique, et de là, envahirent les salons : « Des objets si graves, disait Garat, introduits subitement parmi tant de conversations qu'on croit frivoles et qui ne sont que légères, sont saisis dans la capitale de la France avec autant de facilité, ils sont traités avec plus d'intérêt que ces questions littéraires qui embellissent la raison plus qu'elles ne l'éclairent[2]. » Être éclairés sur la politique, sur les théories des gouvernements et sur le meilleur gouvernement, voilà la grande préoccupation en ces jours.

La conception de l'histoire en fut toute bouleversée. Jusqu'alors aux commentaires philosophiques des événements les historiens préféraient l'éloquence, les harangues pompeuses, les portraits élégants. Les pensées de l'his-

---

1. Cf. *la Télémacomanie*, 1700; *la Critique de la Télémacomanie*, 1700, p. 3; *la Défense du Mondain*, par Voltaire.
2. Garat, *Mémoires sur Suard*, t. I, p. 198.

torien ne dépassaient guère les frontières de l'éloquence. Mais quand les préoccupations politiques envahirent les esprits, de nouvelles conceptions dirigèrent les recherches des historiens. Ils s'inquiètent de savoir quelles sont les idées qui mènent les peuples et quelles théories du pouvoir s'élaborent dans les consciences. Et sans doute, ces tentatives ne sont pas encore la preuve qu'une philosophie nouvelle de l'histoire est née, mais elles l'annoncent. On ne voudra plus faire aboutir l'histoire à l'éloquence; on rejettera avec la même énergie l'érudition qui ne met sa fin qu'en elle-même et l'on demandera à l'histoire un enseignement moral. Écoutons là-dessus le *Journal littéraire de la Haye :* « Si la connaissance de l'antiquité, dit-il, n'avait pour but que de satisfaire la curiosité de ceux qui s'y appliquent, on aurait quelque raison de blâmer le travail assidu que cette étude demande. Mais si elle peut avoir pour but des éclaircissements très importants pour connaître la vérité de l'histoire, la fidélité des écrivains, *les fondements du droit, la cause de la différence des lois, les effets de la politique,* on sera dans l'obligation d'avouer que les recherches sur l'antiquité ne sont pas des occupations frivoles[1]. » Non certes, nos historiens ne croyaient pas s'occuper à des futilités; ils songeaient à devenir les maîtres de la pensée politique et, sous la trame des faits, ce qu'ils insinuaient, c'était l'enseignement des idées. Leurs professions de foi ne laissent aucun doute à cet égard. Dans la préface de ses fameux *Mémoires historiques sur l'ancien gouvernement de la France,* Boulainvilliers écrivait : « J'ai cru qu'une histoire méthodique et abrégée de l'ancien gouvernement de la nation précéderait utilement... parce qu'elle donnera un crayon

---

1. *Journal litt.*, t. I, p. 161. Sur cette conception de l'histoire, voir une page de *l'Éloge de Leibniz,* par Fontenelle.

du génie des rois et des peuples, de siècle en siècle, qui n'a point encore été assez vivement tracé par nos historiens, lesquels se sont tous contentés de nous donner une succession de faits d'armes et de guerres, au lieu de nous montrer des règles de gouvernement propres à nous faire connaître le véritable soutien de l'État. » Expliquer, analyser les diverses formes de gouvernement parus sur notre sol, déterminer leur sagesse, nos historiens prétendaient ne point faire autre chose. Décidément, l'histoire tourne à la jurisprudence Elle prend comme devise la parole de Bodin : « La première utilité de l'histoire est de servir à la politique. » On le vit bien, par le nombre et la qualité des ouvrages qui parurent alors. En 1727, Boulainvilliers donne son *Histoire de l'ancien gouvernement de la France*, en 1734, l'abbé Dubos, son *Histoire critique de l'établissement de la monarchie française dans les Gaules;* et pour condenser les travaux innombrables que le gouvernement des premiers rois de France provoqua parmi nous, l'abbé de Varez écrit un *Traité du gouvernement de la France sous les rois des deux premières races,* tandis que l'abbé Mably produit un *Parallèle des Romains et des Français par rapport au gouvernement,* en attendant que l'abbé Garnier mette la dernière main à son livre : *Les Origines du gouvernement français.* Ces études parurent encore trop générales; on se spécialisa, et le règne commença des monographies érudites.

En 1704, voici les *Recherches touchant les Parlements ou assemblées générales sous la première, seconde et le commencement de la troisième race,* de Cordemoy; du même, les *Recherches touchant la justice royale;* de M. de Justi, le traité *De la Nature et de l'essence des corps politiques;* de Delisle de Hérissé, une *Histoire des Conseils du Roi,* contre laquelle Guillart écrit en 1718 une *Histoire du Conseil du*

Roi; en 1713, des multitudes de traités anonymes discutant, selon la méthode historique, de l'*Autorité du Parlement pendant la minorité des rois,* de la puissance des ducs et pairs ou de la prééminence du corps de la noblesse, à la suite du fougueux Boulainvilliers qui rédige des *Mémoires pour la noblesse* et commence l'*Histoire du Parlement de Paris.* En outre, la lourde pile des dissertations, essais, cours, systèmes et mémoires : *le Système d'un gouvernement en France,* de la Jonchère (1720) ; les *œuvres* en quinze tomes de l'abbé de Saint-Pierre (1738) ; l'*Essai philosophique sur le gouvernement civil,* de Ramsay (1727) ; le *Cours de sciences sur des principes nouveaux et simples* du P. Buffier (1732) ; l'*Essai sur les principes du droit et de la morale,* de Richer d'Aube (1743), sans compter les multiples rééditions des traités spéciaux de droit, que l'on enrichit sans cesse de commentaires surtout historiques, et qui firent la fortune des Puffendorf, des Grotius, des Locke, Hobbes, Barbeyrac, Heineccius, Dodwell, de plusieurs autres, aujourd'hui tombés justement dans l'oubli.

Et ce n'est pas tout, mais ce tout serait fort peu de chose, s'il ne nous montrait l'étendue et la puissance de l'inquiétude politique au début du xviii° siècle. Et sans doute l'effort ne fut qu'à moitié heureux : trop d'ouvriers dispersaient en trop de sens, sans une préparation suffisante, leurs efforts courageux ; d'autre part, ils se préoccupaient trop de justifier leurs préférences politiques par l'histoire, qu'ils sollicitaient avec une liberté parfaite. Tout cela restait donc bien fumeux, mais ce qu'il faut remarquer, c'est l'existence même de ces tressaillements de l'esprit. Les âmes souffraient d'un mal commun ; elles avaient conscience de leur ignorance et voulaient faire leur éducation politique. L'histoire leur servit de première éducatrice ; arrachée aux fins que le xviii° siècle érudit et éloquent lui avait assignées, elle devint l'auxiliaire du droit et se confondit presque avec l'étude des institutions politiques ; les ouvrages d'histoire devinrent ainsi de véritables traités de jurisprudence.

En cela consistent les résultats intéressants de ces lourdes enquêtes, conduites en de gros volumes aujourd'hui illisibles, à travers les civilisations antiques, les coutumes du moyen âge et les constitutions alors en vigueur, aussi bien en Extrême-Orient qu'en Europe[1].

De leur côté, les voyageurs, très au courant de ce « goût nouveau », remplissaient leurs relations de considérations politiques, et le meilleur de leurs ouvrages, c'était moins le côté pittoresque que la partie austère, politique. Nous n'avons pas à dire quelle vogue incroyable accompagna, au début du XVIIIe siècle, les innombrables récits de voyages qui, de l'Amérique, de l'Afrique et de l'Extrême-Orient, prétendaient donner une image fidèle. Un volume y suffirait à peine. Mais leur influence fut si prodigieuse que l'Orient lui-même, à qui « l'on demandait d'ordinaire d'égayer l'imagination ou de divertir l'esprit », tourna la tête à de bonnes âmes qui, le plus sérieusement du monde, ne parlèrent de rien moins que « d'inoculer à la France l'esprit chinois », et d'adopter le régime politique du Céleste Empire.

C'est qu'en vérité le public, tout à sa passion nouvelle, grisé par la richesse des idées qu'il s'assimilait pour la première fois, ne donnant son estime qu'aux ouvrages inspirés de cette même passion, était la dupe du cœur. Ceux qui conservaient, au milieu de cet enthousiasme, assez de sang-froid pour apprécier sainement les choses, s'indignaient de voir « des livres peu instructifs, tissus de pasquinades et de bons mots », jouir néanmoins d'une vogue scandaleuse,

---

1. Voir surtout Silhouette, *Idée générale du gouvernement et de la morale des Chinois*, 1729; Gueb, *Mœurs et usages des Turcs, leur religion, leur gouvernement*, 1746, etc., et pour plus de détails, Martino, *L'Orient dans la littérature française*, Paris, 1906.

parce qu'ils promettaient, en d'adroites préfaces, « des recherches exactes sur le gouvernement, les mœurs, les institutions », habiles en cela à prendre le vent, « aujourd'hui que la science du droit de Nature et des Gens est si fort à la mode, qu'elle est préférable à toutes les autres sciences ».

Et en effet, ces auteurs allaient au succès. Médiocres, ils usurpaient, sans beaucoup de peine, les titres dus au mérite ; éminents, ils récoltaient plus de gloire qu'ils n'auraient osé en souhaiter. Telle la gloire de ce Janiçon qui, dans une histoire d'ailleurs estimable, fit surtout porter l'intérêt sur les recherches politiques qu'il annonçait en ces termes dans une préface caractéristique : « Je commence, dit-il, par donner une idée générale et succincte de ce puissant État... Je parle du pouvoir de ses stathouders, des mœurs de ses habitants. A la description géographique de chaque province, je joins le système distinctif de son gouvernement et de celui des villes et de toutes les parties dont elle est composée. Je marque les lois particulières suivant lesquelles chaque ville, chaque bailliage ou autre juridiction se gouvernent indépendamment les unes des autres[1]. »

Cette méthode était alors générale ; cet état d'esprit commun à tous les historiens. C'était un esprit nouveau qui, se répandant sur la France entière, travaillait non seulement à renouveler un aspect de la littérature, mais à créer une âme nouvelle. L'inquiétude politique a conquis les esprits, et pour répondre à ces besoins intellectuels, on s'adresse non plus à la métaphysique, mais à l'histoire, à l'ethnographie[2]. Le spectacle des idées politiques réalisées dans le monde provoqua parmi nous, d'abord, une crise de scepticisme à l'égard de l'excellence du régime poli-

---

1. Janiçon, *État présent de la république des Provinces-Unies*, 1729 et 1730, 2 vol., Préface.
2. Il faudrait étudier le rôle surtout du P. Lafitau, précurseur authentique de Montesquieu : *Mœurs des sauvages américains, comparées aux mœurs des premiers temps*, 1723, 2 vol.

tique alors en vigueur en France, ensuite le développement d'une vigoureuse poussée de spéculations politiques qui agita profondément les esprits durant la première moitié du xviiie siècle. Nous ne pouvons ici retracer cette histoire ; contentons-nous de quelques indications indispensables à l'intelligence de la philosophie politique de Montesquieu.

II

Le xviie siècle avait été très riche en systèmes politiques. Les théories les plus rigoureusement absolutistes comme les doctrines les plus audacieusement républicaines s'y étaient perpétuées. Particulièrement en France, la fortune de ces diverses écoles avait été brillante. Au temps de la Fronde, les esprits étaient républicains, et Joly assure que ce qui servit surtout à fomenter cette agitation révolutionnaire, « ce fut la persuasion du peuple qu'il est permis de s'armer et de se défendre contre ses supérieurs, quand ils abusent d'un pouvoir qui ne leur est confié qu'à condition que le bonheur public sera le fruit de leur grandeur ». Les pamphlets du temps roulent sur les questions politiques les plus abstraites, les plus dangereuses aussi. On y examine si les rois sont absolus, s'ils ont un pouvoir illimité sur nos biens et sur nos vies, s'ils sont d'institution divine, si les conditions avec lesquelles les peuples se sont donnés aux rois doivent être inviolables, si même le régime monarchique n'est pas essentiellement inférieur au régime républicain, si donc les révolutions ne se présentent pas avec un certain caractère de sainteté, comme celles qui délivrèrent, en 1648 et 1688, le peuple anglais de l'absolutisme royal.

La doctrine libérale apparaissait donc, au milieu du

siècle, comme le résultat, non pas seulement de conceptions éphémères ou superficielles, ainsi qu'on le croit généralement, mais d'une réflexion précise, nuancée, longuement mûrie, puisée à une expérience directe et personnelle [1].

Cette doctrine que les Français apprirent à connaître, surtout dans les réalités présentes, un peu dans les œuvres de théoriciens étrangers, Hobbes, Spinoza, Locke, — pouvait se résumer en deux ou trois formules dont la simplicité ne doit pas nous faire oublier qu'elles étaient le renversement de toutes les idées jusqu'alors acceptées. La « Souveraineté » n'est pas un dépôt divin, moins encore un bien de famille inamissible et héréditaire. Elle est la chose du peuple qui la « confie », par suite d'un contrat. Celui-ci ne vaut que pour autant que les contractants en observent les clauses.

C'était là toute la théorie de la Révolution anglaise. Mais le mouvement de la Fronde s'arrêta, échoua, disparut sous le ridicule. Avec lui disparurent les idées libérales. Alors prospérèrent les théoriciens absolutistes. Les idées qui retiennent l'attention sont celles dont Bossuet se fera bientôt, après avoir longtemps hésité, le vigoureux champion.

L'homme est sociable, et il est vain de parler de l'homme, en dehors de toute société. Son penchant le plus profond est un penchant altruiste. Il aime spontanément son semblable ; il s'unit à lui, l'aide, lui assure son *secours mutuel*. C'est que Dieu mit d'abord en son cœur la bonté. La société est ainsi le produit nécessaire de la nature humaine et elle suppose une vie morale orientée vers le bien. La vertu est antérieure à la société.

Plus tard, les passions, les besoins de la vie, les rivalités

---

1. Cf. Jean Brissaud, *Un libéral au XVIIe siècle, Claude Joly*, (1607-1700), Paris, Fontemoing, 1898.

inévitables troublent cette harmonie. Le genre humain se divise. De là les sociétés particulières, les États et les patries différentes. Les citoyens transportent alors à un magistrat souverain toute leur force, et c'est l'origine des gouvernements et des lois.

Cette doctrine politique ruinait les systèmes de Hobbes et de Spinoza, mais elle présentait un point vulnérable : Bossuet n'avait que très imparfaitement établi la nature du lien qui rattachait les sujets à leur souverain. Les événements allaient se charger de donner une très grande importance à cette question, dont, malgré tout son génie, Bossuet avait méconnu la valeur.

A la suite de la Révolution de 1688, Guillaume d'Orange chassait du trône son beau-père Jacques II, et en prenant lui-même la souveraineté, reconnaissait que son pouvoir n'était point absolu, qu'il le tenait directement de la volonté nationale, qu'il ne pouvait enfin opprimer ni la liberté ni la conscience. Les théoriciens de la Réforme française s'empressèrent de partir de cette vérité de fait pour consolider, coordonner et systématiser des idées qui leur étaient chères, depuis déjà longtemps. Jurieu fut le plus ardent à défendre ces théories. Il enseigna que le pouvoir du prince vient uniquement d'un pacte convenu entre ses sujets et lui, et qu'ainsi les sujets possèdent le droit de détrôner leur souverain. Autour de ces principes, acceptés et repris par l'école protestante presque tout entière, se groupèrent un certain nombre de théoriciens, que Fénelon appelait des « républicains outrés » « Selon eux, nous naissons tous indépendants et égaux. Selon eux, les nations et les républiques n'ont été formées que par l'accord libre des hommes, qui ne se sont assujettis aux lois de la société que pour leur commodité particulière. Selon eux enfin, les dépositaires de l'autorité souveraine sont toujours responsables, en dernier ressort, au peuple qui peut les juger, les déposer et les changer, quand ils violent le contrat originaire de leurs ancêtres. »

Jurieu, et, après lui, les défenseurs du coup d'État de Guillaume d'Orange, enseignaient donc à la France l'absurdité de la doctrine du droit divin, de l'irresponsabilité du prince, et contre elle, dressaient la doctrine du Contrat social, de la souveraineté du peuple, des droits inaliénables.

Bossuet put un instant enrayer le mouvement de sympathie que cette doctrine rencontra en France, mais lorsque sa grande voix ne se fit plus entendre, le succès, quelque temps arrêté, reprit de plus belle, tandis que d'infatigables propagateurs, sous le prétexte de présenter en détail les idées libérales dont s'enivrait alors l'Angleterre, inondaient la France de journaux, de pamphlets, de traductions d'ouvrages politiques anglais. Partis de l'idée du Contrat social dont Jurieu leur avait révélé l'opportunité, ils ne tardèrent point à en suivre la progression logique.

De proche en proche, pièce à pièce, de nouvelles conceptions se formèrent qui devaient bouleverser tout le champ de la politique spéculative.

Tout d'abord, les théoriciens prétendent que, si la société repose sur un contrat, l'autorité vient primitivement d'en bas. Le peuple et le prince sont donc deux souverains également jaloux de leur souveraineté. Les rois ont des pouvoirs consentis par le peuple, mais le peuple a des droits inviolables. Voilà l'antagonisme qui peut être ou dangereux ou salutaire : dangereux, si l'un des deux pouvoirs veut empiéter sur l'autre, car alors tout se brouille et la confusion provoque la révolution ; salutaire, si l'équilibre se maintient et si les deux antagonistes vont d'une même allure, de concert, et sur des avenues parallèles. Donc, ils seront et resteront séparés. Cependant, ils ne peuvent s'ignorer. On évitera de les mettre trop souvent et trop intimement en contact. En conséquence, des corps spéciaux seront institués qui empêcheront les tête-à-tête orageux. Leur rôle sera de maintenir l'harmonie, d'amortir les violences populaires et de briser les caprices royaux. Ils auront une puissance réelle, distincte du pouvoir souverain et du pouvoir populaire ; ils seront les corps intermédiaires, la voix véritable de la nation.

Vers 1720, les Français apprennent donc à mieux estimer la doctrine parlementaire. Ils possèdent le concept des corps intermédiaires, celui de la monarchie limitée, celui de la distinction des pouvoirs ; mais nul ne songe encore à voir dans leur fusion la garantie même de la liberté politique. L'œuvre du protestant Rapin de Thoyras commença cette éducation philosophique autant qu'historique. C'est lui qui, l'un des premiers, fit dépendre la liberté de la coexistence de trois pouvoirs : celui du souverain, celui des grands et celui du peuple. Cette pensée le conduisit à l'analyse des rapports existant entre ces trois pouvoirs et à celle de leurs prérogatives. Il met en relief la nécessité de la balance des pouvoirs, dans laquelle il aperçoit la raison de la liberté anglaise. De lui date cette théorie singulière du gouvernement libre quand la souveraineté n'y existe nulle part, quand la puissance y est distribuée de si juste façon que, personne ne dominant, les trois pouvoirs constitués, exécutif, législatif et judiciaire, se maintiennent égaux et se font échec l'un à l'autre pour la sûreté commune.

Ces efforts aboutirent à renouveler l'esprit politique français. Jusqu'à ce moment, le centre des méditations philosophiques était le pouvoir du Prince ; désormais, l'axe de la pensée se déplace ; et sous l'influence de la doctrine parlementaire, tout converge autour de la liberté du citoyen.

Ce qui frappe surtout, dans le développement des théories libérales sous l'influence de la pensée anglaise, c'est la continuité et l'unité de plan. Convaincre les Français qu'ils sont à la fois ignorants des problèmes politiques et timides devant les solutions; que l'esprit général de leur nation, maintenu dans la torpeur, semble ne pas sentir le prix de la liberté ; que la forme elle-même du gouvernement français, quand on la compare avec d'autres constitutions en vigueur, est loin d'apparaître avec ce caractère d'excellence que volontiers ils lui attribuent, voilà ce que, pendant près de cinquante ans, n'ont cessé de tenter tous ceux qui avaient pris à tâche d'acclimater chez nous la doctrine libérale.

Le succès — un succès foudroyant — couronna les efforts de ces pionniers du libéralisme. En 1737, il ne faisait plus doute pour personne que l'esprit français avait été comme régénéré au contact de l'esprit anglais. Tout au plus, l'abbé du Resnel, traducteur de Pope, estime-t-il que « cette espèce de liaison est encore trop récente, pour le persuader que nous soyons bien disposés à sympathiser ensemble[1] ».

En 1738, J.-B. Rousseau signale avec mélancolie le progrès « de ce malheureux esprit anglais qui s'est glissé parmi nous depuis plus de vingt ans[2] ».

En 1741, la sympathie devient de l'intimité : « Le commerce que nous avons avec les Anglais, écrit Silhouette, l'étude que l'on fait de leur langue, le zèle de nos écrivains pour traduire leurs ouvrages, sont autant de voies qui nous ont facilité la connaissance du goût et du génie de leur poésie », et il aurait pu ajouter, de leur politique[3].

En 1749 enfin cette intimité prend, aux yeux des journalistes de Trévoux, les proportions d'un désastre :

---

1. *Les principes de la morale et du goût*, traduits de l'anglais de M. Pope, Paris, 1737, p. XXIII.
2. Lettre à Louis Racine, Bruxelles, 18 mai 1738.
3. Silhouette, Introduction à la traduction de *l'Essai sur l'homme*, Londres, 1741.

« La France devient bien bonne amie de la littérature d'Angleterre... On dirait que les productions de ce pays deviennent parmi nous le germe de toutes les opinions hardies qui ont fait en Angleterre autant de chrétiens impies que de mauvais citoyens [1]. »

Au sentiment de ces journalistes, celui-là pouvait passer pour un mauvais citoyen qui montrait une intelligence avertie et sympathique à l'endroit des idées politiques anglaises ; mais en ce cas, presque tous les sujets de Louis XV étaient de bien mauvais citoyens. Car, s'il faut en croire les chroniques du temps, ces idées étaient comprises! Elles étaient parfaitement assimilées. Elles se convertissaient en chair et sang français. Une multitude « d'écrivains instruits et philosophes » prenaient sur eux de les élaguer, de les divulguer et de les répandre aux quatre coins de la France. Elles plaisaient, parce qu'elles avaient pour elles la nouveauté, la jeunesse et la hardiesse. Sur leur passage, s'élevait « un vent d'anti-monarchisme et d'anti-révélation ». Bien plus, elles devenaient à leur tour le point de départ de spéculations encore plus aventureuses. « Comme le Français enchérit toujours sur les étrangers, disait d'Argenson, il va plus loin et plus effrontément dans ces carrières d'effronterie. » Dès ce moment l'on put s'apercevoir que « des projets de gouvernement libre et anti-monarchique passaient dans les esprits ». On ne prenait plus soin de les dissimuler. L'esprit nouveau avait étendu ses conquêtes. Les projets les plus audacieux n'effarouchaient plus. En prenant corps, ils retenaient l'attention générale. D'Argenson croit même que « ce gouvernement est déjà arrangé dans les têtes pour l'exécuter à la première occasion ». Tel était le

---

1. *Esprit des journalistes de Trévoux*, 1771, II, p. 491.

prestige des idées libérales, telle était l'ivresse qu'elles provoquaient parmi nous, que les plus grands seigneurs mirent à les accepter toute la fougue des vulgaires révolutionnaires. Les temps sont tout près où l'on verra le prince de Beauveau, le duc de la Rochefoucauld, le duc de Nivernais, le marquis de Ségur et bien d'autres de la plus haute noblesse descendre avec volupté aux plaisirs « d'une philosophie plébéienne ». « La liberté, dira M. de Ségur, quel que fût son langage, nous plaisait par son courage, l'égalité, par sa commodité. On trouve du plaisir à descendre tant qu'on croit pouvoir remonter dès que l'on veut, et, sans prévoyance, nous goûtions à la fois les avantages du patriciat et les douceurs d'une philosophie plébéienne. » Jamais l'on n'avait tant parlé de *nation* et d'*État*. Jamais l'on n'avait été aussi instruit des droits des citoyens et de la liberté. Sans doute, on a vu que les études historiques, que le goût récent des spéculations politiques entraient, pour une grande part, dans la formation de cet esprit nouveau. Mais, plus que tout cela, les idées anglaises avaient opéré ce phénomène prodigieux. Nous en avons un témoignage frappant : « Moi, disait d'Argenson, qui ai toujours médité et puisé des matériaux dans l'étude sur ces matières, j'avais ma conviction et ma conscience tout autrement tournées qu'aujourd'hui : *cela nous vient du Parlement et des Anglais.* »

C'est au milieu de cette effervescence générale, de ce bouillonnement des doctrines libérales, que Montesquieu élabora son système politique.

III

Si Montesquieu trouvait autour de lui comme des promesses d'un succès immédiat, au cas où il songerait, lui aussi, à dire son mot sur les questions politiques universellement débattues, il rencontrait encore des sollicitations dangereuses pour son esprit positif. Les discussions dont nous avons rappelé la violence allaient, en définitive, s'épanouir en pleine métaphysique. Et Montesquieu fut sur le point de comprendre la politique en métaphysicien. Sa gloire eût été médiocre. On peut le conjecturer sur quelques pages où l'auteur prétend indiquer le fondement rationnel du pouvoir : « Comme on doit être fidèle à sa patrie, on doit l'être à son prince ou aux magistrats qui la gouvernent. L'autorité des princes et des magistrats n'est pas seulement fondée sur le Droit civil, elle l'est encore sur le Droit naturel; car, comme l'anarchie est contraire au droit naturel, le genre humain ne pouvant subsister par elle, il faut bien que l'autorité des magistrats, qui est opposée à l'anarchie, y soit conforme. Ce qui fait la force de l'autorité des princes, c'est que souvent on ne peut empêcher le mal qu'ils font que par un plus grand encore, qui est le danger de la destruction[1]. » Le raisonnement était peu probant et même peu direct, car suffit-il, pour que l'autorité des magistrats soit légitime et sacrée, qu'elle assure la conservation des sociétés?

Mais l'intérêt de ce passage est ailleurs : il nous révèle que les questions de droit naturel absorbèrent un instant la réflexion du philosophe. Or, quand on sait que tous les écrivains politiques de ce temps versent dans la métaphysique pour avoir voulu déduire leurs théories d'une certaine conception des droits naturels qu'ils découvraient au fond de l'être humain, on peut se demander par quel hasard Montesquieu échappa à l'engrenage [2].

---

1. *Pensées inédites*, t. III, p. 337.
2. Les ouvrages traitant « de l'origine et des fondements du Droit de la

D'autant qu'il semble avoir poussé assez loin ces problèmes de pure spéculation. Nous avons la certitude qu'avant 1721 (et s'il faut en croire la date de la lettre, ce serait en 1717), Montesquieu s'intéresse vivement à la querelle de « l'obéissance passive[1] ». Elle bat son plein, à ce moment même, et provoque dans toute l'Angleterre une effervescence extraordinaire. Elle soulève les questions les plus délicates. Quels sont les principes du pouvoir civil ? Quel contrat unit la royauté et le peuple ? L'obéissance est-elle sans limites ? Existe-t-il un droit de résistance ? Or, ce qui montre bien que Montesquieu suit la fortune des thèses les plus invraisemblables, c'est qu'il résume, en une brève mais exacte formule, une théorie d'assez mince importance : celle de Blackmore, pour lequel « il n'y a qu'un lien qui puisse attacher les hommes, qui est celui de la gratitude : un mari, une femme, un père et un fils ne sont liés entre eux que par l'amour qu'ils se portent, ou par les bienfaits qu'ils se procurent ; et ces motifs divers de reconnaissance sont l'origine de tous les royaumes et de toutes les sociétés[2]. » Otez ce lien d'amour ou de reconnaissance, mettez à la tête de la société un prince qui soit un bourreau et non pas un père, et l'obéissance n'a plus de raison d'être.

Ce système ne semble pas avoir conquis l'adhésion de Montesquieu, car il rappelle aussitôt une seconde réfutation de « l'obéissance passive ». « Nous ne pouvons pas donner à un autre plus de pouvoir sur nous que nous n'en avons nous-mêmes ; or, nous n'avons pas sur nous-mêmes un pouvoir sans bornes : par exemple, nous ne pouvons pas nous ôter la vie ; personne n'a donc sur la terre un tel pouvoir[3]. »

Nature » sont très nombreux, de 1720 à 1730 environ. La spéculation avait fait de ce problème une question primordiale.

1. *Lettres persanes*, CV.
2. *Id.*, CV.
3. *Les Pensées inédites*, t. I, p. 423, contiennent encore une discussion de la doctrine de « l'obéissance passive ».

C'est là toute la théorie de Locke dans son *Essai sur le gouvernement civil;* et nous avons donc la preuve que Montesquieu avait pris une connaissance sérieuse de cet ouvrage essentiel, avant 1721.

Il paraît avoir songé, vers cette époque, à rattacher la politique à la métaphysique et, comme l'avaient fait ses prédécesseurs, à subordonner la méthode expérimentale à la méthode rationnelle, à fixer ce qui devrait être et n'examiner ce qui est que dans ses relations avec la justice idéale. C'était, cela, aborder le problème des origines de la justice et des lois positives. Ils'y prépara, avec la pensée très ferme de ruiner la doctrine de Hobbes.

Le philosophe anglais prétendait qu'avant toute société civile, il n'y a ni juste, ni injuste, ni tien, ni mien, ni propriété, ni droit. L'homme, à l'état de nature, ne songe qu'à se conserver et se protéger contre l'homme, mais tous les hommes, ayant un droit égal sur tout, doivent nécessairement souffrir de la concurrence des désirs; ils sont donc tous ennemis, et l'état de nature n'est autre chose qu'un état de guerre de tous contre tous. Les vertus sont alors la force et la ruse, non la justice. Celle-ci n'apparaît que lorsque les hommes établissent des lois pour refréner des appétits toujours avides. La justice et l'injustice sont des concepts qui appartiennent, non à l'homme, mais au citoyen.

A cette philosophie dont l'apriorisme n'est pas le moindre défaut, Montesquieu oppose un système non moins aprioriste. Avant toute société civile, dit-il, le juste et l'injuste existaient; car avant toute loi, les rapports de justice étaient possibles, de même qu'avant qu'on eût tracé un cercle, tous les rayons étaient égaux. Par là, Montesquieu place le juste primitif et éternel avant le juste légal, et fait dériver celui-ci de celui-là. La justice se déduit d'un type éternel. L'homme, à l'état de nature, ne songe point à attaquer son semblable, mais à vivre en paix avec lui, puis à assurer son existence, puis à rechercher l'union pour perpétuer l'espèce, à vivre enfin en société. Ce sont là les quatre lois naturelles que Montesquieu découvre au fond de l'être humain[1].

Il les imagine plutôt, préoccupé qu'il est d'opposer aux affirmations de Hobbes, des affirmations contraires. D'autre part, voici ce qu'il propose pour expliquer les lois positives. Obéissant à l'instinct social, les hommes se réunissent et forment des sociétés. Alors commence l'état de guerre : les nations se lèvent contre les nations et les citoyens contre les citoyens. « Ces deux sortes d'état de guerre font établir les lois parmi les hommes », les unes pour régler les rapports des peuples entre eux (c'est le Droit des gens), les autres qui assureront la conservation de chaque société (c'est le Droit politique).

On le voit, aucun des grands problèmes métaphysiques, autour desquels politiques et moralistes avaient engagé la bataille, ne demeurait étranger à Montesquieu. Sur l'origine des sociétés, sur le fondement de l'obéissance, sur l'origine des lois positives, sur les lois naturelles, il avait poursuivi de brillantes et personnelles enquêtes. Il y faisait preuve d'ingéniosité subtile et de réelle aptitude pour les constructions idéologiques, les systèmes métaphysiques, les jeux de la pensée. Et sa métaphysique était bienfaisante. Tandis qu'autour de lui, certaine école niait la justice absolue, faisait de la vie des peuples un misérable compromis d'intérêts et d'égoïsmes et ne voyait dans les législations que des nécessités tyranniques, Montesquieu, mettant à l'origine des choses l'éternelle justice, arrachait du même coup la politique au scepticisme et au matérialisme, posait sur les lois positives élaborées par les hommes un

---

1. *Esprit des lois*, liv. I, ch. I et II.

reflet de la justice idéale et inaugurait ainsi vraiment la réaction spiritualiste.

Mais là s'arrêtèrent ces spéculations sublimes. Ces prémisses semblaient annoncer un traité conforme à la méthode des Grotius, des Puffendorf, des Richer d'Aube, où l'auteur s'appliquerait à déterminer d'abord les conditions absolues du juste, afin de montrer ensuite comment les lois positives s'en éloignent ou s'en approchent. De ce traité, Montesquieu n'écrivit que la première partie. Il avait des idées nouvelles qui l'entraînaient, loin des spéculations métaphysiques, sur le terrain des faits.

La première de ces idées concernait les gouvernements. Les philosophes avaient alors mis à la mode cette question : « Quelle est la meilleure forme de gouvernement? » Et soit que l'on défendît la forme républicaine, soit que l'on proposât le régime de la monarchie absolue ou constitutionnelle, c'était à de véritables systèmes que l'on recourait pour justifier ses préférences. Notons bien que Montesquieu suivit avec intérêt ces joutes dialectiques. Il a rappelé, dans l'*Esprit des lois*, le curieux système de l'Anglais Filmer en faveur « du gouvernement d'un seul[1] »; et s'il le réfute, c'est encore avec l'appui des raisons déjà invoquées par Locke dans son *Essai sur le gouvernement civil*. Il ne suivra cependant pas la méthode spéculative, car depuis 1721, il juge cette question vaine et ces réponses sans valeur. Il fait dire à Usbek : « Depuis que je suis en Europe, mon cher Rhédi, j'ai vu bien des gouvernements. J'ai souvent pensé en moi-même pour savoir quel, de tous les gouvernements, était le plus conforme à la raison. Il m'a semblé que le plus parfait est celui qui va à son but à moins de frais, et qu'ainsi celui qui conduit les hommes de la manière qui convient

---

1. *Esprit des lois*, liv. I, ch. III, paragraphe 8.

le plus à leur penchant et à leur inclination est le plus parfait[1]. » Que la spéculation fasse donc place à l'étude directe, minutieuse, du penchant et des dispositions de chaque peuple! Et voilà amorcée en politique la méthode positive, dont nous retrouverons le programme, exprimé en termes presque identiques, au premier livre de l'*Esprit des lois*.

La seconde de ces idées concernait le concept de loi. Sans doute, Montesquieu le subordonnait à la notion de l'archétype éternel d'une immuable justice, valable pour tous les temps et tous les lieux. Mais cette idée, de laquelle le philosophe eût pu déduire toute une métaphysique des lois, était contrariée par un concept différent, qui resta finalement vainqueur. Montesquieu définit en effet les lois « des rapports nécessaires qui dérivent de la nature des choses », formule abstraite et obscure[2], qui voulait dire que les lois ne dérivent pas de la fantaisie des législateurs, mais qu'elles ont, même celles qui paraissent bizarres, « quelque raison suffisante », tirée de certaines conditions sociales, historiques ou physiques. C'est alors que Montesquieu entrevit la nécessité des recherches positives. Si les législateurs, dans l'établissement des lois, considèrent des « raisons » qui varient de pays à pays, de peuple à peuple : forme du gouvernement, mœurs et manières des citoyens, nature du climat et du sol, richesse économique, esprit public, il est évident que les lois de chaque nation ne sont « que des cas particuliers », et « tellement propres au peuple pour lequel elles sont faites que c'est un très grand hasard si celles d'une nation peuvent convenir à une autre[3] ».

1. *Lettres persanes*, LXXXI, et *Esprit des lois*, liv. I, ch. III, paragraphe 9.
2. M. Janet a discuté cette formule, *Histoire de la science politique*, t. II, p. 333 et suiv.
3. *Esprit des lois*, liv. I, ch. III.

Le jour où Montesquieu fut en possession de cette idée, il ne pouvait plus songer à expliquer les particularités de chaque législation par les généralités de la métaphysique ; il lui fallait descendre aux minutieuses enquêtes historiques. Et puisque les lois sont relatives à certaines conditions morales ou physiques, le rôle du philosophe sera de dénombrer exactement ces conditions, puis de les examiner réalisées dans l'histoire.

Les premières relations que Montesquieu découvrit, sont celles qui unissent les lois à la nature et au principe des gouvernements.

Il ramène à trois les différentes espèces de gouvernements : république, monarchie, despotisme. « Le gouvernement républicain est celui où le peuple en corps ou seulement une partie du peuple a la souveraine puissance ; le monarchique, celui où un seul gouverne, mais par des lois fixes et établies, au lieu que dans le despotique un seul sans loi et sans règle entraîne tout par sa volonté et ses caprices. »

Dans chacun d'eux, Montesquieu distingue la nature et le principe ; et cette distinction, il la juge « très importante », car elle lui paraît donner la clef d'une infinité de lois, et c'est d'elle qu'il se propose de tirer de multiples et lointaines conséquences[1].

Nous savons déjà que cette distinction essentielle était connue des philosophes anciens, et si Montesquieu se l'appropriait, c'était moins pour sa nouveauté que pour la vigueur d'esprit qu'elle lui permettait de déployer afin d'en déduire tout le système politique qui remplit les dix premiers livres de l'*Esprit des lois*.

La nature du gouvernement, c'est ce qui le fait être, en d'autres termes, le mécanisme de sa structure. Son

---

1. *Esprit des lois*, liv. III, ch. I, note de Montesquieu.

principe, c'est ce qui le fait agir, ressort invisible qui met en branle les passions des citoyens, détermine des courants d'opinion, et façonne un esprit général, une âme nationale[1].

Pour déterminer le principe qui fait agir les citoyens de ces divers États, Montesquieu a-t-il plutôt imposé des principes a priori aux leçons de l'expérience qu'il ne les a déduits de longues et vastes expérimentations? Le problème est d'importance, car si les contemporains de Montesquieu firent à son système politique l'opposition que l'on sait, ce fut surtout parce qu'ils ne voulurent voir en lui qu'une construction idéologique, sans aucun fondement dans la réalité[2]. Il est bien certain que Montesquieu fut poussé, aidé et soutenu dans cette recherche par de glorieux devanciers. Aristote, Machiavel, Doria et même Chardin n'avaient point méconnu que la philosophie des lois était subordonnée à la psychologie des peuples. Après eux, Montesquieu se lance à la découverte des principes qui font agir les citoyens. Il en découvre trois, après examen des républiques anciennes, des aristocraties de l'antiquité et celle de Venise, de la monarchie française et du despotisme oriental. Il lui semble que certains peuples se laissent conduire par *la vertu*,

---

1. *Esprit des lois*, liv. II et liv. III.
2. En 1753, Holberg reproche à ces principes d'être « problématiques » et imposés par Montesquieu à la réalité, car après avoir critiqué les huit premiers livres de l'*Esprit des lois*, il ajoute : « Montesquieu cherche à confirmer ses principes par des exemples tirés de l'histoire et de l'expérience. Mais on peut alléguer autant d'exemples pour montrer le contraire, et la question reste encore indécise. » *Remarques sur....* « *l'Esprit des lois* », 1753. — Crevier, à son tour, reprochera à Montesquieu d'avoir des idées préconçues, qui dirigent ses recherches, mais n'en sont pas le fruit. *Observations sur « l'Esprit des lois »*, 1763, p. 54. — Et plus brutalement, Duperron écrivait : « Rien de plus trompeur que ces portraits tracés par l'intérêt personnel ou faits dans le cabinet d'après des principes dont on tire toutes les conséquences en apparence possibles. » *Législation orientale*, 1778, p. 43.

ce sont ceux qui vivent en république ; que certains autres agissent par des motifs d'*honneur*, ce sont ceux qui vivent en monarchie ; que certains autres enfin ne connaissent que l'obéissance servile et *la crainte*, ce sont ceux qui vivent en despotisme.

Là se ramène, pour Montesquieu, toute la psychologie des peuples, et peut-être trouvera-t-on qu'elle est un peu courte, qu'elle simplifie trop des problèmes extrêmement complexes, qu'elle ne repose sur des enquêtes ni très variées, ni très étendues, et que ses résultats sont enfin un peu vagues. Mais il s'est contenté de ces conclusions, desquelles il va tirer des conséquences infinies. De la nature du gouvernement, il fait en effet dériver les lois politiques ; de son principe, les lois civiles et les lois sociales, celles-là tendant plutôt à l'organisation des forces gouvernementales, celles-ci ayant pour objet plus direct le maintien d'un certain esprit national.

La nature de la république, c'est que la souveraineté y est aux mains du peuple en corps (démocratie) ou d'une partie du peuple (aristocratie).

Dans la démocratie, le peuple est, à certains égards, le monarque et, à certains autres, le sujet. Monarque, il obéit à ses volontés propres, qu'il exprime par les suffrages ; sujet, il obéit à des magistrats nommés par lui. Il sera donc essentiel de fixer par des lois l'expression, l'extension, le mode, l'objet du droit de suffrage, et, d'autre part, la façon d'élire les magistrats.

On déterminera le nombre des citoyens qui doivent former les assemblées et faire connaître la volonté du peuple ; et parmi les citoyens, ceux qui ont droit de suffrage, ceux qui, étant électeurs, ne peuvent cependant être éligibles et ceux qui ont ces deux facultés à la fois. Montesquieu fut-il partisan du suffrage universel ou du suffrage restreint ? Voulut-il exclure des magistratures une catégorie de citoyens? Il serait téméraire de l'affirmer, mais il a passé sous silence la difficulté la plus grande du système démocratique. Dès lors que l'État se confond avec la volonté du peuple, et que celle-ci s'exprime par un certain nombre de suffrages, une partie de la cité peut n'être plus considérée comme faisant véritablement corps avec l'État. Le fait a lieu quand la volonté de cette fraction est hostile à la volonté d'une fraction numériquement supérieure, et que celle-ci, dominée par des passions égoïstes ou des désirs de vengeance, promulgue des lois qui, prenant une sorte d'autorité sacrée du fait qu'elles paraissent être l'expression de la volonté populaire, tendent à persécuter une minorité impuissante[1].

Entendons bien que Montesquieu n'a pas été arrêté par cette objection au moment même où, les yeux fixés sur la république romaine, il dessinait avec passion les trait de l'idéale cité démocratique. Les réserves ne viendront qu'après les voyages à travers les républiques italiennes, helvétiques, allemandes ou hollandaises, mais alors Montesquieu ne trouvera pas de paroles assez sévères pour caractériser ce régime politique. Il y découvrira la tyrannie, une tyrannie plus atroce que celle d'un seul despote, l'incompétence générale, l'insolence universelle et l'égoïsme, mais la vertu, point[2]. Ceci même nous est précieux, non pas tant pour marquer l'évolution de la pensée du philosophe, que pour dater les livres consacrés aux démocraties anciennes. A n'en pas douter, ils furent conçus et presque entièrement rédigés avant les voyages, d'après Rome, Athènes ou Lacédémone, « dans un temps où le peuple grec était un monde, et les villes grecques des nations », par conséquent œuvre d'humaniste que

1. *Esprit des lois*, liv. II.
2. *Voyages;* les témoignages de cet état d'âme y sont très nombreux.

les souvenirs de l'antiquité assiègent, plutôt qu'œuvre d'observateur que les réalités présentes instruisent.

C'est encore une loi fondamentale de la démocratie que les suffrages y soient publics. « Il faut que le petit peuple soit éclairé par les principaux, et contenu par la gravité de certains personnages. » On votait publiquement à Athènes, et l'une des causes de la ruine de la liberté à Rome fut l'usage des votes secrets : « Il ne fut plus possible d'éclairer une populace qui se perdait[1]. »

Enfin au peuple, le pouvoir législatif et l'élection des magistrats. Ceux-ci d'ailleurs n'interviennent que dans les cas où le peuple ne peut ni ne sait agir, car le peuple doit faire par lui-même ce qu'il peut bien faire. Le peuple les nommera donc, « car il est admirable pour choisir ceux à qui il doit confier quelque partie de son autorité... Si l'on pouvait douter de la capacité naturelle qu'a le peuple pour discerner le mérite, il n'y aurait qu'à jeter les yeux sur cette suite continuelle de choix étonnants que firent les Athéniens et les Romains, ce qu'on n'attribuera pas sans doute au hasard ». Aussi bien, l'élection, dans une démocratie, doit-elle se faire au sort, « car c'est une façon d'élire qui n'afflige personne »[2].

Ce sont là pures affirmations, en dépit de leur tranquille assurance, et nous savons assez qu'après 1729, Montesquieu non seulement sera plus réservé dans l'éloge, mais encore apportera, à critiquer l'incompétence populaire, une fougue immodérée[3].

---

1. *Esprit des lois*, liv. II, ch. II.
2. *Id.*, liv. II, ch. II.
3. *Voyage en Italie*, p. 225. Cependant Montesquieu avait pu lire dans Platon une critique acerbe de la démocratie. Platon nie que le peuple ait la science voulue pour discerner ce qui importe au bien public et donner un vote compétent. Le peuple ne sait pas, et quand il sait, il ne veut pas. Au fond, c'est l'ignorance et la passion qui mènent la démocratie. Cf. *Lois*, I; *République*, VIII.

Ces lois servent à organiser la démocratie. Il en est d'autres, dérivées du principe qui la fait agir, pour assurer sa conservation.

Le principe de la démocratie est *la vertu,* chose assez complexe dont Montesquieu n'a pu donner une définition précise qu'après de multiples tâtonnements. Il la définit d'abord « l'amour pour la patrie, le désir de la vraie gloire, le renoncement à soi-même, le sacrifice de ses plus chers intérêts ». Et plus loin : « l'amour des lois et de la patrie. Cet amour, demandant une préférence continuelle de l'intérêt public au sien propre, donne toutes les vertus particulières ». Enfin, dans un chapitre intitulé : ce que c'est que la vertu dans l'État politique : « La vertu, dans une république, est une chose très simple : c'est l'amour de la république. L'amour de la république dans une démocratie, est celui de la démocratie, et l'amour de la démocratie est celui de l'égalité. L'amour de la démocratie est encore celui de la frugalité. L'amour de l'égalité borne l'ambition au seul désir, au seul bonheur de rendre à sa patrie de plus grands services que les autres citoyens. L'amour de la frugalité borne le désir d'avoir à l'attention que demande le nécessaire pour sa famille et même le superflu pour sa patrie. Les richesses donnent une puissance dont un citoyen ne peut pas user pour lui, car il ne serait pas égal [1]. »

Certainement Montesquieu subit la séduction de ces formules. N'est-ce point en effet par une sorte d'idolâtrie de l'égalité qu'il réclamait une médiocrité générale dans la fortune et les talents? « Le bon sens et le bonheur des particuliers consiste beaucoup dans la médiocrité de leurs talents et de leurs fortunes. Une république où les lois auront formé beaucoup de gens médiocres, composée de

---

1. *Esprit des lois,* liv. III, ch. v; liv. IV, ch. v; liv. V, ch. III.

gens sages, se gouvernera sagement ; composée de gens heureux, elle sera très heureuse [1]. » L'idée égalitaire fut donc sur le point de trouver son champion, bien avant Proudhon, si, d'autre part, quelques scrupules aristocratiques n'étaient venus briser l'élan de ces aspirations démagogiques. « On peut craindre dans la démocratie, dit Montesquieu, que des gens qui auraient besoin d'un travail continuel pour vivre ne fussent trop appauvris par une magistrature ou qu'ils n'en négligeassent les fonctions; que les artisans ne s'enorgueillissent; que des affranchis trop nombreux ne devinssent plus puissants que les anciens citoyens. Dans ces cas, l'égalité entre les citoyens peut être ôtée dans la démocratie pour l'utilité de la démocratie [2]. »

Ces hésitations d'une pensée primitivement audacieuse vont se multiplier à mesure que Montesquieu indiquera les lois nécessaires au maintien de *la vertu* républicaine.

En principe, seraient excellentes les lois sur le partage des terres, les successions, les donations, les contrats, la limitation des héritages, et toutes celles qui, par des mesures écrasantes, assurent l'omnipotence de l'État sur la famille [3].

Mais en fait, le partage égal des terres est une utopie, ou du moins un remède dangereux partout ailleurs que dans une république nouvelle. L'inégalité des fortunes est un mal nécessaire dont le législateur doit savoir prendre son parti. « Il suffit que l'on établisse un cens qui réduise ou fixe les différences à un certain point; après quoi, c'est à des lois particulières à égaliser pour ainsi dire les inégalités par les charges qu'elles imposent aux riches et le soulagement qu'elles accordent aux pauvres [4]. » Et

---

1. *Esprit des lois*, liv. V, ch. III.
2. *Id.*, liv. V, ch. v.
3. *Id.*, liv. II, liv. III et liv. V.
4. *Id.*, liv. V, ch. v.

voilà bien, sinon la claire notion, du moins le pressentiment et la demande de l'impôt progressif sur le revenu.

La démocratie se fondant sur la vertu, le législateur veillera aux mœurs publiques. Il faudra donc un Sénat qui soit l'exemple vivant de la vertu républicaine, et des censeurs qui corrigeront les fautes comme les lois punissent les crimes. Enfin on maintiendra, à tous les rangs de la société, le sens de l'obéissance, le respect de la hiérarchie, l'esprit de subordination, ce je ne sais quoi qui nous incline, dociles, devant une autorité supérieure. Dans la famille, le père jouira d'un pouvoir fort et durable ; dans la société, les jeunes gens s'effaceront devant les vieillards ; dans la vie civile, les citoyens accepteront les ordres des magistrats [1].

Que si les enfants perdent tout respect pour leur père, les jeunes gens pour les vieillards, les citoyens pour les magistrats, la cité démocratique, corrompue dans son principe, est sur le penchant de sa ruine. La gêne de l'obéissance y fait alors mépriser la vertu civique de la subordination, et les citoyens s'y érigent en autant de petits souverains. Il n'y a plus d'amour de l'ordre, plus de mœurs, plus de vertu. L'esprit d'égalité se fausse, chacun voulant être égal à ceux qu'il choisit pour lui commander. Les citoyens perdent alors « ce renoncement à soi-même » qui était le ferment de la vertu républicaine. Cet état d'anarchie favorise les entreprises liberticides, et conduit la démocratie au despotisme d'un seul [2].

La vertu n'est pas moins nécessaire aux aristocraties, c'est-à-dire aux républiques où la souveraineté est entre les mains de quelques-uns. Bien que Montesquieu, suivant en cela les leçons d'Aristote, ait longuement disserté sur ces régimes politiques dont il put contempler, après en

---

1. *Esprit des lois*, liv. V, ch. VII.
2. *Id.*, liv. VIII, ch. II et III.

avoir parlé sur l'autorité des livres, un exemple lamentable à Venise, nous n'insisterons pas sur une forme de gouvernement disparue aujourd'hui.

Parmi les lois relatives à la nature de l'aristocratie, Montesquieu cite les suivantes : élire les magistrats au choix et non par le sort; établir un Sénat pour régler les affaires dont le corps des nobles ne saurait traiter; — laisser au peuple une part d'influence; — créer, à l'exemple de Rome, des dictateurs ou, à l'exemple de Venise, des inquisiteurs d'État, qui ramènent violemment l'État à la liberté; — compenser enfin la grandeur des magistratures par la brièveté de leur durée [1].

La vertu est le principe de l'aristocratie, ou plutôt la modération, sentiment très particulier par lequel les nobles, détenteurs du pouvoir législatif, refusent de se regarder comme des exceptions dans l'État, et se soumettent à leurs propres lois, sinon par renoncement et abnégation, du moins par souci d'une certaine égalité commune.

De cet esprit de modération dérivent les lois dont l'objet est d'abolir les trop grandes inégalités entre le corps des nobles et le peuple. Les unes effaceront les privilèges, les autres aboliront les prérogatives. Défense aux nobles de lever les tributs, car leur corporation travaillerait à déprécier les fermes, de faire le commerce, car ils y trouveraient la source de fortunes exorbitantes. Bien loin de favoriser les richesses particulières, les lois s'appliqueront à les niveler, non certes au moyen de confiscations, de lois agraires ou d'abolitions des dettes, toutes mesures dangereuses, mais par le morcellement inévitable des héritages. Elles obligeront enfin les nobles à rendre justice au peuple : « Si elles n'ont point établi un tribun, il faut qu'elles soient un tribun elles-mêmes [2]. »

---

1. *Esprit des lois,* liv. V, ch. VIII.
2. *Id.,* liv. V, ch. VIII et liv. VIII, ch. V.

Montesquieu en vient alors à la théorie du gouvernement monarchique. Il faudrait plutôt dire aux théories monarchiques, car l'*Esprit des lois* nous révèle qu'à deux époques différentes Montesquieu construisit deux cités monarchiques, assez dissemblables.

L'une, qui remplit les cinq premiers livres de l'*Esprit des lois*, rappelle la monarchie française, telle que Montesquieu la connaissait au lendemain de la mort de Louis XIV, tournant au despotisme et menacée de décadence. L'autre, qui fait l'objet du livre XI, est le portrait somptueusement idéalisé de la monarchie anglaise, telle que Montesquieu apprit à la connaître vers 1730. Au point de vue de l'unité de la pensée, cette double construction peut sembler dangereuse. En effet, la nature et le principe de la monarchie anglaise ne sont pas autres, aux yeux du philosophe, que ceux de la monarchie française et les caractères spéciaux qui différencient ces deux régimes ne sauraient suffire pour en faire l'objet de deux analyses différentes.

Néanmoins, cette double analyse a l'avantage de nous mieux renseigner sur le mouvement même des idées de Montesquieu. M. A. Sorel a naguère brillamment étudié la méthode de travail de l'auteur de l'*Esprit des lois*. Elle était la méthode d'un pur classique, généralisateur à outrance, uniquement préoccupé de dégager un type commun des monarchies ou des républiques qu'il connaît, soucieux de présenter, à la suite d'enquêtes conduites en plusieurs pays à la fois, une conclusion tout ensemble abstraite et concrète, une sorte de portrait qui, pour la vérité et la fiction, rappellerait assez les portraits de l'Avare, du Misanthrope et du Tartufe. Analyse exacte : après M. Sorel, c'est bien ainsi qu'il faut décrire l'attitude d'esprit de Montesquieu. Mais alors, si aucun des caractères constitutifs de la monarchie anglaise n'a passé dans le portrait de la monarchie qui se continue dans les huit premiers livres de l'*Esprit des lois*, ne serait-ce pas qu'à ce moment, l'enquête était encore fort incomplète et qu'avant de donner le portrait classique de la monarchie, Montesquieu songea simplement à présenter le portrait classique de la monarchie française[1]?

La nature de cette monarchie est que le pouvoir souverain y soit aux mains d'un seul qui gouverne par des lois fixes et établies. Sans doute, le monarque est la source de tout pouvoir politique et civil, mais il n'absorbe pas, à lui seul, toute la puissance, car il est encore de la nature de la monarchie d'avoir « des pouvoirs intermédiaires, subordonnés et dépendants » qui empêchent « la volonté momentanée et capricieuse d'un seul » et, par là même, assurent la continuité, la fixité des lois fondamentales[2]. Le pouvoir intermédiaire le plus naturel est celui de la noblesse; le plus convenable, celui du clergé. Noblesse et clergé jouissent de privilèges : il sera sage de ne pas attenter contre eux. « Abolissez dans une monarchie les prérogatives des seigneurs, du clergé, de la noblesse, des villes, vous aurez bientôt un État populaire ou bien un État despotique. » Le troisième pouvoir est un corps de magistrats qui conserve le dépôt des lois et les rappelle au prince, s'il paraissait les oublier. On a reproché à Montesquieu de n'avoir pas proclamé que ce corps devait être constitué par les États généraux, mais le reproche révèle une singulière méconnaissance de l'histoire des idées. Montesquieu est un Parlementaire, et cela peut expliquer sa pensée ; mais bien mieux que par ces préférences héréditaires, la théorie de l'*Esprit des lois* s'explique par l'unanime aversion de la France, vers 1730, pour les États généraux. Nous avons de multiples plans

---

1. Sorel, *Montesquieu*, p. 88.
2. *Esprit des lois*, liv. II, ch. IV.

de réformes politiques, des essais historiques sur la Constitution du gouvernement français, écrits entre 1700 et 1730 ; à peu près tous sont hostiles aux États généraux. C'était l'idée parlementaire qui, nous l'avons suffisamment indiqué, ralliait toutes les espérances. Montesquieu réclame donc que les Parlements soient ce corps de magistrats héréditaires, médiateur naturel entre le Prince et son peuple[1].

Le principe de ce gouvernement, c'est l'honneur, c'est-à-dire l'amour des honneurs, des préférences[2]. Analysant plus attentivement cet honneur en lui-même, il le trouve « bizarre[3] », philosophiquement « faux[4] », mais tout-puissant : « Il y peut inspirer les plus belles actions ; il peut, joint à la force des lois, conduire au but du gouvernement comme la vertu même. » Il peut même sauvegarder la morale individuelle contre un monarque peu scrupuleux, et sauver de l'obéissance infamante. « Il n'y a rien dans la monarchie que les lois, la religion et l'honneur prescrivent tant que l'obéissance aux volontés du prince ; mais cet honneur nous dicte que jamais le prince ne doit nous prescrire une action qui nous déshonore, parce qu'elle nous rendrait incapables de le servir[5] ».

Malgré la profonde sympathie que Montesquieu éprouvait pour le régime républicain, il ne pouvait s'empêcher de proclamer l'excellence du gouvernement monarchique à la fois sur l'état despotique, parce que la constitution y est fixe, plus inébranlable, et sur l'état républicain, parce

---

1. La littérature de ce sujet est très abondante ; il nous faudrait rappeler une multitude de traités parus ou inédits, si cette énumération ne devait trop nous écarter du cadre de cette étude.
2. *Esprit des lois*, liv. III, ch. VI.
3. *Id.*, liv. IV, ch. II.
4. *Id.*, liv. III, ch. VII.
5. *Id.*, liv. IV, ch. II.

que, les affaires étant menées par un seul, il y a plus de promptitude dans l'exécution[1].

Cette supériorité justifiera les lois que nécessite le principe de l'honneur. La monarchie suppose des corps intermédiaires, des privilégiés, des puissants. Les lois veilleront à ces privilèges. Elles assureront au clergé la tranquille possession de ses biens et le libre exercice de sa juridiction. Elles travailleront à soutenir la noblesse par le droit d'aînesse, les substitutions, le retrait lignager, l'hérédité du titre, les privilèges des terres nobles, l'interdiction aux nobles de faire le commerce[2].

Quand les lois négligeront ce point de vue et que l'intérêt masquera l'honneur, le principe de la monarchie sera atteint, disparaîtra insensiblement, et avec lui, le gouvernement lui-même. La monarchie disparaîtra encore quand le prince exagérera sa puissance, rapportera tout à lui, sera plus amoureux de ses fantaisies que de ses volontés, mettra dans un état de servitude les premières dignités du royaume, et songera à passer moins pour le père que pour le bourreau de ses sujets. Alors, comme les fleuves courent se mêler dans la mer, la monarchie ira se perdre dans le despotisme[3].

Montesquieu a toujours montré pour le despotisme l'horreur la plus vive. Soit qu'il en décrive la nature, soit qu'il en analyse le principe, soit qu'il suive dans toute leur étendue les conséquences d'une volonté tyrannique, il en a toujours donné un portrait effroyable, et d'une exagération telle que, dès l'abord, le lecteur met en doute sa vérité. Ce portrait est, en effet, très souvent une simple caricature. On a dit que cette manie de pousser au noir s'expliquait par les lectures de Montesquieu. Il n'aurait

1. *Esprit des lois*, liv. V, ch. xi.
2. *Id.*, liv. V, ch. ix.
3. *Id.*, liv. viii, ch. vii, viii et ix.

considéré que le despotisme oriental, n'aurait connu que les relations de voyages en Perse, au Japon, en Chine de Chardin, de Tavernier, des auteurs des *Lettres édifiantes*, et plus tard du P. du Halde. Ceux-ci auraient fourni les couleurs de ce décor sanglant sur lequel apparaissent des sultans avides et cruels. Il nous semble que l'explication ne vaut pas : bien loin d'inspirer pour le despotisme oriental cette répulsion que témoigne Montesquieu, ces voyageurs l'ont plutôt représenté sous des couleurs sinon attrayantes, du moins agréables, et précisément provoquèrent chez nous un mouvement de profonde sympathie pour les gouvernements de l'Orient[1]. Aussi, Duperron pouvait-il convaincre Montesquieu d'avoir presque constamment défiguré les relations de voyages et imaginé un affreux despotisme en des pays où les relations faisaient au contraire admirer un gouvernement paternel[2]. Il paraît plus naturel d'invoquer ici une raison psychologique : Montesquieu fut toujours épris de liberté, et redoutant de voir la monarchie française verser dans le despotisme, il a voulu déterminer, par des analyses outrancières, un mouvement de réaction bienfaisante. Joignons à cela qu'il fut un lecteur passionné du pamphlétaire Thomas Gordon qui ne manquait pas une occasion de faire du despotisme le portrait le plus atroce. C'est lui qui, probablement, aura enseigné à Montesquieu que les despotes donnent à leurs sujets une éducation systématiquement immorale[3], leur but étant de faire d'eux de mauvais drôles et de bons esclaves[4].

---

1. Voir, pour plus de détails, le livre de M. Martino : *L'Orient dans la littérature française*, Paris, 1906.
2. Voir sur ce point Anquetil Duperron : *Législation orientale*, 1778.
3. Aristote avait eu, lui aussi, cette idée de la tyrannie. Cf. Piat, *Aristote*, Paris, 1903, p. 355 et suiv.
4. En réalité, presque toutes les exagérations de pensée et de forme auxquelles se livre l'auteur de l'*Esprit des lois* pour stigmatiser le despotisme

La nature de ce gouvernement est que le monarque y règne sans lois et sans règle, par sa volonté et ses caprices. Mais le monarque se livre, au sérail, aux passions les plus brutales; il remet donc les affaires à un vizir. La nature de ce gouvernement demande une obéissance extrême; les citoyens n'agissent que poussés par la crainte. L'homme y est une créature qui obéit à une créature qui veut.

Les lois y seront donc peu nombreuses. « Quand vous instruisez une bête, vous vous donnez bien de garde de lui faire changer de maîtres, de leçons et d'allure; vous frappez son cerveau par deux ou trois mouvements, et pas davantage[1]. » Les lois maintiendront l'allure craintive, apprendront toujours que les sujets ne comptent pour rien aux yeux du prince et que leurs biens sont sa propriété; toutes les vexations sont ainsi légitimées.

« Quand les sauvages de la Louisiane veulent avoir du fruit, ils coupent l'arbre au pied, et cueillent le fruit. Voilà le gouvernement despotique[2]. »

IV

A cette analyse des diverses formes de gouvernement, de leur nature, de leur principe, de leurs lois fondamentales, il convient de laisser le caractère objectif que Montesquieu s'est efforcé de lui imprimer. Ce que l'on peut simplement et légitimement déduire de ces pages, c'est la profonde aversion du philosophe de la Brède pour toutes les espèces de tyrannies. Hors cela, il ne serait juste ni d'interpréter ses sympathies ni de les confisquer au béné-

---

et les despotes, se retrouvent dans les *Discours sur Tacite* du fameux pamphlétaire anglais.

1. *Esprit des lois*, liv. V, ch. XIX.
2. *Id.*, liv. II, ch. V; liv. III, ch. IX; liv. V, ch. XIII à XV.

fice de telle ou telle forme de gouvernement. Quelles que fussent ses préférences intimes, Montesquieu n'a prétendu que faire l'anatomie de ces organismes vivants. Néanmoins, une préoccupation l'obsède, de toute évidence : celle de la liberté. Il voudrait voir cette liberté s'établir et grandir dans les régimes assez robustes pour la supporter. Il prononçait, à ce sujet, quelques paroles hautaines : « La démocratie et l'aristocratie ne sont point des États libres par leur nature [1]. » Voilà à quoi aboutit la réflexion des nombreuses années consacrées à l'étude de ces formes de gouvernement. Montesquieu a pu jadis admirer et glorifier les républiques antiques; aujourd'hui, il nie qu'elles aient donné la liberté à leurs citoyens, et, après de multiples enquêtes, il confesse n'avoir trouvé « qu'une nation dans le monde qui a pour objet direct de sa constitution la liberté politique » : l'Angleterre [2]. C'est là qu'il a vu « comme dans un miroir », sur quels fondements s'établit la liberté, sur quels principes elle s'édifie et par quelle harmonieuse combinaison de lois et de pouvoirs elle se maintient.

La grande originalité de Montesquieu, ce sera donc d'avoir été le théoricien de la liberté politique. Nous nous rendons assez malaisément compte de ce qu'il fallut de puissante ingéniosité pour fixer une théorie qui nous paraît aujourd'hui toute simple. Rien ne pourra mieux nous en instruire que le spectacle des conceptions enchevêtrées, complexes, contradictoires au milieu desquelles se perdaient les contemporains de Montesquieu.

Les idées libérales venaient de réapparaître avec force, au lendemain des obsèques du grand roi. Avec lui s'évanouissait « un règne de fer », et les Parlementaires songèrent un instant à reprendre un pouvoir que l'autorité de

1. *Esprit des lois*, liv. XI, ch. IV.
2. *Id., ibid.*, ch. V.

Louis XIV avait annihilé. Quelques attentions flatteuses du Régent leur permirent de croire leur rêve en partie réalisé, mais leur déception fut grande quand, au mois de mai 1718, ayant voulu s'opposer à l'édit du Roi sur le système de Law, ils entendirent le chancelier d'Argenson bafouer leurs prétentions en termes fort vifs : « Le Parlement, disait-il, a porté les entreprises jusques à prétendre que le Roi ne peut rien sans l'avis de son Parlement, et que son Parlement n'a pas besoin de l'ordre ni du consentement de Sa Majesté pour ordonner ce qui lui plaît. Ainsi, le Parlement pouvant tout par le Roi, et le Roi ne pouvant rien sans son Parlement, celui-ci deviendrait bientôt le législateur du Royaume. » D'Argenson disait vrai. Le Parlement « aspirait à démembrer l'autorité royale pour la mieux conserver », et songeait à dresser contre le pouvoir exécutif son autorité de législateur. Ces principes parlementaires, si agités aux temps de Broussel, de Blancmesnil, de Pithou, de Machault ou d'Omer Talon, n'avaient jamais été aussi fortement exposés qu'en 1721. Nous en avons une preuve frappante dans le Journal d'un parlementaire, écrit cette année-là[1]. Voici donc quelle était, dans l'intimité du Parlement, la doctrine politique en faveur et d'où l'on espérait voir sortir une constitution qui assurerait la liberté.

Le Parlement y est tout d'abord défini « un lien nécessaire entre le Souverain et ses autres sujets », car « si le Prince était le seul juge des lois, il ferait passer pour des lois justes tout ce qu'il lui plairait, et ainsi le gouvernement dégénérerait bientôt en un despotisme barbare, dont les Français ont tant d'horreur ». Puis l'idée se précise.

---

[1]. Ce journal est resté manuscrit : *Essai historique concernant les droits et prérogatives de la Cour des Pairs de France;* Biblioth. Nat., F. fr., N. acq. 1503. Il, est particulièrement intéressant, comme contemporain des idées politiques annoncées dans les *Lettres persanes*.

« La nation française, dit-on, a toujours regardé le gouvernement purement despotique comme indigne du genre humain; elle a cru que la Souveraineté devait être tempérée et modérée par un médiateur entre le prince et le peuple, qui soit obligé par sa fonction de conserver par des actes judiciaires les intérêts de l'un et de l'autre. Or, cela ne peut mieux convenir qu'au Parlement. » Il ne suffit même pas que le Parlement soit « un pouvoir intermédiaire », une sorte de canal modérateur de la violence et du poids des eaux, un pouvoir de résistance douce et sourde aux abus de la puissance centrale; il faut encore qu'il soit « un pouvoir séparé, distinct, indépendant ». « Rien n'est plus convenable à une monarchie bien réglée et bien policée, que les lois se fassent par un concours aimable du prince et de la nation. Quand cela arrive, l'obéissance est plus sincère et plus constante. Mais comme il serait dangereux que les particuliers fussent par eux-mêmes juges de la justice ou de l'injustice des édits et ordonnances, il a été sagement établi en France qu'il y aurait certaines personnes choisies auxquelles les actes seraient adressés et qui, par leur refus ou leur acceptation, enseigneraient au peuple la règle de sa conduite... On ne peut mieux faire que de donner ce droit à une assemblée de magistrats dont l'occupation unique est de discerner entre le juste et l'injuste. Et lorsque l'on a donné à cette assemblée un état perpétuel et héréditaire et séparé de la Cour, on peut dire qu'on lui a donné la forme la plus parfaite qu'elle peut jamais avoir. »

Cette perfection consiste en effet dans l'équilibre qui ne peut manquer de s'établir entre les deux pouvoirs du gouvernement : celui du Roi qui dirige, celui du Parlement qui tempère. On obtient ainsi que l'État marche d'une allure régulière et paisible, du moins pour autant que le pouvoir suprême respecte l'indépendance du corps intermédiaire et renonce aux pratiques des jussions et des violences; car, en ce cas, « l'autorité royale arrive à un degré éminent qui rompt l'équilibre, et, n'ayant plus de frein, devient exorbitante ».

Montesquieu dira : « Sans corps intermédiaires, tout est perdu, et c'est le despotisme », mais, dès 1721, cette même idée grandissait au fond de la conscience française. Elle était l'objet des plus vives aspirations du Parlement; elle ne l'était pas moins des aspirations de la noblesse. C'est bien à tort que l'on s'imagine expliquer par je ne sais quel souci d'étiquette et quel scrupule de prérogatives les âpres querelles qui divisèrent la Cour du Régent. Les susceptibilités nobiliaires d'un Saint-Simon n'entraient presque pour rien dans les projets autrement graves qui mirent aux prises d'un côté les Ducs et Pairs, de l'autre la Noblesse du Royaume. Celle-ci comme ceux-là songeaient à modifier la Constitution du gouvernement sur le plan de Corps intermédiaires. Voici quelques témoignages curieux de cet état d'esprit : « La grandeur à laquelle les Ducs et Pairs veulent s'élever, disait un représentant de la Noblesse, a pour objet d'introduire dans l'État une forme nouvelle de gouvernement aristocratique. Mais les lois fondamentales de la monarchie ne peuvent souffrir une élévation qui ne serait fondée que sur la destruction de l'autorité des Rois et sur l'oppression de la nation. Cependant, à peine Louis XIV eut-il fermé les yeux qu'ils mirent au jour le projet, depuis longtemps médité, de former un corps séparé dans l'État et d'y élever une puissance de médiation entre les Rois et les peuples. Cette médiation imaginaire les place au-dessus de la noblesse et des Parlements; de là ils se trouvent les juges des Rois, les arbitres de l'État. » Que les Ducs et Pairs aient songé, par ces projets, moins à promouvoir la liberté de la nation qu'à établir leur propre grandeur, il importe assez peu;

ils assuraient la vogue de la théorie des Corps intermédiaires, nécessaires dans un État, pour contrebalancer le pouvoir central [1].

De son côté, la noblesse travaillait, quoi qu'elle en eût, à la diffusion de cette même doctrine. Sur les ruines de la pairie et du Parlement, ce que Boulainvilliers voulait édifier, en effet, c'était le corps de la Noblesse, cohérent, puissant, pouvoir modérateur des volontés royales et protecteur des peuples. Les idées de Boulainvilliers ne lui étaient pas aussi personnelles que nous pourrions le croire : toute la noblesse pensait comme lui [2]. Les *Mémoires* qu'elle rédigeait alors sont tout remplis de ces mêmes espérances. Tous ne travaillent qu'à ruiner le corps du Parlement, qu'à discréditer à l'avance celui des Ducs et Pairs de façon à laisser, sur leurs ruines, un seul corps intermédiaire viable : celui de la Noblesse. « On ne peut douter, disait-on, que la haute noblesse du royaume n'ait un grand intérêt à s'opposer à la trop grande élévation des pairs. Elle ne doit point souffrir qu'ils s'érigent dans l'État en un quatrième corps séparé et au-dessus d'elle. C'est sur quoi la noblesse ne saurait être trop attentive. » Quant aux Parlements, « ils n'ont de grandeur que celle dont ils ont dépouillé la noblesse », et ce serait donc faire revivre la constitution normale du pays que de laisser, entre le Roi et le peuple, le corps intermédiaire de la Noblesse [3].

Ces communes aspirations se retrouvent à tous les

1. Lancelot avait collectionné les textes relatifs à ces querelles qui mettaient en question la Constitution du gouvernement français. Ces volumes sont à la Biblioth. Nat., Mss. F., fr. 9730.

2. Cf. *Mémoire pour la Noblesse contre les Ducs et Pairs*, par Boulainvilliers, avril 1717. Ce livre était si hardi qu'on le retira presque aussitôt de la circulation, bien qu'il eût été tiré à un très petit nombre d'exemplaires. Bibl. Nat. Réserve, F. 320.

3. On trouvera un certain nombre de ces *Mémoires* imprimés et manuscrits, au Ms. cité de la collection Lancelot, 9730.

degrés de la société française. Des Ducs aux petits hobereaux de province, tous sont poussés par une même idée : établir les moyens de résister au despotisme du pouvoir central. Que les solutions aient différé dans la mesure même où s'opposaient les intérêts de classe, rien de plus naturel; mais c'était un inappréciable avantage pour la cause de la liberté que l'on pût, de ces conflits, dégager les concepts essentiels de la notion de la liberté politique. Le concept des Corps intermédiaires entraînait après lui celui de la division des pouvoirs; et, certes, ils sont encore vagues, enveloppés d'ombre et de mystère, mais ils travaillent à s'organiser, à se traduire en de claires formules.

En attendant, les esprits se passionnent pour les idées nouvelles, et malheur au politique assez peu avisé pour les désapprouver. Un jour, l'abbé de Saint-Pierre, cet éternel rêveur, bafoue le projet des pouvoirs indépendants, et s'oublie au point de blâmer les remontrances du Parlement, de traiter de « rébellions criminelles » les efforts dépensés pour dresser, contre le pouvoir arbitraire, une sorte de contrôle politique, de louer Richelieu qui anéantit toutes les velléités libérales, de féliciter enfin la France dont la noblesse est trop humiliée pour être jamais capable de participer au pouvoir souverain. En faisant connaître ces découvertes plaisantes, les gazetiers prenaient soin d'ajouter, railleurs : « Si ce système révolte plusieurs personnes par son air de paradoxe, ce même air excitera la curiosité de beaucoup d'autres[1]. »

Voilà, nettement affirmés, les progrès d'une idée! Désormais, quiconque s'oppose à la notion des corps intermédiaires et de la division des pouvoirs, est inepte ou paradoxal. L'adopter, c'est, en revanche, la sagesse.

En même temps que, sous la poussée des événements,

---

1. *Œuvres* de l'abbé de St-Pierre, t. IX et *Journal littéraire de la Haye*, 1735, t. XXII, p. 387.

se développaient dans la conscience française les idées constitutives du concept de liberté, les philosophes politiques analysaient les conditions capables d'assurer le jeu normal d'institutions libérales. Mais, si la complexité des intérêts avait suffi pour brouiller le concept des corps intermédiaires, les contradictions des philosophes réussirent plus encore à obscurcir le problème des garanties de la liberté. Sans doute, la vieille théorie aristotélicienne des trois pouvoirs : législatif, exécutif et judiciaire, ralliait les suffrages, mais où l'accord cessait, c'était quand il fallait déterminer, de ces divers pouvoirs, la nature, le domaine, le rôle politique, les rapports mutuels et l'espèce de dépendance vis-à-vis du Souverain. Autour de ces questions, les plus disparates réponses ne cessaient de se croiser, compliquant le problème à plaisir.

Particulièrement acharnés se montrèrent les commentateurs de *la Politique* d'Aristote. Le célèbre Michel Piccart proposait, *ad mentem Aristotelis*, le plan suivant de séparation des pouvoirs. Le roi déciderait de la guerre, des traités, des alliances, des impôts, des récompenses, battrait monnaie et ferait grâce. Au Sénat, le pouvoir de faire les lois, d'en procurer l'exécution, d'exercer les jugements publics. Au peuple enfin, celui de gouverner les affaires, de surveiller l'emploi des deniers publics, de créer les magistrats et d'avoir soin des travaux publics. Michel Piccart proposait même de subdiviser le pouvoir judiciaire, laissant au roi le droit de vie et de mort sur les étrangers, au peuple le droit de vie et de mort sur les citoyens[1].

De son côté, Henniges Arnisaeus, dont Puffendorf travailla péniblement à ruiner la grande autorité, déclarait que le roi posséderait le droit de guerre et de paix, celui

---

1. *Comment. in Polit. Arist.*, Edit. Lips. 1615, p. 573.

d'exiger les impôts et les subsides, de battre monnaie et de récompenser; le Sénat pourrait juger en dernier ressort, condamner à mort, réformer les mœurs par des édits; le peuple enfin garderait l'administration des finances et la création des magistrats.

Cette abondance de projets, dont il suffit de rappeler les plus fameux, répandit dans les esprits l'incertitude et la lassitude. L'illustre Grotius lui-même, se sentant incapable de rétablir l'harmonie parmi les philosophes que divisait cette question des pouvoirs, conseillait, en dernière ressource, d'opérer la répartition des fonctions politiques et leur séparation suivant les différences des lieux, des pays, des mœurs, des personnes et des affaires.

Il y avait là comme un aveu d'impuissance, une boutade sceptique à l'endroit de ceux qui prétendaient construire l'immuable archétype du concept des pouvoirs et de leur séparation. Or, deux grandes écoles, au temps de Montesquieu, avaient cette ambition : celle de Puffendorf et celle de Locke.

Très remarquable, l'œuvre de Puffendorf jouissait, même en France, d'une glorieuse réputation[1]. Imitée, contrefaite, elle se trouvait partout au point de décourager Barbeyrac qui songeait à en donner enfin une traduction fidèle. Coup sur coup, deux éditions subreptices avaient été enlevées en France et les libraires de Bâle inondaient encore en 1732 le marché d'exemplaires frauduleux.

Dans son analyse des garanties de la liberté, Puffendorf signalait l'existence des trois pouvoirs : le pouvoir législatif, « qui prescrit des règles générales pour la conduite de la vie civile »; le pouvoir judiciaire, « qui prononce sur les démêlés des citoyens, conformément à ces règles »; enfin un troisième pouvoir, auquel il a négligé de donner

---

1. *Traité du droit naturel et des gens*, traduct. Barbeyrac, Amsterdam, 1734.

un nom, mais dont le rôle est de faire la guerre et la paix, d'établir les magistrats, de lever les impôts et les subsides, d'examiner les doctrines qui s'enseignent dans l'État. Distincts, ces trois pouvoirs devaient-ils nécessairement être séparés et confiés à différents dépositaires? Puffendorf ne l'a jamais cru; il ne les imaginait qu'unis entre les mains d'un seul magistrat. « Il y a, disait-il, entre eux une liaison si indissoluble que, si l'on suppose qu'ils soient entre les mains de différentes personnes, en sorte que chacune d'elles puisse exercer ses fonctions indépendamment de l'autre, ce n'est plus un État régulier[1]. » Alors, en effet, les pouvoirs, par une inéluctable fatalité, empiètent les uns sur les autres, se confondent, disparaissent l'un dans l'autre. Et d'ailleurs l'un de ces pouvoirs pourrait-il se maintenir si, outre ses fonctions propres, il n'avait encore le pouvoir de coercition? Ou bien il est dépourvu de cette puissance et il « devient alors le simple ministre ou l'exécuteur des volontés d'un autre », ou bien il en est revêtu et rien alors n'est plus redoutable que cette force capable d'absorber toutes les résistances. « A quoi sert-il d'établir des lois que l'on ne saurait faire exécuter? Et n'est-ce pas être simple exécuteur que d'avoir en mains des forces dont on ne peut faire usage qu'autant qu'un autre le veut? Que si l'on donne à celui qui a le pouvoir coactif le droit de connaître et de juger de la manière dont il doit employer ses forces, dès lors le pouvoir législatif de l'autre s'évanouit. Il faut donc nécessairement que ces deux pouvoirs dépendent d'une seule et même volonté. On ne saurait non plus en séparer le pouvoir de faire la paix et la

---

1. *Traité du droit naturel et des gens*, p. 322. Sur les difficultés auxquelles donna lieu l'interprétation du concept de « pouvoir judiciaire », voir Puffendorf, *loc. cit.*, qui rappelle les théories de Hobbes, de Grotius, de Böhmer et de Gronovius.

guerre, ni celui d'établir les impôts, car en vertu de quoi contraindrait-on les citoyens à prendre les armes pour la défense de l'État, ou à contribuer du leur pour fournir aux dépenses nécessaires et en temps de paix et en temps de guerre, si l'on ne pouvait légitimement punir ceux qui refusent les secours et les subsides qu'on exige d'eux? Il serait aussi absurde de donner le pouvoir de faire des traités et des alliances qui regardent la paix ou la guerre à un autre qu'à celui qui a la direction des affaires de la paix et de la guerre. Car, en ce cas-là, ou le premier ne sera qu'un simple ministre de l'autre, ou celui-ci dépendra de la volonté du premier dans l'usage des moyens nécessaires pour faire valoir son droit. De plus, comme quand on charge quelqu'un de la conduite d'une affaire, sans l'autoriser en même temps à prendre toutes les mesures qu'il jugera nécessaires et à disposer des personnes sans le service desquelles il ne saurait rien exécuter, ou à leur faire rendre compte de leur administration, on le met par là véritablement au même rang que ceux-ci, il s'ensuit que le pouvoir d'établir des magistrats subalternes est inséparable des autres parties de la Souveraineté. »

Mais Puffendorf insistait encore sur un second argument autour duquel n'ont cessé de batailler, durant les xvii° et xviii° siècles, les partisans et les adversaires de la séparation des pouvoirs. Les membres du gouvernement, disait-il, pourront conserver entre eux la concorde, tant que leurs intérêts ou leurs passions s'harmoniseront avec le bien public. Mais il est fort probable que des conflits surgiront. Chaque adversaire, maître de son activité, la dirigera dans le sens de son utilité, sans s'inquiéter si son utilité n'est pas un obstacle au développement des deux autres pouvoirs parallèles. Qui réglerait ces conflits? Un arbitre? Qu'il est donc plus simple d'avoir en la personne de l'autorité suprême, cet arbitre permanent! Ou faudra-t-il en venir à la guerre intestine? Qu'il est donc dangereux de confier les destinées d'un pays à une constitution si constamment exposée aux entreprises ambitieuses d'un gouvernant!

Par cette analyse, Puffendorf arrivait à justifier, sous prétexte d'assurer la bonne et calme gestion des affaires de l'État, le régime du bon tyran. Étrange renversement d'une logique qui, mise d'abord au service de la liberté, finit par se retourner contre elle.

Mais la logique de Locke ne devait point connaître ces défaillances. Défenseur de la révolution de 1688, il a converti en théorie les idées que les événements avaient fait éclater sur le sol de la libre Angleterre. La révolution avait profité au Parlement, à la cause de la monarchie tempérée; Locke érigea en principes politiques ces acquisitions de fait. Pour la première fois, un philosophe définit en termes précis les fonctions du pouvoir législatif et du pouvoir exécutif, et montre comment elles se combinent dans l'action commune de la couronne et du Parlement.

Dans quelle mesure l'auteur de l'*Esprit des lois* s'est-il en effet inspiré du défenseur de la Révolution de 1688? Ce n'est pas ici que nous pourrions instituer l'étude critique d'où ressortiraient l'étendue et la nature de cette dépendance; mais, quoi qu'on en ait dit, cette dépendance semble bien certaine[1]. Au reste, il n'est pas question de nier que des différences existent entre la pensée du philosophe anglais et celle du philosophe de la Brède; mais les points de contact sont assez nombreux, assez intimes, assez prolongés, pour justifier la thèse de la dépendance. Montesquieu avait certainement lu l'*Essai sur le gouvernement civil* dès l'époque des *Lettres persanes*[2].

---

1. Cf. notre *Montesquieu et la Tradition Politique anglaise en France*, Paris, 1909.
2. Voir plus haut, ch. II.

Il a certainement rencontré dans celui-ci la division du pouvoir en législatif et exécutif.

La séparation du législatif et de l'exécutif remonte pour Locke au contrat par lequel l'homme en entrant en société a abandonné son pouvoir individuel de punir les manquements à la loi naturelle. Le pouvoir législatif étant celui de faire des lois pour toutes les parties de la nation, est le seul véritable souverain. Toutefois il est limité par les droits des individus, les droits naturels que l'homme ne peut ni perdre, ni aliéner. De là l'obligation pour le pouvoir législatif de n'être ni absolu, ni arbitraire, et pour le gouvernement de gouverner par des lois connues, de respecter la propriété individuelle et par conséquent de n'imposer des taxes qu'avec le consentement des citoyens.

Cependant le pouvoir législatif a besoin d'être accompagné d'un pouvoir exécutif, distinct et permanent. Locke en donne les raisons suivantes : « Les lois peuvent être faites en peu de temps; il n'est donc pas nécessaire que le pouvoir législatif soit toujours sur pied. Comme ce pourrait être une grande tentation pour les personnes qui ont le pouvoir de faire des lois, d'avoir aussi entre leurs mains le pouvoir de les faire exécuter, et de s'exempter elles-mêmes de l'obéissance à ces lois,... dans les États bien réglés, le pouvoir législatif est remis entre les mains d'une assemblée... Mais parce que les lois ont une vertu constante et durable, il est nécessaire qu'il y ait toujours quelque puissance sur pied qui fasse exécuter ces lois et qui conserve toute leur force : aussi le pouvoir législatif et le pouvoir exécutif sont-ils souvent séparés. » Cependant cette séparation n'est pas tellement profonde qu'il ne puisse y avoir une certaine alliance de l'exécutif et du législatif dans le souverain. En celui-ci ne réside pas le pouvoir de faire, seul, les lois, mais il veille à leur exécution, et par conséquent de lui dérivent les différents pouvoirs subordonnés des magistrats; d'autre part, il n'y a aucun pouvoir supérieur législatif au-dessus de lui, ni égal à lui, et l'on ne peut faire aucune loi sans son consentement. Locke va même plus loin; il accepte que « dans les monarchies modérées, l'exécutif ait le droit d'employer sa puissance pour le bien de la société, jusqu'à ce que le pouvoir législatif puisse être dûment assemblé, et aussi dans le cas où celui-ci ne pourrait y pourvoir en aucune manière. Ce pouvoir est ce qu'on appelle prérogative ».

Locke distingue encore le pouvoir exécutif et le pouvoir confédératif, qui a pour but la sûreté de l'État vis-à-vis des États voisins. Mais il remarque que, quoiqu'ils soient réellement distincts en eux-mêmes, ils se séparent cependant malaisément, et qu'on ne les voit guère résider en un même temps dans des personnes différentes. L'un et l'autre requérant en effet, pour être exercés, les forces de la société, il est presque impossible de remettre les forces d'un État à différentes personnes qui ne soient pas subordonnées les unes aux autres. Par son essence même, le pouvoir confédératif est moins capable de se conformer à des lois antécédentes, stables et positives, que le pouvoir exécutif à l'intérieur et, par cette raison, il doit être laissé à la prudence et à la sagesse de ceux qui en ont été revêtus, afin qu'ils le ménagent pour le bien public.

Voilà ce qu'étaient pour Locke les bornes et les attributions essentielles des pouvoirs constitutifs d'une « monarchie réglée » ou « d'un État bien réglé ». Il les examinait, on le voit, d'un point de vue tout pratique dans leurs combinaisons diverses, particulièrement dans celles que l'on doit établir entre le pouvoir exécutif et le pouvoir législatif, de façon à assurer à la fois la liberté des sujets et les droits du gouvernement.

Montesquieu put prendre à la lecture des œuvres de Locke la claire intelligence de ce mécanisme ingénieux, qui, sous le nom de doctrine parlementaire, faisait alors la gloire de la libre Angleterre. Mais ce qu'il faut signaler, c'est l'analyse du concept de liberté que le philosophe anglais présentait aux méditations de Montesquieu. La première condition de la liberté politique est que tout citoyen doit connaître, en termes précis, ses devoirs et ses droits, ce qui empêche « les décrets arbitraires et formés sur-le-champ »; la seconde que, dans les cas où la loi est muette, la volonté individuelle ait toute préférence; la troisième, que tout citoyen jouisse du sentiment de la sécurité « contre les contraintes et les violences »; la quatrième, que le jeu des institutions politiques soit ainsi combiné par la répartition des pouvoirs publics, que l'équilibre s'établissant de lui-même entre ces forces rivales, les abus de pouvoir soient rendus presque impossibles. C'était là toute la théorie de la Révolution de 1688, toute la doctrine de la liberté politique; et certes, soit pour la pénétration de la pensée, soit pour la clarté des notions, soit pour la subtilité de l'analyse, l'ouvrage de Locke marquait, dans l'histoire des idées, une date très importante. On pense bien que Montesquieu ne fut pas sans s'en apercevoir.

De tout ce qui précède, nous pouvons extraire quelques conclusions, importantes pour la genèse des idées de Montesquieu. Nous savons en effet qu'il lut de très bonne heure, autant par nécessité de métier que par goût personnel, l'œuvre de Puffendorf, non seulement l'œuvre du philosophe politique, mais encore celle de l'historien[1]. Il l'admirait, comme l'un « des grands hommes » d'Alle-

---

1. *Esprit des lois*, liv. V, ch. xiv et liv. X, ch. v.

magne. D'autre part, il avait certainement lu le *Gouvernement civil* de Locke dès l'époque des *Lettres persanes*. La cinquième lettre, sur les bornes du pouvoir royal, reprend exactement et en termes presque identiques le raisonnement de Locke sur le même sujet. Enfin, il est bien certain que la *Politique* d'Aristote lui était familière, même avant qu'il eût écrit les *Lettres persanes*. Il y a donc tout lieu d'admettre que Montesquieu, lecteur attentif de ces ouvrages politiques et spectateur intéressé des querelles d'écoles que provoquait le concept des trois pouvoirs, est en possession de cette idée, avant son voyage en Angleterre. Mais signalons aussitôt que cette idée est encore toute livresque, plus en voie de formation que nettement conçue ou arrêtée dans ses contours. Des éléments essentiels de l'idée de liberté, il semble n'avoir pris une définitive possession que de la notion des Corps intermédiaires.

Dès 1716, nous trouvons un *Mémoire sur les dettes de l'État* tout rempli de la préoccupation de conserver et de multiplier ces Corps : « Il faudrait, disait-il, rétablir les communautés, qui ne sont plus qu'une ombre... Il faudrait établir les États dans toutes les provinces... L'autorité du roi n'en serait point affaiblie, et si l'on examine le projet, on y trouvera mille avantages, dont le dernier ne serait pas celui de rendre la régence inébranlable[1]. »

Les événements allaient bientôt se charger de donner une preuve éclatante de la généreuse illusion dont était victime Montesquieu. Comme lui-même le croyait, l'abbé de Saint-Pierre et le Régent eux aussi crurent que l'institution de « Conseils », en prévenant les abus du pouvoir central, allait renouveler le sens de l'autorité en France. Ce fut le temps de la Polysynodie, mais la stupeur fut

---

1. *Mélanges inédits.*

générale quand on dut reconnaître que les conseils n'étaient « qu'une vraie pétaudière ». L'auteur des *Lettres persanes* aura cependant pour cet essai de division des pouvoirs un souvenir reconnaissant, un hommage flatteur, qui nous font comprendre que, déçu par l'expérience, Montesquieu ne gardait pas moins de confiance en la bonté de ce régime : « Dès que le feu roi eut fermé les yeux, on pensa à établir une nouvelle administration. On sentait qu'on était mal, mais on ne savait comment faire pour être mieux. On s'était mal trouvé de l'autorité sans bornes des ministres précédents : on la voulut partagée. On créa, pour cet effet, six ou sept conseils, et ce ministère est peut-être celui de tous qui a gouverné la France avec plus de sens : la durée en fut courte aussi bien que celle du bien qu'il produisit [1]. »

Nous retrouverions cette conception des corps intermédiaires dans les premiers livres de l'*Esprit des lois*, et cette persistance, cette continuité d'analyse nous sont un témoignage que le philosophe de la Brède considère ce concept comme essentiel à la notion de liberté [2].

Où cependant remarquer le concept, la théorie, la doctrine de la séparation des trois pouvoirs, considérée comme essentielle à la liberté? Certainement, Montesquieu a la connaissance, par Aristote et Denys d'Halicarnasse et Puffendorf et Locke, de cette théorie. Mais songe-t-il encore à y voir une garantie de la liberté, à l'intégrer dans un système politique, créateur de liberté ? Quand donc Montesquieu paraît-il avoir fait la conquête de ce système nouveau?

Il semble bien que ce fut au moment de ses voyages. Le spectacle de la Hollande, malgré la tenue déplorable du peuple, l'émerveilla par la richesse de ses libertés et

1. *Lettres persanes*, XCIII.
2. *Esprit des lois*, liv. III.

de ses franchises. On sait avec quelle curiosité passionnée il étudia les ressorts invisibles de son gouvernement. Alors il aperçut en pleine clarté le jeu des rouages politiques, si délicatement emboîtés les uns dans les autres que le mouvement général allait, ininterrompu, sans cesser d'être libre[1]. Là, il put voir réalisée la séparation des puissances.

Quand il abordera en Angleterre, en 1729, il sera sous la domination de cette idée. Aussi bien les conditions d'une étude plus attentive ont-elles changé. La Hollande démocratique, républicaine et fédérative réalisait la séparation des pouvoirs autrement que ne pouvait le faire l'Angleterre aristocratique et monarchique. Mais il suffisait qu'à son arrivée sur le sol de la Grande-Bretagne, Montesquieu fût averti du rôle de la séparation des pouvoirs dans l'établissement de la liberté. C'est à suivre ce rôle dans une monarchie qu'il va désormais s'appliquer.

D'illustres amitiés lui rendront facile cette étude. Bolingbroke l'initiera aux problèmes politiques tels qu'ils se posent à ce moment, en Angleterre, et l'on sait que le philosophe français, bien que tenant dans une estime médiocre le politique anglais[2], continuait cependant à le fréquenter, à écouter ses discours au Parlement et son intarissable causerie chez lord Chesterfield, à lire enfin ses ouvrages, surtout son journal, le *Craftsman*. Or, Bolingbroke observe que « la constitution anglaise est une transaction (*a bargain*), un contrat conditionnel entre le prince et le peuple. Pour que ce pacte ne puisse être rompu ni par le prince, ni par le peuple, *le pouvoir législatif ou suprême* est conféré par notre constitution *à trois puissances dont le roi est l'une*... C'est par ce mélange de pouvoirs... combinés en un système unique, et se balançant l'un l'autre, que notre constitution libre a été si longtemps préservée

---

1. *Voyages*, t. I, p. 220 et suiv.
2. *Pensées inédites*, t. II, p. 105.

ou restaurée[1] ». Faudra-t-il prétendre, avec quelques-uns, que le spectacle de la vie anglaise dut suffire à l'éducation politique de Montesquieu, sur la question de la liberté? Mais jamais spectacle ne répondit moins à l'attente de Montesquieu. Il espérait rencontrer la liberté, et c'était une foule esclave de l'or corrupteur; la séparation des puissances, et le ministre Walpole retenait, à lui seul, la réalité du pouvoir exécutif et législatif. A juger sur les apparences, Montesquieu aurait dû n'emporter de l'Angleterre que la vision qu'il essaya de fixer, en traits vengeurs, dans ses *Notes sur l'Angleterre*. « Les Anglais ne sont plus dignes de leur liberté. Ils la vendent au roi, et si le roi la leur redonnait, ils la lui vendraient encore. »

Mais d'habiles directions lui apprirent à dégager la constitution de l'ambiance corruptrice, à l'étudier en elle-même, indépendamment de ce qui pouvait l'altérer. Il est tout naturel de songer que les amis de Montesquieu, les Bolingbroke, les Pultney, qui s'acharnaient à dénoncer dans le *Craftsman* le rôle inconstitutionnel de Walpole, révélèrent au noble étranger le mécanisme de la liberté. Dédaignant donc les symptômes de la décadence politique qu'il avait parfaitement aperçus, Montesquieu ne craignit pas d'écrire : « L'Angleterre est à présent le plus libre pays qui soit au monde, je n'en excepte aucune république[2]. »

Il ne se contente pas alors d'étudier les ressorts de la constitution et de les examiner en exercice dans les discussions parlementaires, il veut encore connaître leur origine et déclare que l'avènement de Guillaume d'Orange ouvrit l'ère de la liberté constitutionnelle, c'est-à-dire l'union complète du prince et de la nation.

---

1. *Dissertation upon the parties*, lettre XIII. Ce volume est extrait du journal, le *Craftsman*, qui a commencé à paraître en 1726.
2. *Notes sur l'Angleterre*.

En ce moment, il n'est point douteux que Montesquieu donne toutes ses préférences au « système », comme il l'appelait, des fiers insulaires. Il va jusqu'à lui sacrifier l'apparente liberté des républiques, même des républiques anciennes.

Alors il construisit, d'après les philosophes politiques dont il avait suivi les spéculations embrouillées et d'après le modèle vivant qu'il venait de contempler, « son système de la liberté ». Cette élaboration dut se faire entre 1729 et 1733, entre le voyage en Angleterre et la rédaction du XI° livre de l'*Esprit des lois*[1].

Comme l'importance de cette date est essentielle pour la chronologie de la pensée de notre philosophe, recherchons si dans ses œuvres inédites il n'a point laissé quelque trace de cette découverte.

Voici l'une de ses pensées fugitives : « Pour mon système de la liberté, il faudra le comparer avec les anciennes républiques, et pour cela lire Pausanias, Reinerus Reineccius, *De Republica Atheniensium*, examiner l'aristocratie de Marseille qui fut sage sans doute, puisqu'elle fleurit longtemps, la République de Syracuse qui fut folle sans doute, puisqu'elle ne se conserva jamais qu'un moment; Strabon, liv. IV, qui me semble appliquer mon système ; Plutarque : *Vie de Thésée, Vie de Solon* ; Xénophon : *République d'Athènes ;* Julius Pollux : *Onomasticon, De Republica Atheniensi;* Kekermannus ; *De Republica Atheniensium ;* Sigonius : *De Republica Atheniensium ; Thesaurus Republicarum* de Coringius[2]. » Cette

---

1. Cette date résulte de divers témoignages qui méritent confiance. Le témoignage de Maupertuis est formel, et le fils de Montesquieu, dans son *Éloge historique de M. de Montesquieu*, écrit : « Enfin le livre *sur les Romains* parut en 1733... Le livre sur le gouvernement d'Angleterre, qui a été inséré dans *l'Esprit des lois*, était fait alors, et M. de Montesquieu avait eu la pensée de le faire imprimer avec *les Romains* . » Cf. Vian, *Histoire de Montesquieu*, p. 401.

2. *Pensées inédites*, t. I, p. 32.

abondante bibliographie a pour nous le grand avantage, en premier lieu, de nous démontrer que les origines livresques du système de la liberté de Montesquieu ne doivent être recherchées dans aucun des auteurs précédents, et tout au plus dans ceux que nous avons étudiés plus haut ; en second lieu, de nous aider à fixer une date qui serait la limite la plus reculée pour la genèse du système. Nous savons en effet que Montesquieu n'avait point lu, avant 1727, au plus tôt, l'œuvre de Pausanias[1]. Ce n'est donc pas avant ce moment qu'il a pu comparer « son système » avec celui de l'écrivain grec, et ceci paraît confirmer assez fortement la date de 1729-1733 que nous proposons.

On le voit : quoique à l'ordre du jour, le problème de la liberté restait, pour les contemporains de Montesquieu, aussi confus, aussi complexe, aussi décevant que possible. On ne voyait ni le sens exact ni la portée de ces trois mots : pouvoir législatif, exécutif, judiciaire ; on ne savait que penser de leur union entre les mêmes mains ou de leur séparation ; on ne se risquait pas à présenter, sous forme de système cohérent, les conséquences de ces divers concepts.

C'est en ce moment que Montesquieu résout le problème, après environ dix années de réflexion.

« La liberté, dit-il, consiste à pouvoir faire ce que l'on doit vouloir, et à n'être point contraint de faire ce que l'on doit ne point vouloir[2]. » Montesquieu proclame ainsi qu'il y a des droits de l'homme supérieurs à toute loi humaine : ce sont la liberté individuelle, la « tranquillité », la sécurité, la liberté de penser, de parler et d'é-

---

1. Dans ces mêmes *Pensées inédites*, t. I, p. 31, il signale « à lire » Pausanias et aussi l'*Histoire de la médecine* de Freind. Or celle-ci parut en 1725-1726.
2. *Esprit des lois*, liv. XI, ch. III.

crire[1]. Il y a donc liberté quand, d'une part, il y a respect, et d'autre part, épanouissement normal des droits de l'homme. Ceci va loin. On peut en effet rencontrer ce respect dans des gouvernements dont la Constitution ne favorise précisément pas la liberté politique, et ne pas le rencontrer toujours dans un gouvernement dont la Constitution paraît faite pour promouvoir cette liberté : les citoyens sont libres là, et là seulement. Ce qu'il faut donc établir, c'est à la fois la liberté du citoyen et la liberté de la Constitution.

Qu'est-ce qu'une Constitution libre ? Les contemporains de Montesquieu, après de multiples tentatives, n'avaient pu apporter de réponse précise, et s'ils possédaient quelques notions, leur richesse échappait encore aux regards. Montesquieu eut la gloire de poser avec une vigoureuse clarté la formule politique nouvelle. Il y a liberté politique quand on maintient dans la nation des « Corps intermédiaires » et quand on établit, au sein du gouvernement, « la séparation des pouvoirs ».

Les corps intermédiaires sauvent la liberté contre les caprices du pouvoir central et les violences du peuple. Entre ces deux forces trop portées à se croire ennemies, et prêtes, l'une à abuser de son autorité, l'autre à se prévaloir du nombre, ils sont comme l'élément modérateur. Les confondre avec le peuple serait donc la pire des maladresses politiques. Composés de membres puissants, les corps intermédiaires s'imposent au peuple et le couvrent contre les abus du pouvoir suprême. Laissons-leur donc leurs prérogatives : celles-ci sauvegardent l'institution, et l'institution, la liberté. « Abolissez dans une monarchie les prérogatives des seigneurs, du clergé, de la noblesse et des villes, et vous aurez bientôt un État populaire ou

---

1. Ces divers droits sont énumérés au livre XII.

bien un État despotique [1]. » La liberté suppose ainsi une société hiérarchisée, des classes distinctes, toute une échelle de grandeurs partant du peuple pour aboutir au roi. Le nivellement social est signe de régime démocratique ou de régime despotique, dans les deux cas il est le plus grand obstacle à la liberté. Les corps intermédiaires sont le propre des gouvernements *modérés*, dont le type, au dire de Montesquieu, ne se trouve que dans la monarchie ; « ils constituent donc la nature du gouvernement monarchique ».

Ils peuvent être très nombreux, et Montesquieu souhaitait certainement les voir se multiplier et se propager jusque parmi les villes les plus lointaines du royaume. Car chaque cité peut se donner le bienfait d'une petite société hiérarchisée.

Deux corps cependant forment dans le pays des groupes puissants : la noblesse et le clergé.

La noblesse paraît avoir plus spécialement pour fonctions de conserver en dépôt l'honneur national. Comme elle lui sacrifie ses biens et son sang, elle a quelque droit à parler avec autorité, même au pouvoir suprême. « Le corps des nobles doit être héréditaire. Il l'est premièrement par sa nature, et d'ailleurs il faut qu'il ait un très grand intérêt à conserver ses prérogatives, odieuses par elles-mêmes, et qui, dans un État libre, doivent toujours être en danger [2]. »

Le clergé est un bon « pouvoir intermédiaire », surtout dans les monarchies qui vont au despotisme, et comme l'on sait que Montesquieu craignait pour les monarchies cette décadence, il faut bien croire que, dans sa pensée, toute monarchie supposait un corps sacerdotal nombreux, puissant et respecté. Seul, le pouvoir du clergé

1. *Esprit des lois*, liv. II, ch. IV.
2. *Esprit des lois*, liv. XI, ch. VI.

« arrête la puissance arbitraire ; barrière toujours bonne, lorsqu'il n'y en a point d'autres[1] ».

« Il ne suffit pas qu'il y ait dans une monarchie des rangs intermédiaires ; il faut encore un dépôt de lois. Ce dépôt ne peut être que dans les corps politiques, qui annoncent les lois lorsqu'elles sont faites, et les rappellent lorsqu'on les oublie. L'ignorance naturelle à la noblesse, son inattention, son mépris pour le gouvernement civil, exigent qu'il y ait un corps qui fasse sans cesse sortir les lois de la poussière où elles seraient ensevelies. Le conseil du prince n'est pas un dépôt convenable. Il est, par sa nature, le dépôt de la volonté momentanée du prince qui exécute, et non pas le dépôt des lois fondamentales[2]. »

Cette page est de très grande importance : en elle se découvrent les plus intimes désirs du parlementaire que fut toujours le président de Bordeaux, convaincu de l'autorité, de la compétence, du prestige des Parlements. Ce parlementaire a la plus vive répugnance pour un régime aristocratique ; il veut bien que la noblesse forme un « corps intermédiaire », mais il lui dénie toute autre fonction. La noblesse n'a point les qualités qui légitiment la puissance.

Toutes ces idées ramenaient Montesquieu à celle que l'on peut considérer comme la base de sa théorie des corps intermédiaires. Les groupements du clergé et de la noblesse sont nécessaires, non pas que certaines qualités particulières les prédestinent à partager le poids des responsabilités gouvernementales, mais parce qu'ils forment dans l'État, descendant du pouvoir souverain au peuple même, des *hiérarchies,* par lesquelles la volonté du prince se transmet, se tamise et, pour ainsi dire, s'allège avant de toucher les régions les plus humbles du pays, tandis

---

1. *Esprit des lois*, liv. II, ch. iv.
2. *Id.*, liv. II, ch. iv. Comparez une idée semblable dans les *Lettres persanes*, XCIII.

que les désirs de la foule anonyme, en s'élevant par des groupes de plus en plus forts, respectables et redoutés, prennent une fermeté, une autorité que le pouvoir central ne saurait négliger.

Ainsi, le gouvernement n'est plus la chose d'un groupe fermé, il appartient vraiment à la nation qui se trouve intéressée tout entière à ses destinées. Montesquieu tenait d'autant plus à cette harmonie des hiérarchies sociales, qu'il voyait déjà en elles ce qu'il poursuivit toujours ardemment : la fusion des différentes espèces de gouvernements. Le prince représente la forme monarchique ; les corps privilégiés, le régime aristocratique ; au plus bas degré, le peuple faisant accepter les aspirations démocratiques. Le Prince ordonne ; les pouvoirs privilégiés contrôlent, tempèrent ou modèrent la voix impérative, et le peuple accorde son obéissance à des volontés qu'il apprend à identifier avec la raison nationale.

Telle doit être toute société bien constituée ; mais d'où viendra l'impulsion capable de mettre en mouvement, de conserver et d'accroître cette harmonie de forces ? D'une loi qui dirigera leur activité, d'une police qui assurera l'exécution des lois, d'un tribunal qui punira les délinquants ; en d'autres termes, d'un pouvoir législatif, d'un pouvoir exécutif, d'un pouvoir judiciaire. Nous avons vu que ces notions étaient encore, au temps de Montesquieu, aussi confuses que possible. C'est à l'auteur de l'*Esprit des lois* que revient la gloire de les avoir fixées, de les avoir pénétrées, et d'en avoir révélé la riche complexité.

Voici donc comment il fixait leur signification.

Le pouvoir exécutif fait la paix ou la guerre, envoie ou reçoit des ambassades, veille à la sûreté intérieure, prévient les invasions. Le pouvoir législatif fait des lois pour un temps ou pour toujours, et corrige ou abroge celles qui existent déjà. Le pouvoir judiciaire punit les crimes ou juge les différends des particuliers. Montesquieu semble d'ailleurs avoir hésité sur la formule de la séparation des pouvoirs. Il avait d'abord indiqué une première division des pouvoirs où l'on reconnaît l'influence de Locke.

Les trois puissances, disait-il, sont : la puissance législative, la puissance exécutrice des choses qui dépendent du droit des gens (c'est le pouvoir confédératif de Locke) et la puissance exécutrice des choses qui dépendent du droit civil[1]. Cette première formule ne reconnaissait en réalité que deux pouvoirs : le pouvoir législatif et le pouvoir exécutif, duquel ressortent et les questions d'ordre international, et les questions de justice à l'intérieur du pays.

Mais à cette division en deux de la puissance civile à l'intérieur, Montesquieu substitua la division en trois, à laquelle il s'arrêta définitivement : la puissance législative, exécutive et judiciaire.

Il peut arriver que l'un de ces pouvoirs abuse de sa force, et la liberté est alors un vain mot. A plus forte raison « tout serait perdu si le même homme, ou le même corps des principaux, ou des nobles ou du peuple, exerçaient ces trois pouvoirs : celui de faire les lois, celui d'exécuter les résolutions publiques, et celui de juger les crimes ou les différends des particuliers ».

Contre ce péril, Montesquieu enseigne sagement : « La liberté politique ne se trouve que dans les gouvernements modérés. Mais elle n'est pas toujours dans les États modérés, elle n'y est que lorsqu'on n'y abuse pas du pouvoir... Pour qu'on ne puisse abuser du pouvoir, il faut que, par la disposition des choses, le pouvoir arrête le pouvoir[2]. » Opposons-les donc, séparons-les. « Lorsque dans la même personne ou dans le même corps de magistrature, la puissance législative est réunie à la puissance exécutrice, il

---

1. *Esprit des lois*, liv. XI, ch. vi.
2. *Id.*, liv. XI, ch. iv.

n'y a point de liberté, parce qu'on peut craindre que le même monarque ou le même Sénat fasse des lois tyranniques, pour les exécuter tyranniquement. Il n'y a point encore de liberté, si la puissance de juger n'est pas séparée de la puissance législative et de l'exécutrice. Si elle était jointe à la puissance législative, le pouvoir sur la vie et la liberté des citoyens serait arbitraire, car le juge serait législateur. Si elle était jointe à la puissance exécutrice, le juge pourrait avoir la force d'un oppresseur. » C'est parce que les pouvoirs sont confondus entre les mêmes mains que la Turquie gémit sous la tyrannie des sultans, et c'est parce que les « inquisiteurs d'État » légifèrent et jugent à la fois que les Républiques d'Italie ne sont guère moins avilies.

Si la puissance de juger est l'une des plus redoutables à la liberté des citoyens, il est nécessaire de la définir soigneusement. « Elle ne doit pas être donnée à un Sénat permanent, mais exercée par des personnes tirées du corps du peuple, dans certains temps de l'année, de la manière prescrite par la loi, pour former un tribunal qui ne dure qu'autant que la nécessité le requiert... Il faut même que dans les grandes accusations le criminel, concurremment avec la loi, se choisisse des juges, ou du moins qu'il en puisse récuser un si grand nombre que ceux qui restent soient censés être de son choix... De cette façon, la puissance de juger, si terrible parmi les hommes, n'étant attachée ni à un certain état, ni à une certaine profession, devient pour ainsi dire invisible et nulle... On craint la magistrature, et non pas les magistrats [1]. »

Il y a, dans ce raisonnement, une grosse part d'utopie. Il faut en rendre responsable l'antiquité, dont Montesquieu ne sut jamais s'affranchir complètement, et dont il essayait

---

1. *L'esprit des lois*, liv. XI, ch. vi.

d'amalgamer les idées avec les institutions les plus modernes. Cette fusion ne pouvait réussir, et ce qui reste de cette tentative, c'est le vigoureux effort d'une âme généreuse, pourchassant l'arbitraire partout où il peut s'abriter. La prison préventive, au mépris de toute caution, est l'un des procédés où se dissimule la tyrannie : « Si la puissance législative laisse à l'exécutrice le droit d'emprisonner des citoyens qui peuvent donner caution de leur conduite, il n'y a plus de liberté, à moins qu'ils ne soient arrêtés pour répondre sans délai à une accusation que la loi a rendue capitale, auquel cas ils sont réellement libres, puisqu'ils ne sont soumis qu'à la puissance de la loi [1]. »

Malgré l'inviolabilité de la liberté individuelle, qu'il fut un des premiers à proclamer fortement, Montesquieu excepte de cette mesure générale les citoyens « suspects de fomenter quelque conjuration secrète contre l'État », ou d'entretenir « quelque intelligence avec les ennemis du dehors ».

Ce sont là des circonstances qui réclament des mesures d'exception : on pourra donc « faire des lois qui violent la liberté contre un seul pour la garder à tous », et « mettre pour un moment un voile sur la liberté, comme l'on cachait les statues des dieux ». Là-dessus, les critiques inconsidérés se récrient, accusant Montesquieu d'être obsédé beaucoup moins par la préoccupation de défendre l'individu contre l'arbitraire du pouvoir, que par celle de justifier les lois des suspects, bills d'attender ou décrets d'ostracisme. « Et que l'on ne dise pas que Montesquieu limite le temps de l'arbitraire et lui prescrit des bornes. La liberté est morte quand on oublie, ne fût-ce qu'un instant, les droits inaliénables du citoyen et qu'on laisse l'individu désarmé devant l'omnipotence du pouvoir [2]. »

L'objection ne manquerait pas de force, si elle ne mé-

---

1. *Esprit des lois*, liv. XI, ch. vi.
2. Broche, *Une époque :* Montesquieu théoricien, Paris, 1903, p. 72.

connaissait la pensée profonde du philosophe. Le régime que Montesquieu envisage sans cesse, c'est celui où la modération, la justice, l'équité, le souci de la liberté politique sont des réalités vivantes et non point de pures abstractions. Les citoyens, protégés par ces vertus politiques d'un pouvoir paternel, n'ont à redouter ni de capricieuses volontés, ni de tyranniques suspicions, ni de méprisables coups de force. La vie s'y déploie en toute tranquillité, et l'hypothèse d'une loi des suspects n'y prend quelque consistance qu'aux jours où, de l'aveu général, la situation devient très réellement critique, du fait de quelques citoyens très justement accusés ou très vraisemblablement soupçonnés. Et qui refuserait de reconnaître qu'aux situations exceptionnelles, il convient d'appliquer d'exceptionnelles mesures? Aussi bien, celles-ci portent avec elles-mêmes je ne sais quelle sincérité et quelle honnêteté, dont on peut abuser pour le malheur des peuples, mais dont on peut se servir pour la félicité publique. La dictature n'a pas toujours soulevé les colères des citoyens romains; mais l'abjection du régime de la Terreur a toujours découragé, parmi nous, les plus dévoués apologistes.

Montesquieu examine ensuite le pouvoir législatif : « Comme dans un État libre tout homme qui est censé avoir une âme libre doit être gouverné par lui-même, il faudrait que le peuple en corps eût la puissance législative; mais comme cela est impossible dans les grands États et est sujet à beaucoup d'inconvénients dans les petits, il faut que le peuple fasse par ses représentants tout ce qu'il ne peut faire par lui-même[1]. » Cette pensée, si lucide en apparence, souffre en réalité les plus graves difficultés. Qui est en effet le peuple? Et d'où viendront les voix représentatives de la volonté nationale?

---

1. *Esprit des lois*, liv. XI, ch. vi.

Problèmes qui n'ont certes pas échappé à la sagacité du philosophe, mais à la solution desquels il n'apporta que d'insuffisantes clartés. « Tous les citoyens, dit-il, dans les divers districts, doivent avoir droit de donner leurs voix pour choisir ce représentant, excepté ceux qui sont dans un tel état de bassesse qu'ils sont réputés n'avoir pas de volonté propre. » Rien de plus vague, de plus dangereux que cette loi restrictive d'un droit. Comment entendrons-nous cette « bassesse » qui supprime la volonté propre? Bassesse morale, survenue à la suite d'une déchéance civile? Bassesse sociale, provoquée par la médiocre situation financière du citoyen? Plaisante bassesse, qui s'évalue au poids de l'or! Il semble bien néanmoins que Montesquieu n'ait guère songé qu'à celle-ci. Au reste, c'est poussé par cet ensemble d'idées qu'il confie la puissance législative à un Sénat, sorte de Chambre Haute, dont les membres seraient de véritables lords : « Il y a toujours dans un État des gens distingués *par la naissance, les richesses* ou *les honneurs;* mais s'ils étaient confondus parmi le peuple, et s'ils n'y avaient qu'une voix comme les autres, la liberté commune serait leur esclavage, et ils n'auraient aucun intérêt à la défendre, parce que la plupart des résolutions seraient contre eux. La part qu'ils ont à la législation doit donc être proportionnée aux autres avantages qu'ils ont dans l'État, ce qui arrivera s'ils forment un corps qui ait le droit d'arrêter les entreprises du peuple comme le peuple a le droit d'arrêter les leurs. » Ainsi la puissance législative sera confiée simultanément à une assemblée de nobles et à une chambre issue du peuple, qui auront « leurs délibérations à part et des vues et des intérêts séparés ».

Ce que vaudrait, en réalité, une telle répartition de puissance, Montesquieu l'avait certainement prévu. Que de fois il reconnaît que les prérogatives des corps privilégiés, tout en étant nécessaires, « sont odieuses par elles-mêmes » ! Et n'est-ce pas lui qui a jeté sur une assemblée de nobles la plus grave des imputations, en l'accusant d'être portée « à suivre ses intérêts particuliers et à oublier ceux du peuple[1] » ? D'autre part, il sait bien que la plèbe est envieuse et que la passion de l'égalité nourrit la haine. Mais alors, n'aurons-nous pas, au lieu de l'équilibre des forces sociales, la rivalité de deux puissances ? N'y a-t-il pas un danger d'arrêt de la vie politique, par cela seul qu'il sera presque impossible de légiférer ? Montesquieu ne le nie point, et il ne connaît de meilleur remède que celui qui consiste à affaiblir la noblesse. Il ne lui concède ni le droit de proposer des lois, ni celui de les corriger ; il la prive de « la faculté de statuer », ne lui abandonnant que le droit « de rendre nulle une résolution prise par le corps du peuple », ce qu'il appelle « la faculté d'empêcher ».

Quant à la puissance exécutive, enfin, « elle doit être entre les mains d'un monarque, parce que cette partie du gouvernement, qui a presque toujours besoin d'une action momentanée, est mieux administrée par un que par plusieurs ; au lieu que ce qui dépend de la puissance législative est souvent mieux ordonné par plusieurs que par un seul ». Montesquieu se rallie, par ces paroles, à la doctrine monarchiste, et s'il a donné parfois, surtout dans les premiers livres de l'*Esprit des lois*, l'impression d'être un républicain épris du régime politique de Rome ou de Sparte ou d'Athènes qu'il ne savait distinguer que très imparfaitement, ici le doute n'est plus possible. Montesquieu met au-dessus de tous les régimes la liberté. Il déclare, dès les premiers mots de son étude, que ni la démocratie ni l'aristocratie ne sont des gouvernements libres par eux-mêmes ; et, pour mieux accentuer sa pen-

---

1. *Esprit des lois*, liv. XI, ch. VI.

sée, il apporte une justification nouvelle de la doctrine monarchiste. Tandis que, jusqu'à lui, les théoriciens de la monarchie invoquaient plus ou moins l'Ancien Testament et « le droit divin », pour consacrer la personne et l'autorité du Souverain choisi par Dieu, le philosophe de la Brède renonce à ces arguments mystiques, abandonne ces spéculations métaphysiques et propose des raisons positives. Il a vu, dans l'histoire, que la plupart des républiques anciennes furent la proie « d'un grand vice ». « Le peuple avait droit d'y prendre des résolutions actives, et qui demandent quelque exécution : chose dont il est entièrement incapable [1]. » Ce que le peuple en corps est incapable de mener à bien, Montesquieu est convaincu que les représentants du peuple ne peuvent davantage le réaliser. La fonction « populaire » est de proposer des lois ; personne en effet ne connaît mieux les besoins de la nation que le peuple lui-même, pour autant que ces lois regardent la prospérité matérielle, car la compétence du peuple demeure très limitée. « Le corps représentant ne doit pas être choisi pour prendre quelque résolution active, chose qu'il ne ferait pas bien. »

Au reste, nous ne devons pas croire que Montesquieu ait adopté la thèse monarchiste, par je ne sais quel scepticisme politique. Pas plus que le Dieu de Pascal, le Prince de Montesquieu n'intervient, au terme d'une enquête douloureuse, pour mettre fin aux craintes et aux angoisses de l'âme. S'il ne conservait plus, vers 1729, la foi en la démocratie, Montesquieu s'efforçait néanmoins d'élaborer un plan politique qui le dispenserait de recourir à l'expédient de la monarchie. Il imaginait de tirer du Corps législatif un « certain nombre de person-

---

[1]. *Esprit des lois*, liv. XI, ch. vi. Montesquieu met ici à profit une conviction que nous avons vue se former à l'époque des voyages.

nes », sorte de conseil qui dirigerait les énergies de la nation. Mais il proclama le remède pire que le mal, car, disait-il, ministres et députés, inconsciemment ou volontairement, établiraient bientôt la confusion des pouvoirs. Alors il n'y aurait plus de liberté. C'est pour échapper à l'incompétence des foules, à l'inaptitude des Corps législatifs, au danger des Conseils autonomes que Montesquieu se confie au roi.

Tels sont les trois pouvoirs entre lesquels il est indispensable, si l'on veut sauvegarder la liberté, de maintenir une séparation réelle et profonde. Mais gardons-nous d'exagérer la logique du système. Se défiant d'une application trop rigoureuse de ses principes, Montesquieu admet des tempéraments, des dérogations partielles aux règles dont il proclamait la nécessité. Il consent qu'entre les pouvoirs les relations ne s'interrompent jamais complètement, pourvu qu'elles demeurent discrètes.

Les plus délicates sont celles que le Corps législatif doit entretenir avec le pouvoir exécutif. Que l'on néglige de réunir de temps en temps le Corps législatif, ce sera l'anarchie ou, par une suite inévitable d'empiétements du pouvoir exécutif, le despotisme. Que l'assemblée législative siège en permanence, ce sera l'antagonisme brutal entre l'assemblée et le Prince, la paralysie du pouvoir exécutif, l'arrêt de toute vie politique. Il faut donc, dans le choix du moment qui réclame la convocation du pouvoir législatif et dans l'appréciation de la durée de la session, une sûreté de jugement, une impartialité qui se rencontrent peu souvent dans les assemblées. Nul ne connaît mieux les intérêts du moment que le pouvoir souverain. « Il faut donc que ce soit la puissance exécutrice qui règle le temps de la tenue et de la durée de ces assemblées. » Montesquieu semble ainsi fortifier le pouvoir souverain qui, devant une assemblée rebelle à ses désirs, aura toujours la ressource de la dissoudre autant de fois qu'il lui plaira de le faire. Privilège apparent, car, pour le contrebalancer, Montesquieu le borne de toutes manières, en déniant au pouvoir exécutif l'initiative des lois, le droit de prendre part aux débats, celui enfin de participer, autrement que par son consentement, à la question de la levée des deniers publics, qui « est le point le plus important de la législation ».

Il reste à borner également la puissance législative à l'égard du pouvoir exécutif. Montesquieu donne au prince un droit de veto général, absolu, illimité. « Si la puissance exécutrice n'a pas le droit d'arrêter les entreprises du Corps législatif, celui-ci sera despotique ; car, comme il pourra se donner tout le pouvoir qu'il peut imaginer, il anéantira toutes les autres puissances. Mais il ne faut pas que la puissance législative ait réciproquement la faculté d'arrêter la puissance exécutrice ; car l'exécution ayant ses limites par sa nature, il est inutile de la borner ; outre que la puissance exécutrice s'exerce toujours sur des choses momentanées. Et la puissance des tribuns de Rome était vicieuse, en ce qu'elle arrêtait non seulement la législation, mais même l'exécution : ce qui causait de grands maux. »

Voilà la constitution fondamentale des gouvernements qui ont pour objet la liberté. Après l'avoir patiemment analysée, Montesquieu la résumait en ces termes qui montrent bien toute l'importance qu'il attachait à son principe : « Il faut que le pouvoir arrête le pouvoir. » « Le Corps législatif y étant composé de deux parties, l'une enchaînera l'autre par sa faculté mutuelle d'empêcher. Toutes les deux seront liées par la puissance exécutrice, qui le sera elle-même par la législative. Ces trois puissances devraient former un repos ou une inaction. Mais comme, par le mouvement nécessaire des choses, elles sont contraintes d'aller, elles seront forcées d'aller de concert[1]. »

Ce mécanisme ingénieux, cet équilibre de forces opposées rendues solidaires les unes des autres, cette combinaison de puissances qui se distinguent et s'amalgament, se fortifient l'une l'autre et s'annihilent l'une par l'autre, cet état à la fois violent et pacifique d'énergies dont l'impétuosité vient se heurter, par un choc soudainement adouci, contre des impétuosités rivales, cet agencement délicat de rouages dont l'action minutieusement réglée met en mouvement, d'un branle uniforme et concerté, toute la machine gouvernementale, tel est le chef-d'œuvre de législation qui demeure la suprême pensée politique de Montesquieu. Nous connaissons les tentatives qui s'étaient succédé, pendant toute la première moitié du XVIII⁰ siècle, pour donner aux concepts si puissamment systématisés par Montesquieu, un sens fixe, une portée politique sérieuse; mais nous avons pu constater que, sans échouer complètement, ces tentatives avaient déçu l'opinion. On comprend que Montesquieu, maître de son système, créateur d'une théorie dont il avait aperçu les linéaments dans l'œuvre de brillants mais impuissants devanciers, et qu'il avait contemplée, toute vivante, sur le sol de la libre Angleterre, ait pris conscience de sa puissante originalité. C'est pour cela qu'il étudia, dès ce jour, l'histoire de l'antiquité, à la lumière de sa doctrine de la liberté[2].

---

1. *Esprit des lois*, liv. XI, ch. VI.
2. Au livre XI, les chapitres XII à XX sont consacrés à l'étude de la Constitution de Rome, du point de vue de la distribution des trois pouvoirs. Dans les *Considérations sur les Romains*, Montesquieu avait essayé une étude de cette Constitution, mais ni le point de vue ni les conclusions ne sont semblables. Comment, si les chapitres du livre XI étaient antérieurs aux *Considérations*, n'en serait-il rien passé dans cet ouvrage? Et si Montesquieu avait changé d'avis, comment ne se serait-il pas corrigé en rédigeant les *Considérations?* Il paraît donc très probable que ces chapitres ont été écrits après 1734.

Nous pouvons même ajouter qu'il venait de donner à sa pensée le dénouement le plus magnifique par la puissance, l'ampleur et l'excellence. Car, depuis de longues années, il songeait aux moyens capables de « borner » la puissance monarchique et de prévenir le despotisme. Quand il poursuivait l'analyse de cette forme de gouvernement, il avait rencontré l'honneur, et, non content d'y voir le principe de la monarchie, il s'imaginait qu'il était l'obstacle aux caprices du prince et la sauvegarde de la liberté. « Dans les États monarchiques et modérés, la puissance est bornée par ce qui en est le ressort, je veux dire l'honneur, qui règne, comme un monarque, sur le prince et sur le peuple. On n'ira point lui alléguer les lois de la religion, un courtisan se croirait ridicule; on lui alléguera sans cesse celles de l'honneur[1]. » Depuis ce jour de tranquille assurance, environ quinze années passèrent, et quand, pour la seconde fois, le philosophe étudiera comment « la puissance est bornée », il ne parlera plus de l'honneur, barrière fragile et solution commode d'un problème autrement complexe; il construira l'édifice résistant d'une Constitution. C'est là qu'il enfermera son Prince. Comme l'avaient déjà fait Aristote, Platon, Cicéron, Montesquieu a posé les fondements d'une idéale cité. Mais, tandis que ceux-là travaillaient pour la démocratie, lui, plus modeste et non moins grand, travailla pour la liberté.

Que vaut cet effort? Comment jugerons-nous ce système qui prétend concilier les exigences de l'autorité et les revendications de la liberté?

Il est incontestable que cet effort est plutôt celui d'un philosophe qui abstrait les idées des événements où elles s'enferment, que d'un historien soucieux de la réalité.

---

1. *Esprit des lois*, liv. III, ch. x.

Montesquieu n'a donné une théorie du système parlementaire si cohérente et si séduisante que parce qu'il a, volontairement, mutilé la réalité vivante qu'il contemplait de ses yeux. Le tableau qu'il a tracé de ce régime en général et du pouvoir exécutif anglais en particulier, n'est pas conforme à la vérité historique. Ses formules font illusion : elles donnent souvent des faits et des institutions une idée erronée ou incomplète [1]. On pourrait, par exemple, se convaincre qu'en ce qui concerne le pouvoir judiciaire, il a été beaucoup plus préoccupé du criminel que du civil, uniquement intéressé par le jury et laissant de côté les juges nommés par la couronne, qui constituent le rempart le plus solide des libertés individuelles. Il s'est encore mépris sur la signification de « corps des nobles » qui est, en Angleterre, un groupement d'influences et de puissances sociales très différentes de la noblesse française. En ce qui touche à la Chambre des communes, il l'a considérée comme « le corps représentant le peuple », donnant ainsi l'impression qu'il ignorait le mode des élections en Angleterre, qui consistait alors à réaliser cette condition posée dans l'*Esprit des lois*, à savoir que tous les citoyens ont droit de vote « excepté ceux qui sont dans un tel état de bassesse qu'ils sont réputés n'avoir pas de volonté propre ». Il faudrait encore remarquer, dit M. d'Eichthal, comment, dans ce mélange apparent de monarchie, d'aris-

---

1. Aussi a-t-on accusé Montesquieu d'avoir occasionné, par ces amphibologies et ces confusions, bien des erreurs pratiques. « Le monde aurait évité plus d'un faux pas et d'une erreur, si Montesquieu n'avait réussi à faire prévaloir pour longtemps la théorie de la division des pouvoirs... C'est un de ses crimes d'avoir posé la constitution d'Angleterre comme un exemple convaincant de sa théorie et d'avoir placé ses institutions sur un lit de Procuste, afin d'en tirer, en les torturant, la séparation des pouvoirs. » Cf. R. von Mohl, *Geschichte und Litteratur der Staatswissenschaften* (CXI, p. 386 et XLI, p. 39).

Les publicistes allemands ont en majorité condamné la théorie de Montesquieu. Cf. Ch. Seignobos, *La théorie de la séparation des pouvoirs*, dans *Revue de Paris*, 1ᵉʳ mars 1895.

tocratie et de démocratie, qu'il pensait être la base du gouvernement britannique, il n'a pas aperçu ou signalé la prédominance effective de l'élément aristocratique ou oligarchique, qui décidait alors vraiment des destinées du pays. Ce sont là des lacunes d'observation qui vicient la théorie de Montesquieu, puisque les garanties de la liberté anglaise ne sont pas celles que proclame l'*Esprit des lois*.

Enfin, il faut bien avouer que le tableau qu'il a tracé du pouvoir exécutif anglais « ne satisfait nullement la raison, ni même le bon sens, au point de vue du fonctionnement d'un gouvernement quelconque : quel pouvoir d'action pourrait vivre dans les limites beaucoup trop étroites où il l'a enfermé, en croyant qu'il assurait ainsi l'équilibre des puissances et par là la liberté des citoyens[1] ? »

Il dépose le pouvoir exécutif aux mains d'un monarque, inviolable dans sa personne, source des honneurs et des dignités, armé du pouvoir d'*empêcher*, mais non de *statuer*, n'entrant donc pas dans le débat des affaires et ne *devant pas proposer* la loi, chargé de convoquer et de dissoudre le pouvoir législatif, conseillé par des ministres responsables, ne nommant pas les juges qui doivent être pris parmi le peuple à titre de jurés, chef d'une armée « qui peut être cassée par la puissance législative, sitôt qu'elle le désire », enfin sans autorité pour fixer le budget et lever des taxes.

Borner à ces attributions le pouvoir exécutif, c'est le rendre le simple vassal du pouvoir législatif qui restera le seul véritable souverain. Nous voici donc bien loin de l'idéal proposé par Montesquieu, de cet équilibre « où les deux parties du pouvoir législatif enchaînées par leur faculté mutuelle d'empêcher et toutes les deux liées par

1. Cf. M. E. d'Eichthal, *Souveraineté du peuple et du gouvernement*, Paris, 1895, p. 135 et suiv.

la puissance exécutrice qui le sera elle-même par la législative, devraient former un repos, une inaction, mais où, comme par le mouvement nécessaire des choses elles sont contraintes d'aller, elles seront forcées d'aller de concert ».

Cette nécessité de fait, que Montesquieu aperçut sans pouvoir en donner la raison véritable, venait de ce que la Couronne et les Chambres combinaient leur action dans une institution intermédiaire, « le Cabinet », et qu'enfin si les deux puissances partageaient l'initiative législative, il y avait une tendance accentuée à laisser de plus en plus la proposition de la loi à l'exécutif, contrairement à ce que statuait l'auteur de l'*Esprit des lois*.

Ce sont là des erreurs ou des lacunes qui ne doivent point nous faire oublier la profondeur et la nouveauté de la théorie de la liberté proposée par Montesquieu : erreurs et lacunes que celui-ci partageait avec le plus grand nombre des publicistes de son temps, et qu'il lui aurait fallu une divination tout à fait exceptionnelle pour éviter, à l'époque où il écrivait.

V

Les idées politiques de Montesquieu eurent un profond retentissement sur ses idées morales. Celles-ci dépendent, en grande partie, de celles-là. Leurs relations sont étroites et d'ailleurs s'expliquent fort bien. La grande ambition de ce philosophe était d'emprisonner, pour ainsi dire, la réalité dans ses combinaisons logiques, mais le danger de cette attitude d'esprit était d'accorder une importance trop exclusive à la vertu des formules. Qu'elles expliquent, d'une certaine façon, l'activité des hommes, rien n'est plus certain, mais encore ne faut-il pas négliger ces puissances obscures et d'un autre ordre qui conduisent l'humanité. Surgies des profondeurs de la société, elles éclatent tout à coup parmi les somptueux arrangements de la sagesse politique, et, sous leur violence, les formules craquent, les combinaisons se disloquent, les constitutions les mieux construites s'écroulent. Devant cet imprévu, toute la sagesse des théoriciens politiques est vaine : elle échoue pour avoir considéré moins les hommes que les institutions. Et ce qu'il y a de plus curieux en tout ceci, c'est que Montesquieu, dès 1725, en convenait sans réticences : « Ce qui fait que la politique a si peu de succès, disait-il, c'est que ses sectateurs ne connaissent jamais les hommes ; comme ils ont des vues fines et adroites, ils croient que tous les hommes les ont de même, mais il s'en faut bien que tous les hommes soient fins ; ils agissent au contraire par caprice ou par passion, ou agissent seulement pour agir ou pour qu'on ne dise pas qu'ils ne font rien[1]. »

Que ne s'est-il souvenu de ces sages restrictions au moment où il rédigeait les premiers livres de l'*Esprit des lois!* Il y montrait, certes, qu'il avait, aussi lui, « des vues fines et adroites », mais en discutant des gouvernements, il a trop complètement perdu de vue les gouvernés, leurs caprices et leurs passions. Confiant dans la pérennité de ses plans politiques, sur lesquels il édifiait l'idéale cité, il a trop semblé croire que l'activité sociale de l'homme était tout entière régie, conduite, maîtrisée, par des formules. Il paraissait très persuadé qu'il suffisait de construire, d'après la formule exacte, la cité républicaine ou monarchiste ou despotique pour voir la série des actions individuelles, des mouvements sociaux et le déroulement des vies humaines se développer dans le sens et sous l'influence de la loi primordiale. Comme les axiomes géométriques, les

---

1. Cf. *Sur les Devoirs de l'homme*, 1725.

axiomes politiques seraient créateurs : les uns créent l'interminable série des propositions réductibles l'une à l'autre, les autres l'interminable suite des actions explicables l'une par l'autre. Montesquieu aurait donc imaginé une sorte de déterminisme politique, qui le dispensait de proposer, à côté de ces formules politiques devenues de véritables règles de vie, d'autres préceptes moraux.

Allons-nous dire que la pensée de ce philosophe est incomplète et qu'il manque à l'*Esprit des lois* une morale ? « Une morale, c'est autre chose que le goût de tout ce qui est moral, autre chose que l'amour du droit, autre chose que la justice et la bienfaisance, c'est la certitude que ce ne sont pas de purs mérites de la volonté, mais des lois divines obéies, et qu'en les pratiquant d'un cœur sincère, on reste infiniment au-dessous de ce qu'elles prescrivent. » Ainsi du moins parle Désiré Nisard, — bien à tort. Car, si Montesquieu n'étudie ni les fondements du devoir, ni les raisons pour lesquelles tout citoyen obéit aux lois de son pays, — soumission à la volonté de Dieu reconnu comme suprême origine de l'autorité, ou confiance envers des décrets utiles au développement pacifique des sociétés, ou crainte des sanctions, — c'est qu'il n'avait pas à le faire. Pareilles spéculations eussent été déplacées dans une œuvre de documentation positive. Néanmoins, ni l'idée morale, ni la préoccupation morale n'en sont absentes ; mais, pour les apercevoir, il est nécessaire de se placer dans la perspective même choisie par l'auteur, et d'éclairer les choses de la même lumière qu'il projetait sur elles.

Alors on voit que, pour ce philosophe, la morale n'est qu'une province de la politique. Loin donc d'instruire sur la nature de l'obligation et du devoir, ce qui est l'affaire des purs spéculatifs, il se borne à déterminer si, entre la politique et la morale, des rapports existent, et s'ils existent, jusqu'à quel point il est utile, nécessaire ou superflu d'établir entre elles deux une soudure.

Comment Nisard a-t-il pu méconnaître qu'entre la politique, ou, pour user d'un terme plus concret, entre les législations et la morale, Montesquieu avouait des rapports étroits? N'avait-il pas même songé, dès 1725, à n'étudier les législations que dans leurs rapports avec la morale? C'est bien là, en effet, l'idée maîtresse de son *Traité général sur les devoirs de l'homme*. La justice lui apparaît alors comme je ne sais quel archétype éternel, modèle intangible et norme souveraine des diverses législations. Celles-ci seraient bonnes, dans la mesure où elles réaliseraient cette justice idéale. Sans doute, Montesquieu ne conserve pas longtemps cette croyance à un type de bonté absolu, valable pour tous les temps et tous les climats. Il introduit dans l'étude des législations la théorie « des rapports qui se fondent sur la nature des choses », rapports nécessaires, sans doute, mais dont les termes varient à l'infini. La valeur des diverses législations n'en demeure pas moins intacte; pour être différentes entre elles, elles ne cessent pas d'être bonnes, justes, nécessaires, obligatoires. Or, il convient de le remarquer, ce que l'on néglige de faire quand on incrimine, à la suite de Nisard, l'auteur de l'*Esprit des lois* : pour sauver, au milieu de ce relativisme général de principes moraux, l'idée morale elle-même, caractérisée par l'universalité et la nécessité, Montesquieu dut se jeter précisément à la traverse d'autres idées essentielles qui commandaient sa pensée. Il croyait à la puissance des formules politiques et que, de construire avec art et science l'édifice gouvernemental, toute l'activité des hommes serait réglée, maîtrisée, canalisée pour le plus grand bien du régime politique; il ne croyait pas moins à la puissance des climats, en sorte que dans son système, cette double pression, par son caractère de contrainte et de nécessité, aurait dû réduire à une infime importance l'action des mœurs[1]. En allant jusqu'au bout de sa pensée, il eût pu dire : « La stabilité des gouvernements se fonde sur le déterminisme physique et la puissance des axiomes politiques. » Eh bien, non seulement Montesquieu s'est toujours refusé à formuler ce principe; mais encore, à toutes les époques de sa vie, il a fortement exprimé une conviction contraire. Sa pensée de toujours se résumerait assez fidèlement ainsi : « La stabilité des gouvernements se fonde, non pas tant sur l'observance des principes ou l'influence des climats, que sur la puissance des mœurs publiques[2]. »

Ce sont elles qui vraiment soutiennent l'édifice politique; et celui-ci se maintient, menace ruine ou s'effondre dans la mesure même où se maintiennent, menacent ruine ou s'effondrent les mœurs publiques.

Dès les *Lettres persanes*, nous trouvons les plus catégoriques affirmations. Si l'auteur y exalte certains législateurs, c'est « qu'ils ont donné aux pères une grande autorité sur leurs enfants : rien ne soulage plus les magistrats, rien ne dégarnit plus les tribunaux, rien enfin ne répand plus de tranquillité dans un État, où les mœurs font toujours de meilleurs citoyens que les lois [3] ». Et dans une page de ses *Pensées inédites*, qui paraît être contemporaine de la *Lettre* précédente : « Le seul avantage qu'un peuple libre ait sur un autre, c'est la sécurité où chacun est que le caprice d'un seul ne lui ôtera point ses biens ou sa vie. Un peuple soumis, qui aurait cette sécurité-là, bien

---

1. C'est pour cela que Brunetière a pu dire : « Pour n'avoir été curieux que de ce qu'il appelait « l'allure générale des choses », Montesquieu réduisait l'histoire à un problème de mécanique ou tout au plus de physiologie. » Cf. *Études critiques*, t. V, p. 171.

2. Dès 1721, il affirme : « Les mœurs font toujours de meilleurs citoyens que les lois. » *Lettres persanes*, CXXIX. Les *Pensées inédites* sont remplies de maximes semblables, et tout un livre de l'*Esprit des lois* est consacré à illustrer ce point de vue.

3. *Lettres persanes*, CXXIX.

ou mal fondée, serait aussi heureux qu'un peuple libre, les mœurs d'ailleurs égales ; car les mœurs contribuent plus au bonheur d'un peuple que les lois. »

Voilà, de la part d'un philosophe aussi convaincu de la valeur des principes politiques que Montesquieu, d'intéressants aveux : le Président est en voie de devenir un moraliste. Le mouvement de sa pensée l'y pousse et l'y entraîne. Lui-même ne résistera point.

Car si, dans tout État, les mœurs sont aussi utiles (Montesquieu allait même jusqu'à dire plus utiles) que les lois, il est évident que le législateur a l'obligation stricte de maintenir leur intégrité, et par suite d'écarter de son pays toutes les nouveautés qui, en altérant les idées reçues, les coutumes établies, l'esprit général dominant, altéreraient du même coup la Constitution de l'État, puisque « les mœurs règnent aussi impérieusement que les lois ».

« Il faut que dans les Républiques il y ait toujours un esprit général qui domine. A mesure que le luxe s'y établit, l'esprit de particularisme s'y établit aussi. A des gens à qui il ne faut rien que le nécessaire, il ne reste à désirer que la gloire de la patrie et la sienne propre. Enfin, une âme corrompue par le luxe est ennemie des lois, qui gênent toujours les citoyens. Qui est-ce qui fit que la garnison romaine de Rhège égorgea les habitants à l'instigation de Decius, leur tribun? C'est que, dans leur séjour à Rhège, ils avaient commencé à donner dans le luxe [1]. »
A la stabilité des mœurs correspond ainsi la stabilité des lois, qui assure la stabilité du gouvernement.

D'où l'on voit que Montesquieu ne pouvait éviter de se poser, à son tour, en une sorte d'inquisiteur d'État, de censeur, protecteur des mœurs publiques. Si par exemple

1. *Pensées inédites*, t. II, p. 327.

les républiques ne s'établissent et ne se maintiennent qu'autant que les mœurs publiques sont imprégnées de l'esprit d'égalité, supprimer cet esprit général, c'est ébranler la Constitution elle-même. Vivent donc les censeurs, dont le rôle « est d'avoir les yeux sur le sénat, de rétablir dans la république tout ce qui a été corrompu, de noter la tiédeur, de juger les négligences et de corriger les fautes [1] ». Ce n'est point assez que, pour sauvegarder les mœurs publiques, l'on établisse des inquisiteurs d'État comme à Venise, des éphores comme à Lacédémone, ou des censeurs comme à Rome. « Il faut que ces magistratures ne soient soumises à aucunes formalités. » Il faut que les censeurs ne puissent « être recherchés sur les choses qu'ils ont faites pendant leur censure ». Mais les Romains ne se donnaient-ils point par là de vrais tyrans? Il se peut; Montesquieu n'hésite pas néanmoins à proclamer qu'en cela les Romains furent « admirables [2] ».

Cet ensemble de conceptions ne peut laisser de prise à aucun doute : des *Lettres persanes* à l'*Esprit des lois*, Montesquieu n'a jamais songé à opérer une séparation radicale entre la politique et la morale. Ses idées politiques n'ont jamais amoindri son instinct moral; et l'*Esprit des lois*, pour être un livre de spéculation et d'histoire, est encore, à le bien prendre, un livre de morale, où l'on établit, presque à toutes les pages, qu'entre les formules politiques et les règles morales, des rapports existent, très nombreux et très étroits.

Quelle est donc la morale de Montesquieu? Celle d'un véritable traditionaliste. La marque propre du traditionaliste est d'accepter le passé, comme support du présent, et d'intégrer les innovations dans l'expérience des temps révolus. Montesquieu était, en morale, si profondé-

---

1. *Esprit des lois*, liv. V, ch. VII.
2. *Id.*, liv. V, ch. VIII.

ment traditionaliste que, loin de rejeter quelques parties de l'héritage du passé, il l'acceptait tout entier, et que les préjugés héréditaires prenaient eux-mêmes à ses yeux un sens profond. Il y apercevait l'empreinte de la raison. Ce que nous appelons erreur fut, à certain jour et en un certain lieu, la vérité bienfaisante. Les usages moraux établis en tous pays furent donc postulés par une nécessité, et s'ils ont survécu, c'est qu'ils répondent à un besoin permanent. A quoi bon, dès lors, les détruire ou les transformer? Ils ont contracté avec les institutions politiques des liens indissolubles. Ils sont en effet le résultat d'une longue accumulation d'expériences, d'une multitude de tâtonnements et d'essais, au moyen desquels les peuples ont enfin rencontré la façon de vivre seule accommodée à leur constitution politique, et conforme à leurs tendances profondes. Ils condensent la sagesse des siècles écoulés. Comme ils assurèrent, dans le passé, la stabilité des institutions, ils continueront de l'assurer, si nous évitons de porter sur eux des mains sacrilèges.

Dès 1721, Montesquieu nous apparaît définitivement conquis à cette idée; c'est sous l'empire de cette doctrine qu'il écrit la LXXIXe *Lettre persane*, dont nous pouvons dire qu'un écho lointain, mais fidèle, se retrouve au Ve livre de l'*Esprit des lois*. Je sais bien que l'on doit relever entre les deux rédactions une contradiction flagrante sur un point d'histoire qui n'atteint nullement d'ailleurs la thèse traditionaliste [1]; mais je sais aussi que sur la question de la puissance des mœurs et du respect dû aux vieilles coutumes, les deux ouvrages expriment la même conviction, aussi forte dans celui écrit en 1748 que dans celui rédigé en 1721 : « Les législateurs ont souvent aboli sans nécessité les lois qu'ils ont trouvées

---

1. Cf. le paragraphe sur l'autorité paternelle dans *Lettres persanes*, CXXIX et *Esprit des lois*, liv. V, ch. VII.

établies, c'est-à-dire qu'ils ont jeté les peuples dans les désordres inséparables des changements. Il est vrai que, par une bizarrerie qui vient plutôt de la nature que de l'esprit des hommes, il est quelquefois nécessaire de changer certaines lois. Mais le cas est rare; et lorsqu'il arrive, il n'y faut toucher que d'une main tremblante; on y doit observer tant de solennités et apporter tant de précautions, que le peuple en conclue naturellement que les lois sont bien saintes, puisqu'il faut tant de formalités pour les abroger. Souvent ils les ont faites trop subtiles et ont suivi des idées logiciennes plutôt que l'équité naturelle. Dans la suite, elles ont été trouvées trop dures, et, par un esprit d'équité, on a cru devoir s'en écarter; mais ce remède était un nouveau mal. »

Montesquieu comparait fort justement l'allure de la vie morale d'un peuple à celle de sa vie matérielle. Changez brusquement les conditions économiques qui conservent à la nation un régime modeste, mais régulier, augmentez tout d'un coup sa force et que la modestie devienne de l'opulence. « Cet État est sujet à tous les inconvénients du changement de la fortune, qui exige une infinité d'autres changements; ces différents autres changements, d'autres principes. Or, comme la sagesse est une suite de principes que l'expérience a bien appliqués, il est plus difficile à un État qui augmente sa fortune rapidement de se conduire avec sagesse, qu'à un État qui augmente sa fortune insensiblement [1]. » Pareillement pour la vie morale. Quand les mœurs publiques ont pris un certain pli et que les lois, dont quelques-unes peuvent n'être pas parfaites, ont créé un certain esprit général, opposer les mœurs aux lois et, sous le prétexte d'améliorer celles-là, battre en brèche celles-ci, c'est ouvrir la porte aux révolutions. Le

---

1. *Pensées inédites*, t. II, p. 432.

plus que doive essayer un législateur soucieux des réalités, c'est de modifier l'état de choses existant par des mesures insensibles et « d'une main tremblante »; « c'est là que doit éclater sa sagesse [1] ». Montesquieu dira plus tard : « Il y a beaucoup à gagner, en fait de mœurs, à garder les coutumes anciennes. Comme les peuples corrompus font rarement de grandes choses, qu'ils n'ont guère établi de sociétés, fondé de villes, donné de lois, et qu'au contraire ceux qui avaient des mœurs simples et austères ont fait la plupart des établissements, — rappeler les hommes aux maximes anciennes, c'est ordinairement les ramener à la vertu [2]. »

On ne saurait unir la morale à la politique par des liens à la fois plus étroits et plus vigoureux. Le bon citoyen n'est pas seulement celui qui suit les prescriptions de la loi; le bon citoyen est celui qui, par sollicitude pour la stabilité politique de son pays, veille sur ses manières et ses mœurs, et contribue, autant qu'il est en lui, à maintenir l'esprit public. Impératif d'un nouveau genre, mais auquel Montesquieu s'est efforcé de communiquer l'autorité la plus sublime, la plus sacrée. Ces idées devaient aboutir, sinon dans la pensée du maître, du moins dans celle de ses disciples, à un système de morale indépendante de toute conception métaphysique et de toute croyance religieuse, purement civique, sociale, ou, pour mieux dire, sociologique. La vie morale du citoyen dépend de considérations politiques, auxquelles Montesquieu voudrait que l'on reconnût une autorité catégorique; il y a là un effort vers l'organisa-

---

1. *Pensées inédites*, t. I, p. 120. Il y indique comment il ne faut point brusquer les coutumes établies, même quand il s'agit d'adoucir la législation pénale. « Il faut ramener les lois à la douceur insensiblement, et plutôt par des voies particulières que par des voies générales. »
2. *Esprit des lois*, liv. V, ch. VII.

tion d'une morale indépendante tout à fait remarquable.

Nulle part dans son œuvre, nous ne voyons le philosophe placer l'homme en face de prescriptions morales, fondées sur l'idée métaphysique et religieuse du bien, du devoir, de la volonté divine. Nulle part, il ne dit : « Fais ceci, car c'est ton devoir, ou parce que Dieu le veut ainsi. » Au reste, nous ne sommes pas en mesure d'affirmer que Montesquieu renonçait à ces impératifs métaphysiques; mais certainement il les négligeait dans sa façon de discipliner la vie morale des citoyens[1]. S'il adjure les démocraties de conserver parmi elles la vertu, c'est uniquement parce que la vertu est nécessaire à la stabilité d'une bonne République. Il était déjà en possession de cette doctrine, avant 1721. Voici ce qu'il écrivait dans la suite inédite de son histoire des Troglodytes : « Seigneur, disait un Troglodyte au Roi, nous sommes heureux; nous travaillons sur un fonds excellent. . Ce sera vous seul qui déciderez si les richesses seront pernicieuses à votre peuple, ou non. S'ils voient que vous les préférez à la vertu, ils s'accoutumeront bientôt à

---

1. Il ne faut cependant pas oublier ce que Montesquieu écrivait au premier livre de l'*Esprit des lois* : « Dieu a du rapport avec l'univers comme créateur et comme conservateur; les lois selon lesquelles il a créé sont celles selon lesquelles il conserve : il agit selon ces règles, parce qu'il les connaît; il les connaît, parce qu'il les a faites; il les a faites, parce qu'elles ont du rapport avec sa sagesse et sa puissance... Il faut donc avouer des rapports d'équité antérieurs à la loi positive qui les établit; comme, par exemple, que, supposé qu'il y eût des sociétés d'hommes, il serait juste de se conformer à leurs lois;... que, si un être intelligent avait créé un être intelligent, *le créé devrait rester dans la dépendance qu'il a eue dès son origine.* » Il y a là l'aveu très clair d'une morale individuelle, à base métaphysique et religieuse, dont ne se souviennent pas assez les modernes sociologues qui veulent voir, en Montesquieu, un adepte réfléchi de la morale indépendante. Reconnaissons cependant que le tort de Montesquieu fut de dédoubler, pour ainsi dire, la personne humaine : d'une part, il envisage l'homme, à qui nous venons de voir qu'il reconnaissait des obligations à l'égard du Créateur; et d'autre part, il considère surtout le citoyen dont il a codifié la morale sociale, sans se soucier de trouver un principe d'unité pour ces deux aspects d'une même vie morale.

en faire de même et, en cela, votre goût réglera le leur. Si vous élevez dans les emplois un homme par cela seul qu'il est riche, comptez que ce sera un coup mortel que vous porterez à sa vertu, et que vous ferez insensiblement autant de malhonnêtes gens qu'il y aura d'hommes qui auront remarqué cette cruelle distinction. Vous connaissez, Seigneur, la base sur quoi est fondée la vertu de votre peuple : c'est sur l'éducation. Changez cette éducation, et celui qui n'était pas assez hardi pour être criminel rougira bientôt d'être vertueux [1]. »

L'intérêt de cette page ne saurait nous échapper : elle renferme, d'une part, l'affirmation qu'un certain régime politique est lié à la vertu des citoyens, et d'une autre part, la conviction que l'éducation doit jouer, dans les États, un rôle politique. Les maximes de l'éducateur doivent être le prolongement des principes politiques ; et ce qu'on leur demande, c'est de développer dans l'âme des enfants les vertus que réclame le régime politique dans lequel vivra ce futur citoyen. Le Troglodyte, et nous savons assez que c'est Montesquieu qui parle par sa bouche, veut que l'éducation développe, en république ou monarchie débonnaire, le sens de la vertu.

C'est là l'idée maîtresse qui commandera le IVe livre de l'*Esprit des lois*. Elle existait en germe dans l'esprit de notre philosophe, dès 1721. Elle se développera, se généralisera, — et comme il est très vraisemblable que le IVe livre de l'*Esprit des lois* fut rédigé, du moins en très grande partie, avant les voyages, nous pouvons dire que de 1721 à 1728, Montesquieu est entré en possession de cette méthode d'investigation morale, de laquelle il sera si facile de faire sortir un système de morale indépendante, civique, sociale.

---

[1]. *Pensées inédites*, t. I, p. 53.

La méthode est purement historique. Loin de définir des axiomes primordiaux, d'après lesquels on jugera les diverses législations, Montesquieu s'inquiète plutôt d'expliquer les phénomènes moraux qu'il rencontre au hasard de ses lectures. Le moraliste accumule donc les faits, entasse les constatations, ne néglige pas même les cas tératologiques, puis, au terme de son enquête historique, s'efforce de réduire les phénomènes moraux en éléments scientifiquement intelligibles.

Montesquieu put ainsi remarquer les profondes différences qui spécifient les mœurs républicaines, les mœurs monarchiques, les mœurs enfin du régime despotique. Ces différences s'expliquent : elles ne sont pas le produit de la fantaisie, mais d'une loi profonde. Elles sont déterminées par le principe des gouvernements. La stabilité du régime républicain exige que les mœurs soient ordonnées vers la vertu; les monarchies réclament des citoyens épris de l'honneur; le despotisme, des esclaves sans honneur ni vertus.

Cette méthode constituait, en 1729, une conquête merveilleuse de l'esprit critique sur les méthodes routinières, alors généralement acceptées. Il suffit, pour mesurer toute la distance qui sépare les conceptions de Montesquieu de celles de ses contemporains, de comparer l'*Esprit des lois* avec les traités de politique, qui sont aussi des traités de morale, de Domat ou de Puffendorf ou de Grotius ou de Richer d'Aube, pour ne citer que les plus grands. Tous, ils établissent d'abord les notions métaphysiques du bien, du devoir, du droit; d'après elles ils étudient, avec un souci de documentation historique plus ou moins développé, diverses législations; puis ils dressent, en se fondant sur des analyses juridiques, la table des droits relatifs aux personnes et aux choses.

Ils n'ont pas songé à mettre une séparation radicale

entre la morale individuelle et la morale sociale. Le citoyen ne se distingue pas, à leurs yeux, de l'homme, et l'homme reste la créature religieuse, soumise à des obligations d'origine religieuse. Montesquieu, tout au rebours. Abandonnant le terrain des spéculations, il va droit sur le terrain des faits ; il ne *juge* pas la vie morale des peuples qui passent sous ses yeux ; il se contente de la *connaître*. Il l'observe, la décrit, en compare les différentes formes, en analyse la structure, en recherche les causes, en déduit les lois. Il n'est donc pas loin de comprendre la morale comme « une physique sociale », et si l'expression est d'Auguste Comte, il semble bien que l'auteur de l'*Esprit des lois* n'ait pas complètement méconnu la théorie.

Sans doute, Montesquieu n'a pas traité ex professo le problème des rapports entre la morale sociale et la morale individuelle. Mais sa façon même d'entendre le développement de la vie politique des nations l'amenait à donner une réponse précise à cette question. Il n'est certainement pas de ceux qui, cherchant la règle de l'activité humaine dans le plaisir, le sentiment ou l'intérêt personnel, sacrifient la morale sociale à la morale individuelle. Il n'est pas, en ce sens, et quoi que l'on ait dit, un « individualiste ». Il en est même le contraire. Nous devrions plutôt lui reprocher de trop se désintéresser de la morale individuelle au profit de la morale sociale, de faire de celle-là une sorte de corollaire de celle-ci. Poussé comme il l'était par son système politique, il n'aurait pu conserver à la morale sociale un caractère obligatoire que s'il l'avait fait dériver d'un principe supérieur à la fois à l'individu et à la société. C'est précisément ce qu'avait voulu faire Bossuet dans sa *Politique*. Pour lui, les principes généraux de jurisprudence, les maximes de politique, et les obligations de morale sociale dérivaient « des propres paroles de l'Écriture ». Mais Montesquieu les tire ou prétend du moins les tirer de « la nature des choses ». Même quand il appelle à son aide l'expérience et l'histoire, Bossuet se refuse à admettre des devoirs « sociaux », une morale « sociale », indépendants des préceptes sacrés, à plus forte raison, opposés à la lettre de l'Écriture. *Non est potestas nisi a Deo... itaque qui resistit potestati Dei ordinationi resistit;* voilà pour lui le fondement de l'obéissance civique. Et en descendant au détail de la loi civile, l'usure n'est un crime à ses yeux, que parce qu'il est écrit : *Non foenerabis fratri tuo ad usuram, pecuniam, nec fruges, nec quamlibet aliam rem*[1].

Montesquieu n'admet point que la morale sociale repose sur de tels fondements mystiques. Bien mieux, il subordonne les principes mystiques aux principes sociaux : il veut, par exemple, que « les lois civiles corrigent quelquefois les fausses religions ». Qu'est-ce à dire, sinon qu'il n'appartient pas aux religions de régler la morale ou la politique, mais au contraire, à la politique ou à la morale de rectifier ou d'épurer les religions? Il y a donc un concept supérieur, auquel Montesquieu se réfère; c'est le concept de société. Il a pris dans sa pensée le rôle principal et l'a conduit à comprendre la morale comme une conséquence du principe de l'intérêt général, du bien social.

Que l'on ne lui parle donc pas des « droits » ou des « devoirs » de l'individu, indépendamment des droits et des devoirs de la société dans laquelle l'individu se trouve plongé. L'individu n'a pas le droit de suivre ses tendances, si celles-ci entraînent la ruine des droits de la société; il ne doit que se développer dans le sens des tendances sociales qui l'entourent. Vouloir s'affran-

---

1. Voir ce que dit là-dessus Brunetière : *Études critiques*, t. V, p. 167.

chir de cette nécessité, ce serait manquer à la morale. Au reste, voici comment notre moraliste lui-même comprenait la formation du citoyen : « L'esprit du citoyen n'est pas de voir sa patrie dévorer toutes les patries. Ce désir de voir sa ville engloutir toutes les richesses des nations, de nourrir sans cesse ses yeux des triomphes des capitaines et des haines des rois, tout cela ne fait point l'esprit du citoyen. L'esprit du citoyen est le désir de voir l'ordre dans l'État, de sentir de la joie dans la tranquillité publique, dans l'exacte administration de la justice, dans la sûreté des magistrats, dans la prospérité de ceux qui gouvernent, dans le respect rendu aux lois, dans la stabilité de la monarchie ou de la république. L'esprit du citoyen est d'aimer les lois, lors même qu'elles ont des cas qui nous sont nuisibles, et de considérer plutôt le bien général qu'elles nous font toujours, que le mal particulier qu'elles nous font quelquefois. L'esprit du citoyen est d'exercer avec zèle, avec plaisir, avec satisfaction, cette espèce de magistrature qui, dans les corps politiques, est confiée à chacun : car il n'y a personne qui ne participe au gouvernement, soit dans son emploi, soit dans sa famille, soit dans l'administration de ses biens. Un bon citoyen ne songe jamais à faire sa fortune particulière que par les mêmes voies qui font la fortune publique. Il regarde celui qui agit autrement comme un lâche fripon qui, ayant une fausse idée d'un trésor commun, en escamote une partie et renonce à partager légitimement ce qu'il aime mieux dérober tout entier [1]. » L'horizon de Montesquieu ne fut jamais plus étendu [2].

Lui qui était si jaloux de la spontanéité de la pensée, a

---

1. *Pensées inédites*, t. I, p. 402.
2. On sait bien que la pensée de Bayle sur les rapports de la religion, de la société et de la morale, n'était pas différente; et Montesquieu a beaucoup pratiqué Bayle.

trop songé à assujettir la vie individuelle aux exigences de la vie sociale. Nous savons bien que « le régime politique, les institutions, les lois, le système d'éducation et l'opinion publique qui est comme le résultat de tous ces facteurs, sont autant de principes d'action qui tendent à créer une manière commune de sentir, de voir, de juger et par là même d'agir. On est toujours de son pays comme on est toujours de son temps. Il y a une sorte de dressage de l'individu par la société[1] ». Nous voyons là des conséquences auxquelles il est bien difficile d'échapper, et nous expliquons, par elles, les modalités de la vie morale des peuples. Nos modernes sociologues vont beaucoup plus loin. Ils érigent ces conséquences en règles de vie, et font de ces facteurs des principes moraux, en sorte que celui-là sera le meilleur citoyen, au sens moral du mot, qui sera le plus complètement soumis à ce dressage par la société ; et celui-là sera le pire, qui sera le plus obstinément rebelle à cet abandon de soi-même. Les préceptes moraux doivent ainsi avoir pour unique objet la société.

Sans doute, Montesquieu n'aurait pas accepté ces conséquences ; mais il est vrai qu'il les a préparées, et que, dans son œuvre, on pourrait en retrouver les prémisses. Toujours est-il qu'à son avis, la société où l'on vit doit être l'unique fin et l'unique norme de la morale sociale. Ce qu'il faut éviter, c'est le douloureux retentissement d'un acte désordonné, contraire aux principes qui règlent la vie sociale, dans le milieu qui est le nôtre.

Que ce soit là un très bon stimulant pour la conduite privée, on ne le niera point ; mais la morale, fondée sur cette maxime, est-elle une morale ? « Sans doute, nous sommes solidaires de nos voisins, de nos ancêtres, de notre passé ; beaucoup de nos croyances, de nos senti-

---

1. Clodius Piat, *La morale du bonheur*, p. 124.

ments, de nos actes ne sont pas nôtres, mais nous viennent du dehors. Mais où est la preuve que cette dépendance soit un bien? Qu'est-ce qui en fait la valeur morale? Pourquoi ne serait-ce pas, au contraire, un joug dont nous devons chercher à nous débarrasser, et le devoir ne consisterait-il pas dans un complet affranchissement[1]? »

A cela, Montesquieu n'aurait rien à répondre, mais si nous avons touché le point vulnérable de sa morale, ne laissons pas cependant de comprendre au prix de quels efforts ce philosophe a édifié sa doctrine. Elle tient tout entière en ce précepte : « La morale est l'harmonie qui s'établit entre la vie individuelle et le principe du gouvernement. » Les lois civiles sont créatrices à la fois d'ordre public et de vie morale. Elles tendent au maintien de la Constitution, et par conséquent au maintien du principe sur lequel repose la Constitution. Dans les démocraties anciennes, elles avaient pour fin de conserver des mœurs publiques vertueuses.

Les monarchies font des lois qui mettent au cœur des citoyens l'amour de l'honneur; le despotisme ne travaille qu'à faire des esclaves. Ces lois ne manquèrent pas leur fin : l'expérience a sanctionné leur sagesse. Il conviendra donc de discipliner la vie morale des peuples avec ces mêmes principes qui ont déjà fait leurs preuves. Montesquieu appartient à cette école de moralistes qui justifient volontiers ce qui a été et qui, parce que cela a été, croient volontiers que cela devait être.

Pour lui, il se glorifiait d'être tout disposé à justifier les usages en vigueur dans tous les pays, prêt à donner « à tout le monde de nouvelles raisons d'aimer leurs lois ». Il semble dire à chaque nation : « Voilà comment vous vous êtes maintenus dans le passé et quelle règle de vie

---

1. Durkheim, *Division du travail social*, Paris, 1893, Introduction.

sociale a pu sauvegarder votre stabilité. Renouvelez donc en vous ce type moral : républicains, soyez vertueux; monarchistes, aimez l'honneur; esclaves d'un régime despotique, conservez la crainte. Continuez chez vous votre passé. » Parmi ses pensées inédites, il en est une qui exprime fort bien cet état d'esprit : « Je ne pense nullement, écrivait Montesquieu, qu'un gouvernement doive dégoûter des autres. Le meilleur de tous est ordinairement celui dans lequel on vit, et un homme sensé doit l'aimer; car, comme il est impossible d'en changer, sans changer de manières et de mœurs, je ne conçois pas, vu l'extrême brièveté de la vie, de quelle utilité il serait pour les hommes de quitter à tous les égards le pli qu'ils ont pris[1]. »

Il y a plus. Ce n'est pas seulement de génération à génération que doit se transmettre, dans toute sa pureté native et sa force originelle, le pli dont parle notre philosophe, c'est encore de la jeunesse à l'âge mûr, de l'âge mûr à la vieillesse de chaque citoyen. Les vies individuelles seront uniformes; elles se développeront sur la même ligne; elles amèneront à maturité les germes moraux déposés au cœur de l'enfant. L'infériorité des sociétés modernes tient à ce que précisément ce pli est sans cesse froissé et contrarié. « Aujourd'hui, nous recevons trois éducations différentes ou contraires : celle de nos pères, celle de nos maîtres, celle du monde. Ce qu'on nous dit dans la dernière renverse toutes les idées des premières. » Chez les anciens, au contraire, « l'éducation n'était jamais démentie. Épaminondas, la dernière année de sa vie, disait, écoutait, voyait, faisait les mêmes choses que dans l'âge où il avait commencé d'être instruit[2] ». Aussi faisait-il « des cho-

---

1. *Pensées inédites*, t. I, p. 416.
2. *Esprit des lois*, liv. IV, ch. iv.

ses que nous ne voyons plus aujourd'hui, et qui étonnent nos petites âmes ».

La pensée de Montesquieu se présente donc sur cette question avec une rigidité bien remarquable. La vie morale des peuples diffère selon les gouvernements. Il importe peu, aux yeux du moraliste qui ne juge pas, qu'elle soit commandée par des considérations de vertu, d'honneur ou de crainte : l'essentiel est qu'elle se déploie d'après les principes favorables à la stabilité politique du pays. Les mœurs et les manières s'appliqueront donc à continuer les mœurs et les manières du passé.

Il reste à déterminer ce que sera la vie morale d'un républicain, d'un monarchiste ou d'un esclave.

Montesquieu imagine la vie du républicain toute pénétrée de vertus. Il l'imagine telle ; car nous savons bien, par son *Journal de voyages*, dans quel profond mépris il n'a cessé de tenir les républicains d'Italie, de Suisse, d'Allemagne ou de Hollande, une fois qu'il les eut pratiqués. S'il croit dans les premiers livres de l'*Esprit des lois* à la « vertu » républicaine, c'est que cette notion est chez lui purement livresque, antérieure à l'épreuve de la vie. Il demande donc au citoyen des Républiques « la vertu politique, qui « est un renoncement à soi-même », et que l'on peut définir, « l'amour des lois et de la patrie. Cet amour demandant une préférence continuelle de l'intérêt public au sien propre, donne toutes les vertus particulières… ». On ne se plie pas sans effort à cette préférence continuelle de l'intérêt public au sien propre. Pour se dévouer à l'État, il faut l'aimer. « On n'a jamais ouï dire que les rois n'aimassent pas la monarchie, et que les despotes haïssent le despotisme. Tout dépend donc d'établir dans la république cet amour, et c'est à l'inspirer que l'éducation doit être attentive. Mais, pour que les enfants puissent l'avoir, il y a un moyen sûr, c'est que les pères l'aient eux-mêmes [1]. » Quelques moyens législatifs aideront grandement à établir cette morale républicaine [2]. On décidera, par exemple, que les biens seront communs, les étrangers tenus rigoureusement à l'écart, le commerce interdit aux citoyens et permis seulement à la cité, l'argent surtout proscrit, l'argent « dont l'effet est de grossir la fortune des hommes au delà des bornes que la nature y avait mises, d'apprendre à conserver inutilement ce qu'on avait amassé de même, de multiplier à l'infini les désirs et de suppléer à la nature qui nous avait donné des moyens très bornés, d'irriter nos passions et de nous corrompre les uns les autres [3] ». Les lois assureront encore la pérennité de l'indigence générale, par le partage des terres entre les citoyens. Montesquieu veut que les portions de terre soient égales, et même petites « comme chez les Romains [4] ». Enfin une assemblée de sénateurs composera « le dépôt des mœurs », et des censeurs veilleront à l'intégrité de cette « morale sublime et nécessaire ».

A ceux qui vivent en monarchie, la morale est plus douce : il ne s'agit que d'y devenir honnête homme, homme d'honneur. L'homme d'honneur est celui qui sait allier à la politesse du mondain, à la souplesse du courtisan, le courage du soldat et la fierté du seigneur. Au reste, né pour servir le prince, l'homme d'honneur se sent incapable de lui obéir quand le prince lui prescrit une action infamante ; tel Crillon refusant d'assassiner le duc de Guise ; tel le vicomte d'Orthez refusant à Charles IX de faire massacrer les hu-

---

1. *Esprit des lois*, liv. IV, ch. v.
2. *Id.*, liv. V, ch. iii.
3. Il est surprenant que Montesquieu, dont nous connaissons l'admiration pour son maître Platon, ait contredit si formellement l'auteur de la *Politique*. Pour celui-ci, la morale républicaine est entachée de deux vices : l'ignorance et la passion. La foule est capricieuse et jalouse; elle ne peut pas ne pas l'être. Voilà le caractère du démocrate, et voici sa destinée : il prépare le règne des démagogues. Cf. *République*, VIII, et *Lois*, III.
4. *Esprit des lois*, liv. V, ch. vi.

guenots de Bayonne. Ces mœurs et ces manières réclament des lois bien différentes de celles que nous avons attribuées aux démocraties : celles-ci s'ingénient à créer la médiocrité des conditions. Les lois d'une monarchie s'ingénieront à promouvoir les prérogatives de la noblesse, à maintenir et à accroître la fortune individuelle[1].

Restent enfin les esclaves du régime despotique. Leur vie morale se résumera toute dans ce principe : l'esclave doit demeurer ignorant, avec une crainte perpétuelle dans l'âme et l'indifférence au salut de l'État. L'esclave obéit, tremble et meurt, tandis que les lois l'oppressent sans répit. L'éthique sociale, en ces pays, est nulle, parce que l'éthique individuelle y est elle-même nulle[2].

Telle est la morale que l'on peut extraire, non seulement de l'*Esprit des lois*, mais de l'ensemble de l'œuvre du philosophe. Son plus grand mérite est, certainement, d'être très originale. Montesquieu fut chez nous le premier (ayant été devancé en Angleterre par Hobbes) à faire de la morale une science d'observation, à la soumettre à l'enquête historique, et, en laissant à la morale individuelle son fondement métaphysique, à subordonner la morale sociale à des principes politiques qui n'ont sans doute rien à voir avec la métaphysique ou la religion.

Que cette morale soit incomplète et fragile, on ne saurait le nier. Dans ce que Montesquieu, par l'intermédiaire de prudents éducateurs, propose comme le devoir du citoyen, on peut n'apercevoir qu'un simple conseil d'hygiène sociale. De ce côté, la pensée du philosophe reste donc certainement vulnérable.

D'autres critiques se sont acharnés à la frapper par un autre endroit. Elle ne tend, assure-t-on, qu'à consacrer le passé. Elle justifie ce qui fut, légitime toutes les moda-

---

1. *Esprit des lois*, liv. IV, ch. II et liv. V, ch. IX.
2. *Id.*, liv. IV, ch. III.

lités de l'instinct moral, explique l'éthique individuelle et sociale des temps révolus, mais ne prépare pas l'avenir. Elle fige le présent dans des formules mortes. Elle aboutit à l'immobilité. La société présente ne devrait être que la réplique des sociétés disparues; mais la loi de la vie est le progrès. Se condamner à ne pas évoluer, c'est se condamner à disparaître. La morale de Montesquieu, en maintenant l'homme prisonnier du passé, contraint l'humanité à renoncer au progrès. Sa doctrine est une doctrine de mort[1].

Sans doute, à ne considérer que les premiers livres de l'*Esprit des lois*, le lecteur est assez porté à se représenter ainsi la pensée du philosophe. Mais, si les tempéraments y font défaut, et cela n'est pas contestable, il ne faut cependant oublier ni les *Lettres persanes*, ni ce XIXe livre de l'*Esprit des lois*, si profond et si curieux. Dans les *Lettres persanes*, Montesquieu a fortement énoncé que, si les lois établies ont toutes les chances d'être les meilleures, et qu'en ce cas, les changer serait jeter les peuples « dans les désordres inséparables des changements », il avoue qu'il est cependant « quelquefois nécessaire de modifier certaines lois ». Mais « le cas est rare », et il faut une extrême circonspection à remplacer une coutume passée dans les mœurs, par un principe qui, d'abord, choquera ces mœurs.

Montesquieu se souvient ici d'Aristote, dont nous savons qu'il étudiait passionnément la *Politique*, où il avait, sans nul doute, remarqué ce passage : « Il serait absurde de maintenir aujourd'hui les coutumes des premiers hommes. Il y a plus; la raison dit de ne pas même conserver invariablement les lois écrites. Il peut arriver que des lois soient imparfaites, et qu'il soit bon, un jour, de

---

1. Cf. Robert Flint, *La philosophie de l'histoire en France*, trad. Carrau, Paris, 1878.

les changer. Mais on ne doit toucher aux lois qu'avec une religieuse sollicitude. Si l'amélioration est insignifiante, il est dangereux d'accoutumer les hommes à l'inconstance des lois; souffrez plutôt quelque imperfection dans la législation et le gouvernement. Il y a moins d'avantage à innover que de danger à accoutumer les hommes à une obéissance versatile. Il n'est pas vrai que la législation se perfectionne par les innovations, comme les autres arts. La loi n'a de force que par l'habitude de l'obéissance, habitude qui ne prend de la consistance que par le temps et les années; ainsi, plus il vous sera facile de changer les lois, plus vous énervez la force et l'empire de vos institutions[1]. »

Ces mêmes idées aristotéliciennes ne cesseront d'être présentes à la pensée de Montesquieu, et quand il rédigera, de 1733 à 1737 environ, le XIX° livre de l'*Esprit des lois* sur « les rapports des lois avec les principes qui forment l'esprit général, les mœurs et les manières d'une nation », elles réapparaîtront, semblables à elles-mêmes. Il y posera, sans doute, en principe, qu'il faut « être attentif à ne point changer l'esprit général d'une nation », mais il indiquera, quelques pages plus loin, « quels sont les moyens naturels de changer les mœurs et les manières d'une nation ».

Si Montesquieu enlève aux peuples la faculté de vivre une vie morale aventureuse, livrée à tous les changements inspirés par la violence ou la fantaisie, il leur recommande néanmoins de s'adapter, par des démarches insensibles, aux nécessités des temps nouveaux.

---

[1]. Cf. *Politique*, liv. II, ch. VI.

CHAPITRE IV

LES IDÉES SOCIALES DE MONTESQUIEU.

L'amour de l'humanité. — I. L'esclavage et les théories antiesclavagistes. — II. La guerre et la conquête. — III. La réforme de la législation criminelle. — IV. La condition de la femme dans la société. — V. Le socialisme de Montesquieu.

La question sociale a commencé d'entrer dans sa phase aiguë, vers 1760 [1]. La deuxième moitié du XVIII° siècle a entendu les théories sociales les plus audacieuses, les revendications sociales les plus révolutionnaires. Le XIX° siècle mettra dans cette fougueuse poussée de socialisme un peu d'ordre, de discipline et comme un extérieur scientifique, mais les formules qu'il essaiera de démontrer et d'appuyer sur l'expérience, seront à peu près les mêmes qui avaient déjà bouleversé les esprits au XVIII° siècle.

La première moitié de ce siècle avait été plus calme. Les idées ne faisaient que de naître, ou, du moins, essayaient timidement leurs forces.

Le grand témoin de ce travail des esprits, c'est Montesquieu.

Il n'a pas, à la vérité, rédigé son Traité de revendications sociales. Mais il a eu la claire vision qu'il faudrait, un jour prochain, l'écrire. Il écoutait la voix de ses contemporains; il proposait lui-même des remèdes aux

---

1. Cf. pour plus de détails l'excellent livre de M. Lichtenberger : *Le Socialisme au XVIII° siècle*, Paris, 1895.

maux d'une société en train de perdre son équilibre. L'*Esprit des lois* porte, très souvent, la marque de cette sollicitude. Montesquieu aimait, naturellement, l'humanité. Il fut un des philosophes qui ont le plus fait pour mettre à la mode cette sorte de philanthropie qui n'a besoin, pour s'exercer, d'aucun stimulant surnaturel, tant l'amour de son semblable est profondément gravé au cœur de l'homme. « Je n'ai jamais vu couler de larmes, disait-il, sans en être attendri. » Et encore : « Si je savais quelque chose qui me fût utile et qui fût préjudiciable à ma famille, je le rejetterais de mon esprit. Si je savais quelque chose qui fût utile à ma famille, et qui ne le fût pas à ma patrie, je chercherais à l'oublier. Si je savais quelque chose utile à ma patrie et qui fût préjudiciable à l'Europe et au genre humain, je le regarderais comme un crime[1]. »

Eh bien, Montesquieu a pu voir, autour de lui, des choses préjudiciables à la patrie, à la dignité de l'homme, au bonheur du genre humain. Les abus et les crimes sociaux étaient encore très nombreux, et certains avaient pris une importance particulièrement grande à ce moment du siècle. On discutait sur l'institution de l'esclavage; on maudissait la guerre et l'on détestait les conquêtes; on souffrait d'une législation criminelle odieuse par sa sévérité; on refusait d'admettre que les femmes eussent droit à une condition sociale meilleure; on était aux prises enfin avec la plaie du paupérisme. Montesquieu étudiera ces problèmes actuels auxquels il donnera des solutions qui, pour n'être pas définitives, n'en témoignent pas moins d'une vigoureuse pensée et d'un cœur vraiment généreux.

---

1. Ce caractère a été très bien mis en lumière par M. Barckhausen : *Montesquieu*, Paris, 1907, p. 5 et suiv.

I

Il est souvent question de l'esclavage dans les *Lettres persanes,* mais les fades plaisanteries sur les eunuques y dissimulent trop souvent ce que la pensée du philosophe contient déjà, sur la question, de grave et de sérieux[1]. La lettre 75 rappelle la diversité des opinions des princes chrétiens sur l'esclavage : « Il y a longtemps que les princes chrétiens affranchirent tous les esclaves de leurs États, parce que, disaient-ils, le christianisme rend tous les hommes égaux. Il est vrai que cet acte de religion leur était très utile : ils abaissaient par là les seigneurs, de la puissance desquels ils retiraient le bas peuple. Ils ont ensuite fait des conquêtes dans des pays où ils ont vu qu'il leur était très avantageux d'avoir des esclaves; ils ont permis d'en acheter et d'en vendre, oubliant ce principe de religion qui les touchait tant. Que veux-tu que je te dise? vérité dans un temps, erreur dans un autre. »

Cette page est d'un sceptique. Montesquieu constate que le principe religieux dont on pourrait se réclamer pour condamner l'esclavage a fait banqueroute. Le christianisme a tout d'abord opposé à l'esclavage sa doctrine de l'égalité des hommes; mais on l'a vu subordonner son principe à des considérations d'un autre ordre, pour excuser et tolérer cette prise de l'homme par l'homme. Les adversaires de l'esclavage, d'après Montesquieu, ne peuvent trouver dans la doctrine de l'Église l'argument décisif, car les partisans de l'institution sont toujours en droit d'invoquer des pratiques séculaires et d'authentiques enseigne-

---

[1]. Voir, sur cette question, le bon livre de M. Russell Parsons Jameson : *Montesquieu et l'esclavage,* Paris, Hachette, 1911.

ments, en leur faveur. Le philosophe ne demandera donc pas à l'Église un secours par avance dénué d'autorité.

Il reprendra à pied d'œuvre, et du point de vue rationnel, la critique de la thèse esclavagiste. « Un jour, dit Usbeck, que je m'entretenais là-dessus avec un homme de ce pays-ci, il me dit : Ce qui me choque le plus de vos mœurs, c'est que vous êtes obligés de vivre avec des esclaves dont le cœur et l'esprit se sentent toujours de la bassesse de leur condition. Ces gens lâches affaiblissent en vous les sentiments de la vertu que l'on tient de la nature, et ils les ruinent, depuis l'enfance qu'ils vous obsèdent[1]. » L'esclavage amoindrit la dignité d'homme et produit une sorte d'affaissement de la tenue morale des sociétés : tel est le premier argument qui frappa tout d'abord Montesquieu.

Le second fut celui que l'on tirait de l'utilité économique de l'esclavage; mais il ne semble pas avoir fait une profonde impression sur le philosophe. D'un côté, sans doute, il admire l'usage de Rome où les esclaves étaient en nombre prodigieux et constituaient, pour leurs maîtres, une source d'inépuisable richesse, et pour la république, une réserve sans cesse renouvelée de citoyens qui, s'élevant par l'affranchissement, réparaient les pertes de l'État. Mais de l'autre, Montesquieu ne peut cacher sa déception, au spectacle de l'Amérique où l'on transporte d'Afrique un « nombre prodigieux de nègres », qui s'épuisent et meurent à la tâche, sans parvenir à améliorer sensiblement la situation économique de ces vastes contrées[2]. Le philosophe prendra-t-il prétexte de la fragilité de l'argument, pour faire entendre la voix de la pitié? On est bien obligé de constater que, si les tortures infligées aux esclaves nègres émurent le Président, il ne fit cependant pas un geste de protestation.

1. *Lettres persanes*, XXXIV.
2. *Id.*, CXXII.

A ses yeux, l'esclavage est une pièce maîtresse de la société moderne dans les colonies : le mieux que l'on puisse faire, est d'en assurer le fonctionnement normal. Ainsi raisonnait-on autour de Montesquieu, et les événements ne s'étaient pas encore chargés de renverser l'argument économique. Les Compagnies de commerce étaient encore puissantes : la Compagnie du Sénégal, celle des Indes jouissaient d'une véritable prospérité et Montesquieu n'ignorait certes pas que l'une des sources de cette fortune était la traite des nègres. Là où les Européens échouaient, les esclaves parvenaient à mettre en valeur la richesse du sol. On croyait que le sort des colonies était lié à l'existence de l'esclavage. Les Français, les Bordelais, les amis de Montesquieu, Montesquieu lui-même achetaient, nous le savons, les actions que les compagnies ne cessaient de jeter sur le marché. Tout cela faisait illusion. Si Montesquieu échappe un instant au mirage et reconnaît que cette fortune est le prix ensanglanté de milliers de vies humaines, il n'a pas encore conquis cette indépendance d'esprit qui lui fera condamner l'esclavage comme une institution cruelle, immorale, inhumaine.

De 1721 à 1733, on peut dire que Montesquieu obéit, en ce qui concerne l'esclavage, plus au sentiment qu'à la raison. Il souffre de savoir que les planteurs méprisent la vie de leurs esclaves, et que ceux-ci, poussés à bout, organisent des séditions dans lesquelles ils font preuve d'une cruauté inouïe. A cette époque, en effet, l'Amérique était le théâtre de tragédies sanglantes et les révoltes d'esclaves finissaient par ramener l'attention des penseurs de l'Ancien et du Nouveau Monde sur la légitimité d'une institution, contre laquelle se dressait une portion de l'humanité. Au reste, en acceptant cette leçon des faits, Montesquieu subissait encore celle de l'histoire. Il écrivait les *Considérations sur les Romains* et se voyait contraint de mettre, au nombre des causes qui accélérèrent la décadence de ce peuple, la fréquence des guerres d'esclaves : « Les Romains, accoutumés à se jouer de la nature humaine dans la personne de leurs enfants et de leurs esclaves, ne pouvaient guère connaître cette vertu que nous appelons l'humanité. D'où peut venir cette férocité que nous trouvons dans les habitants de nos colonies, que de cet usage continuel des châtiments sur une malheureuse partie du genre humain? Lorsqu'on est cruel dans l'état civil, que peut-on attendre de la justice et de la douceur naturelle[1] »?

En réalité, le point de vue qui sert au philosophe à analyser la thèse esclavagiste reste toujours le même ; mais la pensée devient plus riche, plus pénétrante. C'est encore le moraliste qui parle, mais le philosophe ne tardera pas à faire prédominer les arguments rationnels sur les considérations du sentiment. Car, à cette date de 1733, Montesquieu fait-il autre chose encore que déplorer les conséquences morales ou plutôt immorales de l'esclavage? Il disait, en 1721, qu'à fréquenter les esclaves, « ces gens lâches », le maître sentait s'affaiblir en lui l'instinct du bien ; il ajoute, en 1733, qu'il prend des sentiments féroces, qui détruisent en lui les sentiments naturels de la justice et de la douceur.

Montesquieu reconnaît donc que l'établissement de l'esclavage est mauvais, parce qu'il dégrade l'âme du maître. Mais n'a-t-on pas le souvenir de maîtres qui, dans l'antiquité même, traitèrent leurs esclaves avec bonté? Cicéron et Sénèque ne nous démontrent-ils pas que les conséquences dont Montesquieu tirait argument, sont purement accidentelles? Et suffit-il de montrer qu'une institution peut donner naissance à des abus, pour prouver qu'elle est

---

1. *Considérations*, ch. XV.

en soi mauvaise, irrationnelle et essentiellement injuste?

C'est à quoi cependant Montesquieu s'arrête, vers 1733. C'est la première phase d'une évolution qui se continuera sous l'effort d'une pensée qui ne connut jamais le repos. Les *Pensées inédites* nous offrent deux passages dont l'importance serait capitale pour l'histoire de cette évolution, si l'on pouvait leur assigner une date certaine. Il paraît très vraisemblable qu'ils furent écrits après les *Considérations*, mais le furent-ils avant le XV° livre de l'*Esprit des lois?* — « L'esclavage, y dit Montesquieu, est contre le Droit naturel, par lequel tous les hommes naissent libres et indépendants... Pour le droit des maîtres, il n'est pas légitime [1]. » « Guerre servile! La plus juste qui ait jamais été entreprise, parce qu'elle voulait empêcher le plus violent abus que l'on ait jamais fait de la nature humaine [2]. »

Voilà qui porte la question sur son véritable terrain; ce ne sont plus ses conséquences qui condamnent l'institution, c'est l'idée même de l'esclavage qui est irrationnelle. La thèse antiesclavagiste prenait donc une force inconnue jusqu'alors. Aussi bien, les événements poussaient-ils Montesquieu à ne plus édulcorer sa pensée profondément humanitaire.

Vers 1735 en effet, les économistes français et, parmi eux, l'un des plus grands, l'un des plus chers à Montesquieu, le bordelais Jean Melon, travaillaient à démontrer que « l'esclavage n'est contraire ni à la religion ni à la morale », qu'il avait produit d'excellents résultats pour la mise en valeur des terres vierges de l'Amérique, et que la question pouvait donc se poser de savoir « s'il ne serait pas utile de l'étendre partout », en Europe, en France

---

1. *Pensées inédites*, t. II, p. 374 et suiv. M. Jameson croit que ce passage « est un projet de rédaction du livre XV ». Cf. *Montesquieu et l'esclavage*, p. 221.

2. *Pensées inédites*, t. I, p. 89.

comme en Amérique [1]. Cette idée ne trouvait de sérieux contradicteurs nulle part. Après seize siècles de christianisme, les juristes s'en tenaient au Code romain vis-à-vis de l'esclavage; Domat l'acceptait; Delaunoy prouvait qu'il n'offense point la religion; Heineccius déclarait que le maître a sur son esclave droit de vie et de mort; Grotius, Puffendorf établissaient avec soin les sources légitimes de l'esclavage : la guerre, la naissance, la volonté individuelle.

Ce sont là les objections que Montesquieu songe enfin à réfuter; et comme, après les jurisconsultes, les économistes de l'école de Melon prétendent démontrer la nécessité de l'esclavage par la raison des climats, Montesquieu dirigera contre eux son XV⁰ livre de l'*Esprit des lois*. Il y annonce l'étude des rapports de l'esclavage et du climat; en réalité, cette étude tient dans un court paragraphe [2]; tout le reste du livre est consacré à résumer et à réfuter les divers systèmes proposés en faveur de l'esclavage.

Il les repousse d'abord au nom de la morale. L'esclave ne peut s'élever à la dignité d'un être moral. Obéissant à la crainte et à la terreur, il ne fait rien par vertu. L'âme d'un homme libre fait effort pour s'agrandir; la sienne n'est contrainte qu'à se ravaler toujours davantage. La femme esclave est surtout méprisée : quand elle ne succombe pas au travail, elle ne vit que pour un maître voluptueux. Volupté et férocité, tyrannie et mépris de la dignité humaine, tels sont les vices que l'institution développe au cœur des maîtres. La morale condamne l'esclavage.

---

1. Cf. *Essai politique sur le commerce*, édit. 1736, p. 41. : « Par quel principe religieux ou politique est-il défendu aux chrétiens Européens d'avoir des esclaves chez eux, pendant qu'ils en transportent à grands frais et par des compagnies autorisées, dans leur domination américaine? C'est le lot du peuple de donner dans des contradictions si ridicules. Mais le législateur qui ne détruit pas l'esclavage, doit le rendre plus utile par son étendue. »
2. C'est le ch. VII.

Au point de vuet juridique, la thèse esclavagiste paraît plus solide. Presque sans exception, les jurisconsultes enseignaient que « le droit des gens a voulu que les prisonniers fussent esclaves, pour qu'on ne les tuât pas ; le droit civil des Romains permit à des débiteurs, que leurs créanciers pouvaient maltraiter, de se vendre eux-mêmes, et le droit naturel a voulu que des enfants qu'un père esclave ne pouvait plus nourrir fussent dans l'esclavage comme leur père[1] ». Montesquieu cependant nie la légitimité de ces conclusions : le vainqueur n'a point le droit de tuer son captif sans nécessité ; la liberté n'est point objet de vente, car si elle a un prix pour celui qui l'achète, elle est sans prix pour celui qui la vend ; la nourriture enfin ne peut justifier la servitude des enfants qui, devenus hommes, seront en état de se libérer de cette dette. Il reste ceci : « l'esclavage n'est pas bon par sa nature ; il n'est utile ni au maître, ni à l'esclave ; il est enfin aussi opposé au droit civil qu'au droit naturel ». — « Comme tous les hommes naissent égaux, il faut dire qu'il est contre la nature[2]. »

Telle est la conclusion ferme à laquelle se tient Montesquieu. En soi, l'idée de l'esclavage est irrationnelle ; il n'est que de l'analyser pour voir qu'elle s'oppose à l'idée d'homme. Cependant, le XVIII° siècle admet la légitimité de l'esclavage des nègres, et que, si l'on ne doit plus espérer le retour de cette institution en Europe, dont personne ne consentirait à justifier la servitude d'une partie de la population, du moins est-il permis de soutenir qu'avec juste raison les nègres, cette vile portion de l'humanité, sont maintenus esclaves. Ils peuplent les colonies ; mais quel obstacle y aurait-il à les introduire, au même titre, jusque dans l'Europe ?

1. *Esprit des lois*, liv. XV, ch. II.
2. *Id.*, liv. XV, ch. VIII.

Cette thèse était surtout défendue par l'économiste Melon. Montesquieu ne craignit point d'en montrer la fausseté; car, pour être nègres, ces malheureux n'en sont pas moins des hommes, dignes de notre respect; et, pour être séduisant, l'esclavage en Europe n'en est pas moins inutile, puisque l'on peut y faire tous les travaux avec des hommes libres [1].

Il semblerait donc que le philosophe, ayant poursuivi de sophismes en sophismes la thèse esclavagiste, n'eût plus qu'à réclamer la disparition de cet établissement barbare, et à s'en tenir là. Certains critiques lui ont durement reproché d'avoir fourni aux législateurs les moyens légaux de maintenir une institution condamnée par la raison. Reproche inconsidéré; car il est bien vrai que Montesquieu, ne pouvant croire à l'abrogation immédiate de l'esclavage, devait, en conséquence, se contenter d'atténuer les effets d'un mal très profond et préparer les esprits à une réforme sociale indispensable.

Néanmoins, la pensée de Montesquieu n'eut pas toute la franchise, tout le courage que l'on aurait dû attendre d'elle. L'attitude du philosophe reste embarrassée : il condamne l'esclavage, mais il le justifie; réfute la thèse esclavagiste, mais en reconnaît la valeur; déclare l'institution contraire à l'esprit et au cœur, mais conforme à la justice [2]; voudrait l'abolir sur toute la terre, mais la maintient, par considérations motivées, précisément dans les contrées qu'elle désole.

Il concède que, dans les pays despotiques, l'esclavage est plus tolérable qu'ailleurs; plus encore, qu'il y est fondé sur la nature des choses, qu'il en dérive, et que « c'est là l'origine juste, et conforme à la raison, de ce droit d'esclavage très doux que l'on trouve dans quelques pays ».

---

1. *Esprit des lois*, liv. XV, ch. II.
2. Voir liv. XV, ch. VI : « C'est là l'origine juste, et conforme à la raison... »

Il avait déclaré qu'il « n'est pas vrai qu'un homme puisse se vendre », cet accord contenant un vice absolument rédhibitoire[1]. Tournons les pages, et l'argument que Montesquieu opposait aux partisans de l'esclavage, se tourne en preuve de la justice de ce droit. On apprend que dans les gouvernements despotiques les hommes ont une grande facilité à se vendre. Ils le peuvent, puisque leur choix est libre, et qu'il est fait « pour leur utilité », ce qui forme une convention « juste et conforme à la raison ». Cette vente que le droit naturel déclarait illégitime et radicalement impossible, l'utilitarisme la justifie[2]. Or, on sait que Montesquieu plaçait les gouvernements despotiques en Orient : c'est donc tout l'esclavage oriental qu'il justifie du même coup.

En second lieu, il concède — et la chose est d'importance — qu' « il y a des pays où la chaleur énerve le corps, et affaiblit si fort le courage que les hommes ne sont portés à un devoir pénible que par la crainte du châtiment[3]. » Montesquieu faisait ici allusion aux colonies, où sévissait non seulement le régime de l'esclavage, mais celui de la terreur. Il écrit néanmoins, sans une protestation indignée, « que l'esclavage y choque moins la raison »[4], — qu'il y est fondé sur une raison *naturelle* (ce qui, je le veux bien, n'est pas dire *bonne*), — et qu'il faut distinguer ces pays d'avec ceux d'où les raisons naturelles mêmes l'excluent.

Aussi bien lui-même prend-il soin d'infirmer ses généreuses revendications en faveur de la liberté et de la dignité humaines, quand il dit : « Il faut borner la servitude naturelle à de certains pays particuliers de la terre[5]. »

1. *Esprit des lois,* liv. XV, ch. II.
2. *Id.,* liv. XV, ch. VI.
3. *Id.,* liv. XV, ch. VII.
4. *Id.,* liv. XV, ch. VII.
5. *Id.,* liv. XV, ch. VIII.

Voilà ce qu'était exactement sa pensée vers 1732. Même en 1748, au moment de rédiger les chapitres XIII, XIV et XV du livre XV°, cette pensée est encore en proie à l'incertitude [1]. Montesquieu y assure qu'il est presque indifférent que peu ou beaucoup de gens soient esclaves dans un gouvernement despotique et que, pour les États modérés, il suffit « qu'il n'y ait point trop d'esclaves ». Par une étrange contradiction, le promoteur de la campagne antiesclavagiste se déclare en même temps contre les affranchissements multipliés, autant dire contre l'extension immédiate de la liberté à travers le monde [2].

Quand parut l'*Esprit des lois,* Montesquieu pouvait, dans son cœur, souhaiter l'abolition de l'esclavage en Asie, en Amérique, dans toutes nos colonies; mais sa parole avait manqué, certainement, de netteté. Deux fois encore, il eut l'occasion de préciser son point de vue. D'abord, en 1750, à la suite de la lettre que lui écrivait Grosley pour justifier l'esclavage par des raisons économiques. La réponse de Montesquieu est d'un bout à l'autre admirable de fierté et de bon sens. « Pour bien juger de l'esclavage, disait-il, il ne faut pas examiner si les esclaves seraient utiles à la petite partie riche et voluptueuse de chaque nation; sans doute qu'ils lui seraient utiles; mais il faut prendre un autre point de vue [3]... » C'était le point de vue moral, qu'il avait découvert en 1721, et développé, de 1721 à 1748, avec une ampleur souveraine.

Pendant cinq ans, cette même idée tint sous sa domination Montesquieu déjà penché vers la tombe. Avant de laisser tomber la plume, il voulut reprendre à nouveau la défense de la liberté civile, et lui donner, sous une

---

1. Ces chapitres furent ajoutés en 1748.
2. *Esprit des lois*, liv. XV, ch. XVIII.
3. Cette réponse à Grosley sera la première ébauche du chapitre IX du livre XV.

forme définitive, la force imposante des idées qui ont pour elles l'avenir : « Le cri pour l'esclavage est le cri du luxe et de la volupté, et non pas celui de l'amour de la félicité publique. Qui peut douter que chaque homme, en particulier, ne fût très content d'être le maître des biens, de l'honneur et de la vie des autres et que toutes ses passions ne se réveillent d'abord à cette idée? Dans ces choses, voulez-vous savoir si les désirs de chacun sont légitimes? examinez les désirs de tous[1]. »

Parti du point de vue moral, Montesquieu n'avait donc cessé d'agrandir et de modifier l'horizon de sa pensée. S'il avait d'abord fondé la condamnation de la thèse esclavagiste sur les désastreuses conséquences morales de cette institution, il avait, par une évolution régulière de sa pensée, montré l'absurdité de l'idée de l'esclavage, son opposition radicale au droit naturel, et, dans une dernière phase, l'avait réfutée par un principe moral très juste et très noble : « Fais en sorte que tes actions puissent devenir une règle de conduite pour ton prochain. » L'esclavage détruit la félicité publique, et, quelles que soient les raisons tirées du climat ou de l'histoire, fait le malheur d'une partie de l'humanité. Mais nul n'a le droit de se préférer au bien général, à la félicité publique. L'esclavage est le plus absurde et le plus tyrannique des abus.

II

Si l'esclavage est la négation du bonheur des individus, la guerre est la négation du bonheur des peuples. On avait quelque raison, au début du XVIIIe siècle, de maudire ce

---

1. Ce chapitre IX fut ajouté à l'*Esprit des lois* en 1757.

fléau : il avait jeté la France dans un état voisin de la misère. Par réaction, certains esprits ne songeaient à rien moins qu'à obliger les peuples à renoncer à la guerre, à vivre dans une paix perpétuelle, dont ils traçaient à l'avance de laborieux et utopiques projets. Le doux abbé de Saint-Pierre avait fait de cet apostolat son œuvre propre, et nous savons que Montesquieu tenait en singulière estime les idées de ce rêveur. Lui, cependant, ne crut jamais à la possibilité d'une paix perpétuelle. Son système sur les origines de la société le condamnait même à ne pas l'admettre. Sans partager les sentiments de Hobbes, pour qui l'état de guerre est naturel à l'homme, il estimait cet état naturel à la société. Avant l'établissement des sociétés, l'homme ne sent d'abord que sa faiblesse ; timide et d'ailleurs porté à former des unions avec ses semblables, il cherche à mettre en commun ses espérances et ses désirs. Ainsi naissent les sociétés. Aussitôt l'homme prend conscience de sa force, de ses appétits et de ses ambitions auxquelles s'opposent immédiatement des ambitions contraires. Les rivalités sont fatales d'individu à individu, par désir de développement ; de groupe à groupe dans les sociétés mêmes, par désir de domination ; de peuple à peuple enfin, par désir de puissance [1].

Ces dangers rendent nécessaire le droit des gens. « Le droit des gens est naturellement fondé sur ce principe, que les diverses nations doivent se faire dans la paix le plus de bien, et dans la guerre le moins de mal qu'il est possible, sans nuire à leurs véritables intérêts. L'objet de la guerre, c'est la victoire ; celui de la victoire, la conquête ; celui de la conquête, la conservation. De ce principe et du précédent doivent dériver toutes les lois qui forment le droit des gens [2]. »

1. *Esprit des lois*, liv. I, ch. II.
2. *Id.*, liv. I, ch. III.

Toutefois, si la menace de la guerre est un mal dont les sociétés ne peuvent se garder, la guerre elle-même est, presque toujours, assez facile à éviter. Les raisons qu'en donnait Montesquieu en 1721 sont assez inattendues. De peuple à peuple les intérêts varient dans une telle proportion que les sujets de disputes sont presque toujours clairs. Il ne faut qu'aimer la justice pour la trouver dans le débat. L'arbitrage est la sauvegarde de la paix. Au reste, même au cas où les conflits restent inévitables, « il n'y a que deux sortes de guerres justes : les unes qui se font pour repousser un ennemi qui attaque, les autres pour secourir un allié qui est attaqué ». Tout autre sujet de guerre n'est que le prétexte de l'ambition, de la cupidité ou du faux honneur. Un prince ne peut faire la guerre parce qu'on lui aura refusé un honneur qui lui est dû, ou parce qu'on aura eu quelque procédé peu convenable à l'égard de ses ambassadeurs, ou pour quelque querelle particulière, étrangère à l'État [1].

Ainsi s'exprime l'auteur des *Lettres persanes*, et celui du Xe livre de l'*Esprit des lois* ne parlera pas différemment. « Le droit de la guerre dérive de la nécessité et du juste rigide. Si ceux qui dirigent la conscience ou les conseils des princes ne se tiennent pas là, tout est perdu; et lorsqu'on se fondera sur des principes arbitraires de gloire, de bienséance, d'utilité, des flots de sang inonderont la terre [2] ».

Ces passages ne laissent aucun doute sur l'aversion de Montesquieu pour la politique extérieure de Louis XIV, dont les livres IX et X de l'*Esprit des lois* contiennent une discrète mais perpétuelle critique. Avant notre philosophe, Fénelon avait déjà montré toute l'horreur de la guerre et condamné toutes celles que les princes entre-

---

1. *Lettres persanes*, XCVI.
2. *Esprit des lois*, liv. X, ch. II.

prenaient « par finesse, par hauteur, par avidité, par précipitation [1] ».

Mais les enseignements du grand évêque portaient plus loin : ils n'admettaient comme justes que les guerres « nécessaires aux peuples », et rappelaient qu'il reste un certain droit des gens qui est le fond de l'humanité même, et qui oblige à faire la guerre avec honnêteté, bonne foi et justice. Le prince doit réparer tous les maux qu'il a autorisés et qui ont été faits sans nécessité. Montesquieu connaissait-il ces pensées généreuses? Nous savons qu'il professait une admiration profonde pour l'auteur du *Télémaque*, « cet ouvrage divin », et il est très vraisemblable qu'il lut l'*Examen de conscience* en même temps que le roman.

Ce n'est pas que l'on manquât de traités moraux, philosophiques et juridiques sur la question de la guerre. Jamais problème n'avait été plus ardemment discuté, soit par les théologiens, comme François de Victoria, Henri de Gorckum, Guillaume Matthieu, Jean de Carthagène, soit par les jurisconsultes, Jean Loup, François Arias, Jean de Lignano, Garat. Mais de ces copieux traités, le moindre défaut était qu'ils embrouillaient et confondaient le droit naturel, le droit divin, le droit des gens, le droit civil, le droit canon. Il ne leur suffisait même pas de confondre les points de vue; jusqu'en 1743, nous trouverons parmi les théoriciens de la guerre des vestiges nombreux d'une pensée barbare. Les plus grands eux-mêmes, Grotius, Puffendorf et Barbeyrac reconnaissent aux conquérants le droit de tuer et celui de réduire en servitude. Le Français Richer d'Aube enseigne que, même si l'ennemi se rend prisonnier, le vainqueur a le droit de l'égorger, sur la simple présomption que faire grâce serait favoriser la cause

1. *Examen de conscience.*

de l'ennemi. A plus forte raison, peut-il « imposer tel assujettissement qu'il voudra. En user plus favorablement à l'égard des ennemis, c'est montrer plus de clémence que le droit des gens n'en exige... Dans les pays où on ne les réduit pas à l'esclavage, ce n'est que par clémence ou générosité, sentiments d'humanité qui ne sont pas indispensables[1] ».

C'est contre cette barbarie que protestent Fénelon d'abord, Montesquieu ensuite. Et l'on ne saurait assez reconnaître la sincérité de cette humanité, sa nouveauté, son originalité. Nous lui devons les vigoureuses pages où sont réfutées les « grandes erreurs » de ces devanciers. Grotius est surtout pris à partie au chapitre troisième du livre X, et « ses conséquences faussement tirées de faux principes ».

Contre lui, Montesquieu affirme : « La conquête est une acquisition ; l'esprit d'acquisition porte avec lui l'esprit de conservation et d'usage, et non pas celui de destruction. » Ce principe introduit dans le droit des gens des modifications essentielles : lorsque la conquête est faite, le conquérant n'a plus le droit de tuer, ni celui de détruire la société, ni celui de réduire en servitude, car celle-ci n'est jamais l'objet de la conquête, ni surtout celui de maintenir dans une servitude éternelle. C'étaient là de glorieuses acquisitions, dans le domaine de la morale. Montesquieu voulut davantage : après avoir mis des limites au mal, il provoque au bien toutes les bonnes volontés. « C'est à un conquérant, dit-il, à réparer une partie des maux qu'il a faits. Je définis ainsi le droit de conquête : un droit nécessaire, légitime et malheureux, qui laisse toujours à payer une dette immense pour s'acquitter envers la nature humaine[2] ».

---

[1]. Richer d'Aube, *Essai sur les principes du droit et de la morale*, 1743, p. 298-99.
[2]. *Esprit des lois*, liv. X, ch. IV.

Par ce premier caractère de justice et de bonté, Montesquieu, théoricien du droit des gens, s'oppose fortement à ses contemporains. Il enseigne que la guerre n'est pas un droit, qu'elle ne crée aucun droit par elle-même et que le devoir du vainqueur est de veiller aux intérêts du vaincu. Il s'oppose encore aux théoriciens de son temps par sa façon toute nouvelle de résoudre, en philosophe, le problème de la guerre. Jusqu'à lui, on invoquait des principes détachés, tirés soit de la morale, soit de la religion, soit de la jurisprudence, mais aucune idée centrale ne commandait les démarches de la raison. Montesquieu fait graviter toutes ses considérations autour d'une idée : elles en sont les conséquences. Ce sont les pièces d'un système fortement déduit.

L'idée génératrice apparaît à Montesquieu vers 1724, et c'est d'après elle qu'il ordonne ses *Réflexions sur la monarchie universelle*. Il y établit que la forme des gouvernements dépend de la situation géographique du pays, et que le maintien de leur force est étroitement lié à celui de leur grandeur territoriale. Les plaines immenses de l'Asie sont responsables des grands empires qui s'y sont toujours perpétués ; « un grand empire suppose nécessairement une autorité despotique ». Mais la configuration de l'Europe est telle que les frontières naturelles y rendent nécessaire la formation de plusieurs États d'une étendue médiocre ; or la médiocrité du territoire donne naissance à un gouvernement qui favorise « le génie de liberté », l'indépendance civile et nationale. Précisément pour cette raison, que l'on pourrait appeler géographique, les projets de monarchie universelle successivement caressés par Charlemagne, les Normands, les Papes, les Turcs, la Maison d'Autriche et Louis XIV étaient condamnés à un échec fatal. Et Montesquieu, qui nourrissait dès ce moment une profonde haine contre les expéditions aventureuses pouvant mettre en péril la stabilité des États, prenait prétexte de ces « réflexions » pour donner aux souverains une leçon de sagesse politique : « La vraie puissance d'un prince, disait-il, ne consiste pas tant dans la facilité qu'il y a à conquérir que dans l'immutabilité de sa condition. » L'agrandissement est, pour les États, une source de dangers; la sagesse est de maintenir les frontières immuables[1].

Montesquieu se laissa-t-il séduire par la nouveauté de ce point de vue ou par sa richesse? Toujours est-il qu'il lui donnera une importance capitale au livre VIII de l'*Esprit des lois,* dans lequel, voulant indiquer les « moyens très efficaces pour la conservation des trois principes » des gouvernements, il développera uniquement cette pensée qu' « il faut maintenir l'État dans la grandeur qu'il avait déjà, et que cet État changera d'esprit, à mesure qu'on étendra ses limites[2] ». C'est enfin à cette même idée qu'il subordonne ses vues sur la guerre — défensive et offensive — et c'est là ce qui leur imprime un caractère d'originalité très accentué.

Il est de la nature d'une république qu'elle n'ait qu'un petit territoire : sans cela, elle ne peut guère subsister. Les grandes républiques se détruisent par un vice intérieur ; elles vont à la monarchie. Comme, d'autre part, les petites républiques seraient une proie facile pour les puissances étrangères, ces gouvernements ont dû adopter une tactique de guerre défensive permettant de concilier la médiocrité du territoire et la force numérique des armées. Les Républiques s'unissent donc, « font une société de sociétés qui peut s'agrandir par de nouveaux associés, jusqu'à ce que sa puissance suffise à la sûreté de ceux qui se sont unis ». C'est la

---

1. Voir les *Réflexions sur la monarchie universelle* dans *Deux opuscules de Montesquieu,* Bordeaux, 1891.
2. *Esprit des lois,* liv. VIII, ch. xx.

République fédérative, pour laquelle Montesquieu manifesta de très vives sympathies, car elle lui paraissait unir « tous les avantages intérieurs du gouvernement républicain et la force extérieure du monarchique [1] ».

Le gouvernement despotique suppose un territoire immense, mais ces régions seules y sont fortes, peuplées, riches, fortifiées, qui avoisinent la capitale. Les frontières sont trop éloignées pour que l'on songe à les protéger contre une invasion. On les abandonne donc à leur sort, et pour sauver le cœur du pays, on fait autour d'elles le désert, on sacrifie une partie du pays : le corps de l'empire devient inaccessible [2].

Seules, les monarchies, qui supposent un territoire de médiocre étendue, sont en mesure de faire la véritable guerre défensive, guerre de sièges et de campagnes. Comme les troupes y peuvent aisément couvrir les frontières et secourir les lieux menacés, qu'il suffit d'immobiliser un instant l'invasion pour permettre aux forces nationales de s'organiser, la guerre défensive se fait tout entière par des places fortes et de puissantes armées.

La grandeur du territoire, qui détermine la forme du gouvernement, détermine donc encore le mode de résistance. Cette construction systématique peut avoir sa grandeur ; mais elle a contraint le philosophe à certaines omissions significatives : il est constant que les grands territoires sont favorables au gouvernement républicain, que l'empire despotique d'Achim fut minuscule, et que l'Espagne du XVIe siècle fut une monarchie s'étendant sur un territoire immense. Montesquieu a mutilé la réalité, par esprit de système. Il y a plus : il introduit dans ce système une logique étroite et outrancière. Parce que la médiocrité du territoire permet à la monarchie de se défendre très bien, il lui dé-

---

[1]. *Esprit des lois*, liv. IX, ch. I, II.
[2]. *Id.*, liv. VIII, ch. XVI, XVII, XIX.

fond de s'agrandir, et réclame une stabilité qui ressemble fort à la stagnation. L'exagération était évidente. Aussi Montesquieu ajouta-t-il à ce même chapitre, en 1748, un paragraphe qui atténue sensiblement sa pensée de vers 1724 : « Comme les monarques doivent avoir de la sagesse pour augmenter leur puissance, ils ne doivent pas avoir moins de prudence afin de la borner. En faisant cesser les inconvénients de la petitesse, il faut qu'ils aient toujours l'œil sur les inconvénients de la grandeur[1] ».

Ramenée à ces proportions, la pensée de Montesquieu n'est pas seulement généreuse, elle est vraie.

Les États ne font point seulement la guerre pour se défendre ; ils la font parfois pour conquérir : c'est ce que Montesquieu appelle la guerre offensive.

En principe, notre philosophe la condamne, et tandis que dans les *Lettres persanes* il considérait comme juste la guerre entreprise pour secourir un allié[2], dans l'*Esprit des lois* il ne maintient même pas cette exception. Il lui substitue la règle suivante : « Le droit de la défense naturelle entraîne quelquefois la nécessité d'attaquer, lorsqu'un peuple voit qu'une plus longue paix en mettrait un autre en état de le détruire, et que l'attaque est dans ce moment le seul moyen d'empêcher cette destruction[3]. » Cependant, la guerre de conquête existe, et Montesquieu va montrer que pour la comprendre, il est encore nécessaire de l'étudier dans ses rapports avec la grandeur du territoire.

Une monarchie ne peut avoir d'autre motif de conquérir que l'ambition. Elle veut étendre ses limites.

---

1. Ce paragraphe fut ajouté au moment de l'impression de l'*Esprit des lois*.
2. *Lettres persanes*, XCVI.
3. *Esprit des lois*, liv. X, ch. II. Cette règle avait été déjà formellement énoncée par Fénelon dans son *Examen de conscience*.

Mais avec l'agrandissement du territoire, apparaissent les mœurs des pays despotiques : les frontières sont ruinées, se dépeuplent, tandis que la capitale engloutit tout. Tel est l'état nécessaire d'une monarchie conquérante : un luxe affreux dans la capitale, la misère dans les provinces qui s'en éloignent, l'abondance aux extrémités. L'État, devenu plus grand, est moins fort [1].

Le despotisme et la république n'ont aucun avantage à conquérir. Celle-ci ne saurait songer à accroître son territoire, sans mettre en péril sa constitution [2], et d'ailleurs l'expérience a toujours montré que le gouvernement républicain est odieux aux États assujettis [3]. Le despotisme conquérant, en augmentant le territoire, augmente les difficultés de la surveillance qu'il faut étroite, rigide et continuelle. De là pour le prince la nécessité de former des corps de troupes spéciaux, « forces particulières qui tiennent en respect les générales », mais qui constituent pour l'autorité despotique elle-même le plus grave danger [4].

En réalité, Montesquieu n'a vu dans ces développements qu'un prétexte à déduire, selon la méthode cartésienne, les plus lointaines conséquences d'une vérité primordiale, et une occasion d'enseigner aux princes qu'en définitive la conquête ne profite à aucun État, que l'esprit de conquête est donc l'esprit de vertige. Les États ont leurs proportions, presque toujours indépendantes de la volonté des hommes et fixées par la nature elle-même. La guerre ne peut que troubler cet

---

1. *Esprit des lois*, liv. X, ch. IX.
2. Voilà déjà l'idée maîtresse des *Considérations sur les Romains*. Dès son origine, Rome, république de conquêtes, prit des maximes d'agrandissement. Elle devait tomber dans le despotisme, puisqu'elle était destinée à s'agrandir.
3. *Esprit des lois*, liv. X, ch. VI, VII, XVII.
4. *Id.*, liv. X, ch. VI, VII, IX, XVI.

ordre naturel. Le mieux est d'assurer la stabilité des nations, en travaillant au bonheur des peuples, sans ruiner, par de dangereuses acquisitions territoriales, le principe du gouvernement.

III

On ne saurait refuser à Montesquieu ni la gloire d'avoir augmenté à travers le monde le patrimoine de la pitié humaine en prenant la défense de malheureux esclaves, ni celle d'avoir précisé la notion du juste rigide en l'introduisant dans le droit des gens, ni celle enfin d'avoir combattu la barbarie, en s'élevant contre les abus des lois pénales[1].

Esprit conciliant et tempérament tranquille, Montesquieu ne pouvait comprendre la sévérité des lois. Dès les *Lettres persanes*, il s'inquiète de voir qu'en dépit de la rigueur des châtiments infligés aux pays d'Orient, les crimes n'y sont ni moins nombreux ni moins grands que dans les États où les lois sont plus douces. « Je remarque au contraire, disait-il, une source d'injustices et de vexations au milieu de ces mêmes États[2] ». L'influence des châtiments sur la moralité publique, sur le sens de l'obéissance aux lois, est donc très faible, et loin que les châtiments décident de l'orientation de l'esprit public, c'est l'esprit public qui communique leur valeur aux châtiments. Dans les pays où ils sont modérés, on les craint tout aussi bien que dans ceux où ils sont tyranniques et affreux. Établir dans un pays l'esprit de modération, c'est obliger le

---

1. Cf. Lerminier, *Influence de la philosophie du XVIII° siècle sur la législation*, Paris, 1833.
2. *Lettres persanes*, LXXXI.

législateur à introduire dans le code pénal la douceur, non moins efficace que la brutalité. Huit jours de prison ou une légère amende frappent autant l'esprit d'un Européen, que la perte d'un bras intimide un Asiatique.

Cette idée, déjà très nette, poussera Montesquieu à s'indigner devant certaines lois françaises, dont la brutalité lui paraît inexplicable : « Il y a ici des lois terribles, elles vont jusqu'à la fureur. Toute fille qui n'a point été déclarer sa grossesse au magistrat est punie de mort si son fruit périt : la pudeur et la honte, les accidents même ne l'excusent jamais[1]. »

Quand il rédigera le VIe livre de l'*Esprit des lois,* Montesquieu sera encore sous l'influence de ces pensées ; pour frapper ses contemporains, il n'aurait eu qu'à les développer simplement ; mais l'esprit de système le possédait alors tout entier. En leur faisant violence, il enferma ses conceptions dans des cadres rigides. « La sévérité, dit-il, convient mieux au gouvernement despotique dont le principe est la terreur, qu'à la monarchie et à la république, qui ont pour ressort l'honneur et la vertu[2]. »

C'était, cela, inaugurer une théorie nouvelle de la sanction. Jusqu'à Montesquieu, les philosophes avaient vu dans l'idée de sanction le couronnement des concepts moraux, le moyen à la fois d'inspirer au coupable l'horreur de la faute et d'affaiblir en lui le penchant naturel au mal. C'était ce caractère de moralité qui donnait en particulier au code pénal de Platon une grandeur frappante. Quel que soit le gouvernement sous lequel il vit, l'homme coupable, disait Platon, doit être châtié, par la volonté d'un législateur qui « fait auprès de ses concitoyens le personnage d'un père et d'une mère pleins de prudence et d'affection, non pas d'un tyran qui ordonne et menace ». Le devoir du lé-

---

1. Même lettre.
2. *Esprit des lois*, liv. VI, ch. IX.

gislateur, en matière pénale, est donc absolument indépendant de la forme du gouvernement : partout et toujours, il reste un père. En second lieu, Platon fondait la gradation des peines sur celle des délits, qui dépend elle-même de l'idée de culpabilité plus ou moins grande que les diverses époques attachent aux actes humains. Moins donc la morale générale est avancée, moins il y a de lumière et d'habitudes d'ordre, et plus la loi pénale doit être sévère. La sévérité des lois est en raison inverse de la civilisation des peuples.

Cette théorie des peines était généralement acceptée jusqu'au XVIIIe siècle, et elle règne en souveraine autour du philosophe de la Brède. Celui-ci la renverse, et en établit une autre sur des bases nouvelles. Ni le législateur ne doit se laisser guider par la seule pitié, indépendamment de toute autre considération ; ni la gradation des peines ne doit suivre l'allure de la moralité nationale. Un fait nouveau, auquel personne n'a jamais songé, détermine la sévérité des peines : « Il serait aisé de prouver que, dans tous ou presque tous les États d'Europe, les peines ont diminué ou augmenté à mesure qu'on s'est plus approché ou plus éloigné de la liberté[1]. » Le code pénal est ainsi le reflet, moins d'une certaine morale que d'une certaine politique.

Les gouvernements despotiques ont une législation pénale sans tendresse. Leur principe est en effet la crainte, et comme les lois ont pour but de maintenir le ressort de l'État, « les supplices y doivent donc être plus rigoureux[2] ».

L'honneur et la vertu, qui sont les ressorts de la monar-

---

1. *Esprit des lois*, liv. VI, ch. IX.
2. *Id.*, liv. VI, ch. IX. La raison qu'en donne Montesquieu est bien extraordinaire : « Dans les états despotiques, dit-il, on est si malheureux que l'on y craint plus la mort qu'on ne regrette la vie : les supplices y doivent donc être plus rigoureux. »

chie et de la république, sont au contraire des sentiments extrêmement délicats. Ils arrêtent, par eux-mêmes, bien des crimes ; et, quand un citoyen agit contre eux, il n'est point nécessaire de lois pénales très sévères. Il faut peu de peines, et des peines légères. Il vaut mieux, dans ces gouvernements, prévenir que punir.

Cette conception si étroitement systématique, et qu'il était si facile d'exagérer, Montesquieu la corrige à diverses reprises, et s'efforce d'échapper à une logique cruelle : « Il ne faut point, ajoute-t-il, mener les hommes par les voies extrêmes... Souvent un législateur qui veut corriger un mal ne songe qu'à cette correction, ses yeux sont ouverts sur cet objet, et fermés sur les inconvénients. Lorsque le mal est une fois corrigé, on ne voit plus que la dureté du législateur ; mais il reste un vice dans l'État, que cette dureté a produit : les esprits sont corrompus, ils se sont accoutumés au despotisme... Les peines outrées peuvent corrompre le despotisme même [1]. » Cette restriction montrerait qu'en dépit de son système et contre lui, le philosophe défend la cause de la douceur et de l'humanité, même quand il s'agit des lois criminelles d'un gouvernement despotique.

S'il se corrige ainsi, ce n'est pas que Montesquieu connaisse la faiblesse. Il admet, jusqu'à la torture exclusivement [2], la série des châtiments acceptés de son temps. Mais il proteste contre la prodigalité de la peine de mort et réclame la proportion de la peine au délit. « Il est essentiel que les peines aient de l'harmonie entre elles, parce qu'il est essentiel qu'on évite plutôt un grand crime qu'un moindre, ce qui attaque plus la société que ce qui la choque moins. C'est un grand mal parmi nous de faire subir la même

---

1. *Esprit des lois*, liv. VI, ch. xiii. Ce chapitre fut écrit après 1729.
2. Il y a en effet dans les *Pensées inédites*, t. II, p. 385, une page dans laquelle Montesquieu condamne la question.

peine à celui qui vole sur un grand chemin et à celui qui vole et assassine. Il est visible que, pour la sûreté publique, il faudrait mettre quelque différence dans la peine[1]. » Et pour proportionner la gravité du châtiment, on envisagera les dommages que le délit aura causés réellement à la société. Il convient même de donner à chaque faute un châtiment particulier « tiré de la nature de la chose ».

Montesquieu reconnaît quatre sortes de crimes : les uns choquent la religion ; les autres, les mœurs ; les autres, la tranquillité ; les derniers enfin, la sûreté des citoyens. Les sacrilèges simples seront punis par la privation des avantages spirituels que donne la religion. C'est une affaire étrangère à la société civile ; ainsi le magistrat n'a pas à intervenir, moins encore à croire qu'il lui faut venger la divinité. Contre les crimes de la deuxième classe, les peines qui sont de la juridiction correctionnelle suffisent. La prison, l'exil, les corrections, en voilà assez pour les crimes qui choquent la tranquillité des citoyens. Mais un citoyen mérite la mort lorsqu'il a violé la sûreté des individus, au point qu'il a ôté la vie ou qu'il a entrepris de l'ôter. Cette peine de mort est comme le remède de la société malade[2].

Montesquieu, dont on vient de voir que le désir le plus profond était de faire passer dans la législation pénale plus d'humanité, ne pouvait cacher son horreur de la *question*. Abolie en Prusse depuis 1745, en Angleterre depuis le commencement du XVIIIe siècle, elle jouit cependant en France d'un respect général. Même en 1768, les jurisconsultes, que ne semblent avoir ébranlés ni les raisons de Montesquieu, ni les violentes et ironiques critiques de Voltaire, rappellent, sans un frémissement d'indignation, la variété des tortures admises par la législation française. On cite la question avec réserves de preuves,

---

1. *Esprit des lois*, liv. VI, ch. XVI.
2. *Id.*, liv. VII, ch. IV.

la question sans réserves de preuves, le fouet. Mais il y avait bien d'autres façons de subir la torture : être marqué de la fleur de lis sur l'épaule, être pendu sous les aisselles, être traîné sur la claie, avoir le poing coupé, la langue percée ou coupée, être mis au carcan ou pilori. A l'égard des faux soldats ou passevolants, le législateur permet de leur couper le nez, et à l'égard des esclaves d'Amérique, l'Édit de 1685 permet de leur couper les oreilles. On admet cinq sortes de condamnation à mort *naturelle :* le coupable expire écartelé, ou sur le feu, ou sur la roue, ou sur la potence, ou enfin sur le billot. Ordinaire ou extraordinaire, la question est plus ou moins cruelle, selon les Parlements. Au Parlement de Paris, on fait boire au patient de quatre à neuf pots d'eau, c'est le supplice de l'eau. Celui des brodequins consiste à serrer les jambes du patient par des planches attachées avec des cordes, entre lesquelles on met des coins de bois, sur lesquels on frappe à coups de marteau. — A Rouen, on serre le pouce ou une jambe du patient avec des instruments de fer appelés *valets.* — En Bretagne, on attache le condamné sur une chaise, les pieds nus, et on l'approche par degrés d'un feu ardent. — Au Parlement de Besançon, le patient, les bras liés derrière le dos, est élevé dans les airs par une corde attachée aux bras ; puis, si la question est extraordinaire, on suspend aux orteils de chaque pied un gros poids et « pour mieux faire sentir au patient de la douleur, dit Vouglans, on lui donne différentes secousses d'un bâton dont on frappe sur la corde[1] ». Ces coutumes étaient un reste de barbarie.

Montesquieu les flétrit, et l'on doit même dire qu'il fut l'un des premiers — avant Voltaire, avant Beccaria

---

1. Cf. Mouyart de Vouglans, *Institutes au droit criminel avec un traité particulier des crimes*, Paris, 1768, p. 189-90.

— à lever contre elles sa voix éloquente : « La question contre les criminels n'est pas nécessaire par sa nature. Nous voyons aujourd'hui une nation très policée la rejeter sans inconvénient. Les citoyens d'Athènes ne pouvaient être mis à la question, excepté dans le crime de lèse-majesté. Quant aux Romains, la loi fait voir que la naissance, la dignité, la profession de la milice garantissaient de la *question*, si ce n'est dans le cas de lèse-majesté. Voyez les sages restrictions que les lois des Wisigoths mettaient à cette pratique. Tant d'habiles gens et tant de beaux génies ont écrit contre cette pratique, que je n'ose en parler à présent. J'allais dire qu'elle pourrait convenir dans les gouvernements despotiques, où tout ce qui inspire la crainte entre plus dans les ressorts du gouvernement. J'allais dire que les esclaves chez les Grecs et les Romains... Mais j'entends la voix de la nature qui crie contre moi [1]. »

Montesquieu a-t-il formellement condamné l'usage de la procédure secrète ? Il ne le semble pas ; sans doute il justifie la procédure publique, en usage dans l'ancienne France, mais pour cette unique raison que, l'écriture étant inconnue, force était de s'en tenir à la publicité de la procédure, pour fixer les idées et donner une garantie aux témoignages. Cette raison n'ayant plus de valeur, il eût été nécessaire que Montesquieu légitimât la publicité des débats, pour d'autres motifs. Nous devons constater qu'il ne l'a point fait[2].

Sur les confiscations et la contrainte par corps, la pensée de Montesquieu est d'une netteté et d'une noblesse tout à fait remarquables.

Les confiscations sont utiles dans les gouvernements despotiques, mais seraient intolérables dans les États

---

1. *Esprit des lois*, liv. VI, ch. xvii.
2. *Id.*, liv. XXVIII, ch. xxxiv.

modérés. Elles y rendraient la propriété des biens incertaine, dépouilleraient et détruiraient une famille, lorsqu'il ne faudrait que punir un coupable [1].

La contrainte par corps est inconciliable avec le souci que les lois doivent avoir de la liberté individuelle. Cependant Montesquieu ne refuse pas de l'admettre dans les conventions du commerce, sous la réserve « des restrictions et des limitations que peuvent demander l'humanité et la bonne police [2] ».

Ce sont là les réformes que prônait Montesquieu dans la pénalité. Parce que Voltaire fit entendre de semblables protestations, plus ardentes, il est vrai, et plus passionnées, on s'est accoutumé à faire dater de lui le mouvement de ces idées réformistes. Rien n'est plus injuste. Voltaire, Beccaria, J.-J. Rousseau, beaucoup d'autres, ont repris les idées de Montesquieu ; ils les ont développées ou corrigées, mais l'initiative lui appartient. Si un peu plus d'humanité est passé dans la législation française, si la doctrine de la mansuétude a trouvé plus de sympathies, c'est à Montesquieu que nous le devons, en grande partie.

IV

Montesquieu représentait l'État comme un agrégat de familles, qui sont, dans le corps social, les cellules vivantes. La famille est donc l'institution fondamentale et le législateur, soucieux d'accroître la vigueur de la société, doit avant tout assurer la vigueur des éléments constitutifs de la société. M. de Goncourt nous a montré naguère ce qu'était la famille au XVIIIe siècle et par quels abus le lien se relâchait entre le mari et la femme,

1. *Esprit des lois*, liv. V, ch. xv.
2. *Id.*, liv. XX, ch. xvi.

entre les parents et leurs enfants. La vie d'intérieur était en train de disparaître et la discipline familiale faisait trop souvent place à l'anarchie[1]. Montesquieu ne resta pas insensible aux maux dont souffrait la famille française. De bonne heure, il précisa ses idées sur la constitution de la famille et, plus particulièrement, sur la condition de la femme dans la société.

Malgré le ton ironique ou voluptueux des *Lettres persanes*, Montesquieu y laisse percer déjà sa pitié pour la femme d'Orient, victime d'un despote qui ne lui reconnaît aucune dignité, ni celle d'épouse, ni celle de mère. Dès ce moment, Montesquieu est persuadé que la polygamie est une source de désavantages, pour la famille d'abord qu'elle désagrège, pour la population ensuite qu'elle ne contribue pas, comme on pourrait trop facilement le croire, à augmenter, pour l'État enfin dont elle détruit la tranquillité, par d'interminables rivalités intestines[2].

Au reste, le féminisme de Montesquieu fut toujours assez timide. Sans doute, le philosophe proteste contre la supériorité que les hommes se sont arrogée. « Pourquoi aurions-nous un privilège? Est-ce parce que nous sommes les plus forts? Mais c'est une véritable injustice. Nous employons toutes sortes de moyens pour abattre le courage. Les forces seraient égales si l'éducation l'était aussi. Éprouvons-les (les femmes) dans les talents que l'éducation n'a point affaiblis, et nous verrons si nous sommes si forts[3]. » Ce principe, qui pourrait suffire à légitimer toutes les revendications féministes, Montesquieu se hâtera de l'atténuer, dans les premiers livres de l'*Esprit des lois*. « Il est contre la raison et contre la nature que les femmes soient

---

1. Voir son livre si intéressant : *La femme au XVIIIe siècle*, Paris, 1862.
2. *Lettres persanes*, CXV.
3. *Id.*, XXXVIII.

maîtresses dans la maison, comme cela était établi chez les Égyptiens; mais il ne l'est pas qu'elles gouvernent un empire. Dans le premier cas, l'état de faiblesse où elles sont ne leur permet pas la prééminence; dans le second, leur faiblesse même leur donne plus de douceur et de modération. » Cependant, même alors, « on leur donne un certain nombre de personnes pour les aider à porter le poids du gouvernement [1] ». Il semble donc qu'après avoir été sur le point d'admettre, même sous une forme badine, la thèse de l'égalité des sexes, Montesquieu revienne aux théories juridiques en vigueur au xviiie siècle, qui rappellent à la femme qu'elle est, pour certaines transactions civiles, frappée d'incapacité, soumise à l'autorité de son mari.

Hostile à l'émancipation des femmes dans la société actuelle, Montesquieu a cependant servi la cause de leur dignité, en prenant fortement parti pour la monogamie contre la polygamie et les « conjonctions illicites ». Celles-ci favorisent peu la propagation de l'espèce, et par l'interdiction de la recherche de la paternité, laissent la mère aux prises avec mille difficultés : la honte, le remords, la rigueur des lois et la misère. Cette apologie de « la continence publique, naturellement jointe à la propagation de l'espèce », se trouvait être encore une défense généreuse de la dignité de la femme [2]. — La polygamie n'a jamais obtenu les suffrages de Montesquieu. Ses contemporains ont pu s'y tromper. L'auteur des *Nouvelles ecclésiastiques* l'accusait d'absoudre cette pratique, même de la recommander, dans les pays chauds et dans ceux où il naît plus de filles que de garçons. Mais l'imputation est fausse. Le philosophe ne songeait qu'à donner la raison d'un fait, non à ériger ce fait en maxime. Il est sûr que son explication, pour originale qu'elle soit, a le défaut de

---

1. *Esprit des lois*, liv. VII, ch. xvii.
2. *Id.*, liv. XXIII, ch. ii.

trop simplifier un problème infiniment complexe. Montesquieu n'a voulu subordonner l'histoire de la condition de la femme dans les diverses sociétés qu'à des considérations climatériques [1]. Dans les pays chauds, les femmes sont nubiles, à un moment où leur raison n'est pas encore mûrie ; et, d'autre part, les statistiques révèlent qu'en ces pays, où la propagation de l'espèce est très remarquable, il naît beaucoup plus de filles que de garçons. C'est donc le climat qui déciderait du sort des femmes. Il les obligerait à vivre dans la dépendance complète de leur mari, dans une véritable servitude domestique, et, par la disproportion des naissances, attribuerait plusieurs femmes à un seul homme. Dans les pays tempérés et les pays froids, il y a une sorte d'égalité dans les deux sexes, au point de vue intellectuel, et le nombre des naissances des garçons est supérieur à celui des naissances des filles. Les lois y établissent la monogamie [2].

Sous ces apparences d'un déterminisme invincible, la théorie n'eut jamais, aux regards de Montesquieu, une rigueur absolue. Même vers 1740, dans le feu de la première rédaction, il ajoutait une restriction : « J'ai peine à croire qu'il y ait beaucoup de pays où la disproportion soit assez grande pour qu'elle exige qu'on y introduise la loi de plusieurs femmes, ou la loi de plusieurs maris [3]. » Et vers 1750 il écrira avec plus d'assurance : « Je ne crois pas qu'il y ait, etc... [4]. » Enfin, il ne manquera pas de montrer que la polygamie est, par sa nature et en elle-même, une chose mauvaise. « A regarder la polygamie en général, indépendamment des circonstances qui peuvent la

---

1. *Esprit des lois*, liv. XVI, ch. II, III, IV.
2. Pour plus de détails, voir le livre de M. Gaston Richard : *La condition de la femme dans l'histoire*, Paris, Doin, 1909.
3. Voir cette leçon dans l'édition de 1748.
4. C'est le texte définitif.

faire un peu tolérer, elle n'est point utile au genre humain, ni à aucun des deux sexes, soit à celui qui abuse, soit à celui dont on abuse. Elle n'est pas non plus utile aux enfants, et un de ses grands inconvénients est que le père et la mère ne peuvent avoir la même affection pour leurs enfants : un père ne peut pas aimer vingt enfants comme une mère en aime deux[1]. » D'ailleurs, cette institution déprave les sentiments affectifs de l'homme, sans parvenir à les satisfaire, et diminue le nombre des personnes qui seraient en état de procréer. Déjà dans ses *Lettres persanes*, Montesquieu avait décrit avec pitié cet homme « qui vit dans un sérail prodigieux, avec un très petit nombre d'enfants... la plupart du temps faibles et malsains et se sentant de la langueur de leur père », qui « occupe à ses plaisirs tant de sujets de l'un et de l'autre sexe, les fait mourir pour l'État et les rend inutiles à la propagation de l'espèce[2] ».

Autant pour servir la cause de la population que pour augmenter les droits de la femme, Montesquieu s'est toujours montré très favorable au divorce. Il écrivait dans les *Lettres persanes*: « Rien ne contribuait plus à l'attachement mutuel que la faculté du divorce; un mari et une femme étaient portés à soutenir patiemment les peines domestiques, sachant qu'ils étaient maîtres de les faire finir; et ils gardaient souvent ce pouvoir en mains toute leur vie sans en user, par cette seule considération qu'ils étaient libres de le faire. Il n'en est pas de même des chrétiens que leurs peines présentes désespèrent pour l'avenir. Ils ne voient dans les désagréments du mariage que leur durée, et, pour ainsi dire, leur éternité. De là viennent les dégoûts, les discordes, les mépris, et c'est autant de perdu pour la postérité... Il ne faut donc point s'étonner si l'on voit chez les chré-

---

1. *Esprit des lois*, liv. XVI, ch. vi.
2. *Lettres persanes*, CXIV.

tiens tant de mariages fournir un si petit nombre de citoyens. Le divorce est aboli : les mariages mal assortis ne se raccommodent plus... Il est assez difficile de faire bien comprendre la raison qui a porté les chrétiens à abolir le divorce[1]... » Pour lui, s'il reproche une chose aux républiques anciennes, dont il est cependant épris, c'est précisément de n'avoir pas établi sur des bases plus larges la faculté du divorce. Il pense que « si, dans une République comme Lacédémone..., il avait été établi que les maris changeassent de femmes tous les ans, il en serait né un peuple innombrable ».

Cette assurance, dont il semble bien qu'il faut rendre responsable Platon, avec lequel Montesquieu partageait alors d'utopiques espérances, se retrouve encore dans l'*Esprit des lois*. Il y proclame l'utilité du divorce « qui se fait par un consentement mutuel à l'occasion d'une incompatibilité mutuelle »; il y réclame même le droit de répudiation « qui se fait par la volonté et pour l'avancement d'une des deux parties, indépendamment de la volonté et de l'avantage de l'autre [2] ».

Ici, Montesquieu voudrait voir la loi consacrer un privilège du sexe féminin. L'homme et la femme partageront la faculté de divorcer ; mais l'initiative de la répudiation appartiendra plutôt à la femme qu'à l'homme. Entre les mains de l'homme, la répudiation serait un nouvel abus de sa puissance. Mais les femmes n'useront de ce triste privilège que malgré elles, et quand tout moyen de conciliation sera perdu. Il leur en coûte trop en effet de songer à créer un nouveau foyer, quand l'homme se décide si difficilement au mariage[3], et qu'elles-mêmes ne possèdent plus l'attrait de leur jeunesse. « C'est donc une

---

1. *Lettres persanes*, CXXI.
2. *Esprit des lois*, liv. XVI, ch. xv.
3. *Id.*, liv. XXIII, ch. ix.

règle générale que dans tous les pays où la loi accorde aux hommes la faculté de répudier, elle doit aussi l'accorder aux femmes. Il y a plus : dans les climats où les femmes vivent sous un esclavage domestique, il semble que la loi doive permettre aux femmes la répudiation et aux maris seulement le divorce [1]. »

On ne peut s'empêcher de remarquer la fragilité de cette argumentation. L'influence du divorce sur l'augmentation de la population est à peu près nulle. Loin de régénérer les peuples qui se mouraient, cette institution a accompagné et peut-être accéléré leur décadence. Le divorce n'a rien fait pour Rome et, depuis qu'il est établi en France, notre force numérique ne cesse de rester stationnaire.

V

Les tendances socialistes de Montesquieu se révèlent surtout à l'occasion de la propriété et du paupérisme. Nous verrons d'ailleurs qu'il faut voir en elles moins les contours d'une doctrine assez bien définie, que les aspirations d'une âme généreuse. Mais, à côté de ces questions, et d'ailleurs aussi nouvelle, aussi importante qu'elles, celle de la valeur du travail retint longuement la pensée du philosophe.

On sait l'espèce de mépris que la société du xviie et même du xviiie siècle naissant témoignait à l'égard des travaux mécaniques et de l'artisan. En dehors des moralistes chrétiens, l'amour de l'ouvrier, du laboureur, du petit peuple passe pour une vertu passablement inutile.

---

1. *Esprit des lois*, liv. XVI, ch. xv. Il faut néanmoins citer une pensée de Montesquieu, dont les conséquences ne peuvent être que la condamnation du divorce : « Le divorce a ordinairement une grande utilité politique ; et quant à l'utilité civile, il est établi pour le mari et pour la femme, et n'est pas favorable aux enfants. » C'est précisément ce point de vue que font valoir aujourd'hui les sociologues hostiles au divorce.

Montesquieu fut un des premiers publicistes à sentir et proclamer la grandeur du travail, à se préoccuper du sort de l'ouvrier et à réclamer pour lui plus de bien-être. Cette attitude, que l'on pourrait croire d'un socialiste sentimental, apparaît déjà en 1729 dans les *Notes prises aux mines du Hartz*, et dans les *cinq Mémoires sur les mines*, dont les quatre premiers sont de 1731, et le cinquième sans doute de 1751. On y voit toute l'attention que donne le voyageur à des détails que la plupart de ses contemporains eût traités d'insignifiants : les conditions du travail aux mines de Rammelsberg et de Lauttenthal, le genre de vie des ouvriers, la difficulté de ce labeur et ses conséquences à la fois sociologiques et économiques. Ce sont là des enquêtes que Montesquieu déjà conduit avec minutie, et ce souci de la documentation, cette sympathie pour la condition des mineurs, cette gravité respectueuse devant le travail qui ennoblit, nous sont la preuve que, dès ce moment, le Président songe à faire, contre les préjugés de ses contemporains, l'apologie du travail, et contre leur indifférence, à réclamer l'amélioration de la condition de l'artisan. Il demandera que l'on encourage cette profession : il veut qu'on établisse de petits privilèges, comme celui de faire participer au gain l'ouvrier déjà muni d'un salaire convenable, et d'alléger leurs fatigues par l'usage des machines.

Autrement complexe était la question de la propriété. Il ne semble pas qu'elle ait retenu Montesquieu avant qu'il n'eût rédigé les premiers livres de l'*Esprit des lois*. Encore même ne semble-t-il pas l'avoir alors envisagée en elle-même, mais plutôt l'avoir abordée comme une conséquence de ses principes politiques. Il avait établi que le régime républicain est fondé sur la vertu des citoyens, c'est-à-dire sur l'amour de l'égalité et de la frugalité. Le législateur s'efforcera donc de maintenir, soit dans la vie civile, soit dans la situation particulière des citoyens, la plus grande égalité. Supprimer tout désir d'acquisition, toute ambition de richesse, ce serait maintenir la vertu politique. Ce problème est susceptible de solutions diverses, que le philosophe a critiquées l'une après l'autre.

Et d'abord la solution par le partage. Elle ne pourrait avoir lieu qu'à l'origine d'une république, quand il est encore possible de fixer un certain état de choses. Hors cette circonstance, le partage n'est qu'un expédient, et bien que Montesquieu étudie les divers moyens de maintenir l'égalité des portions de terre ou l'égalité réelle des fortunes, il ne reste pas moins incrédule. Ce partage ne peut qu'engendrer de multiples vexations, pour aboutir, en fin de compte, à un échec fatal: « Si, lorsque le législateur fait un pareil partage, il ne donne pas des lois pour le maintenir, il ne fait qu'une constitution passagère : l'inégalité entrera par le côté que les lois n'auront pas défendu, et la république sera perdue. Il faut donc que l'on règle, dans cet objet, les dots des femmes, les donations, les successions, les testaments, enfin toutes les manières de contracter [1]. »

Là où le partage est pratiquement impossible, conviendra-t-il d'établir la communauté des biens ? A prendre au pied de la lettre certain chapitre du IVe livre de l'*Esprit des lois,* il semble que Montesquieu ait adopté cette solution [2]. Il croyait que les législateurs de la Crète, de Lacédémone, des Samnites avaient obligé leurs peuples à cette abnégation. Ils leur ôtaient « toutes les ressources, les arts, le commerce, l'argent, les murailles ». Ils tournaient au profit de la communauté le labeur individuel. C'est par ces voies que Sparte fut menée à la grandeur et à la gloire. Dans les temps modernes, on a vu deux exemples de ce régime collectiviste : l'un, dans l'État du Para-

---

1. *Esprit des lois,* liv. V, ch. v.
2. *Id.,* liv. IV, ch. vi.

guay où les P. Jésuites ont démontré que l'on pouvait gouverner les hommes d'après ces principes et les rendre heureux ; l'autre sur les bords du Mississipi, grâce à un législateur honnête homme, Penn, qui y a formé un peuple « extraordinaire », où la probité paraît aussi naturelle que la bravoure chez les Spartiates. Malgré ces louanges qui révèlent plus d'enthousiasme facile que de critique avisée, on ne saurait dire que Montesquieu ait été favorable au régime collectiviste. Lui-même a bien soin de noter que ces institutions « singulières » sont aussi exceptionnelles ; que « si elles peuvent convenir dans des républiques », « elles ne peuvent d'ailleurs avoir lieu que dans un petit État, où l'on peut donner une éducation générale, et élever tout un peuple comme une famille ». Et d'ailleurs le régime collectiviste est le régime du despotisme : l'État y est tout, y absorbe toutes les initiatives, y possède toutes les richesses, y fait seul le commerce. Or, « de tous les États despotiques, il n'y en a point qui s'accable plus lui-même que celui où le prince se déclare propriétaire de tous les fonds de terre et l'héritier de tous ses sujets ; et si d'ailleurs le prince est marchand, toute espèce d'industrie est ruinée[1] ». Le collectivisme est un régime mortel.

Quand il écrira le XXVI° livre de l'*Esprit des lois*, Montesquieu prendra enfin nettement position en faveur de la thèse de la propriété individuelle : « Comme les hommes ont renoncé à leur indépendance naturelle pour vivre sous des lois politiques, ils ont renoncé à la communauté naturelle des biens pour vivre sous des lois civiles... C'est un paralogisme de dire que le bien particulier doit céder au bien public : cela n'a lieu que dans les cas où il s'agit de l'empire de la cité, c'est-à-dire de la liberté du citoyen ;

---

1. *Esprit des lois*, liv. V, ch. xiv.

cela n'a pas lieu dans ceux où il est question de la propriété des biens, parce que le bien public est toujours que chacun conserve invariablement la propriété que lui donnent les lois civiles. Posons donc pour maxime que lorsqu'il s'agit du bien public, le bien public n'est jamais que l'on prive un particulier de son bien, ou même qu'on lui en retranche la moindre partie par une loi ou un règlement politique. Dans ce cas, il faut suivre à la rigueur la loi civile, qui est le palladium de la propriété[1]. »

Voilà le dernier terme de l'évolution de Montesquieu, sur la question de la propriété. Après avoir montré quelque inclination pour les droits de la société contre les droits de l'individu, il se fait enfin le vigoureux défenseur de ceux-ci contre ceux-là. Il défendra avec la même vigueur l'individu malheureux contre l'oubli de l'État.

Montesquieu se montre particulièrement dur pour les gouvernements indifférents à la plaie du paupérisme. Car cette indifférence existait; elle était même systématique. Des princes n'hésitaient pas à se diriger d'après la maxime politique suivante : « plus les sujets sont pauvres, plus les familles sont nombreuses; plus on est chargé d'impôts, plus on se met en état de les payer ». Les vexations devenaient donc un instrument de prospérité nationale. On a quelque peine à croire que de tels principes aient trouvé créance, mais les témoignages les plus formels ne permettent pas d'en douter. Ces leçons indignaient Montesquieu. « Les gens qui ne sont pauvres, disait-il, que parce qu'ils vivent dans un gouvernement dur, qui regardent leur champ moins comme le fondement de leur subsistance que comme un prétexte à la vexation, ces gens-là, dis-je, ont peu d'enfants. Ils n'ont pas même leur nourriture : comment pourraient-

---

1. *Esprit des lois*, liv. XXVI, ch. XV.

ils songer à la partager? Ils ne peuvent se soigner dans leurs maladies; comment pourraient-ils élever des créatures qui sont dans une maladie continuelle, qui est l'enfance[1]? » Ce sont là de fortes paroles; elles trahissent, chez ce philosophe qui semblait n'apporter dans l'analyse des phénomènes sociaux qu'une sorte d'indifférence froide et méprisante, une sensibilité frémissante.

Compatir ou s'indigner devant le paupérisme ne suffit pas pour hâter la disparition du fléau, et Montesquieu ne souhaitait pas autre chose. Voici donc les divers moyens qu'il proposait. Il est nécessaire, en premier lieu, de préserver la main-d'œuvre contre les inventions de l'industrie. Celle-ci déverse sur les chantiers, dans les champs, dans le domaine des arts mécaniques, une infinité de machines qui rendent inutile l'effort combiné, l'agglomération des ouvriers, l'incessante division du travail, et qui sont cause du chômage et de la misère.

Montesquieu a prévu le rôle de cette main-d'œuvre mécanique, mais peut-être son intuition est-elle ici peu sûre. « Si un ouvrage, dit-il, est à un prix médiocre, et qui convienne également à celui qui l'achète et à l'ouvrier qui l'a fait, les machines qui en simplifieraient la manufacture, c'est-à-dire qui diminueraient le nombre des ouvriers, seraient pernicieuses; et si les moulins à eau n'étaient pas partout établis, je ne les croirais pas aussi utiles qu'on le dit, parce qu'ils ont fait reposer une infinité de bras, qu'ils ont privé bien des gens de l'usage des eaux et ont fait perdre la fécondité à beaucoup de terres[2]. » Que ce soit là, selon le mot de M. Leroy-Beaulieu, « un aperçu, du

---

1. *Esprit des lois*, liv. XXIII, ch. xi.
2. *Id.*, liv. XXIII, ch. xv.

reste erroné, une échappée de vue plutôt, sur le rôle futur des machines et les maux qui en découleraient », il n'importe : l'essentiel est que Montesquieu en indiquant ce qu'il croyait être un excellent remède au paupérisme, ait révélé son humanité profonde. Mais à ses yeux, le véritable nœud de cette question sociale se trouvait ailleurs, dans le régime de la propriété.

Nous savons déjà toute l'attention qu'il avait donnée à l'étude du régime communiste ou individualiste, mais alors ses pensées étaient presque uniquement dominées par la conception des gouvernements. Aujourd'hui, il ne s'agit plus de savoir si à la forme républicaine s'adapte mieux telle ou telle conception de la propriété, mais bien de soulager, où qu'elle apparaisse, la misère. De ce point de vue, Montesquieu condamne le système des latifundia[1] et préconise l'accession des petites gens à la propriété. Il n'y aurait plus de moment perdu pour le travail. La chose est assez malaisée en France, dont au moins les deux cinquièmes du sol appartiennent à la noblesse et au clergé. Ces avantages excessifs du clergé sur les laïques désolent ce pays. « Le clergé, le prince, les villes, les grands, quelques citoyens principaux sont devenus insensiblement propriétaires de toute la contrée : elle est inculte, mais les familles détruites leur ont laissé les pâtures et l'homme de travail n'a rien. Dans cette situation, il faudrait faire dans toute l'étendue de l'empire ce que les Romains faisaient dans une partie du leur : pratiquer dans la disette des habitants ce qu'ils observaient dans l'abondance, distribuer des terres à toutes les familles qui n'ont rien, leur procurer les moyens de les défricher et de les cultiver. Cette distribution devrait se faire à mesure qu'il

---

1. *Esprit des lois*, liv. XXIII, ch. xxviii.

y aurait un homme pour la recevoir : de sorte qu'il n'y eût point de moment perdu pour le travail[1]. » Il est bien clair que l'idée d'exproprier le clergé, d'atténuer « ses avantages excessifs », parut à Montesquieu un expédient commode ; mais la prudence lui conseillait d'être ici plus circonspect que jamais ; aussi ne nous livre-t-il qu'une pensée mutilée. Car souhaite-t-il la spoliation immédiate et totale, ou progressive et partielle ? Violente ou conduite de gré à gré ? Et sera-t-il opportun que l'État prenne lui-même l'initiative de violer très gravement le principe de la propriété individuelle ? Toutes questions dont l'importance est essentielle, mais auxquelles Montesquieu se garde bien de donner réponse. De là, le caractère flou de ses revendications, ce qui permettait à Pecquet, par exemple, d'assurer que le philosophe ne visait, dans cette page, ni les biens nobles ni la propriété ecclésiastique. « Il n'est point de pays, dit-il, où il n'y ait beaucoup de terres en friche, que le colon cultiverait si on lui fournissait le moyen et l'encouragement pour le faire. » Or, l'incertitude de la pensée de Montesquieu se continue durant tout l'*Esprit des lois* et l'on ne peut dire que le XXVe livre, qui demande aux lois de mettre des bornes aux richesses du clergé, apporte une précision de plus. « Rendez sacré et inviolable, y écrit Montesquieu, l'ancien et nécessaire domaine du clergé ; qu'il soit fixe et éternel comme lui, mais laissez sortir de ses mains les nouveaux domaines [2]. »

Mais l'État prendra-t-il l'initiative ou attendra-t-il avec une inlassable longanimité que se produise cet écoulement de la richesse ? Certains critiques croient justifier la timidité du philosophe, par la réserve à laquelle l'obligeait une autorité redoutée. Cette excuse est loin d'avoir toute la

---

1. *Esprit des lois*, liv. XXIII, ch. xxviii.
2. *Id.*, liv. XXV, ch. v.

force qu'on lui suppose, car, au moins depuis 1702, publicistes et philosophes n'avaient cessé de critiquer et d'attaquer ouvertement, et presque toujours avec violence, la propriété ecclésiastique. Les réformistes s'efforçaient de circonvenir Louis XIV lui-même, et les journaux du temps nous ont laissé l'écho de ces querelles [1]. Les intendants des provinces firent pour le Roi de longs Mémoires qui, par leur hardiesse, dépassent singulièrement les audaces de l'*Esprit des lois*. « Il me semble, dit l'un d'eux, que l'usage que l'on peut faire d'une partie des revenus ecclésiastiques fournirait des ressources plus que suffisantes pour établir, dans tous les hôpitaux du royaume, une bonne administration. Le roi peut déterminer comment et en quelle quotité les revenus ecclésiastiques de son royaume contribueront pour la subsistance et l'entretien des pauvres, qui ont droit de participer aux dits revenus. S. M. pourrait faire exécuter ce projet en affectant aux hôpitaux le tiers des biens et revenus ecclésiastiques. Car vivre, pour un ecclésiastique, n'est pas donner dans le faste du monde, et, le tiers des revenus étant prélevé, il resterait encore au clergé beaucoup plus qu'il ne lui faudrait pour vivre comme notre sainte religion et les monuments les plus respectables de l'histoire ecclésiastique nous apprennent qu'il convient aux ecclésiastiques de vivre [2]. » Les plans de spoliation n'é-

---

[1]. « Le second expédient proposé au Roi (pour faire disparaître le paupérisme), écrit Gueudeville, ce serait *d'aliéner* les fonds de l'Eglise. On prétend que les auteurs de cet avis salutaire sont fondés en preuve et qu'ils ont de quoi démontrer, pièces sur table, que S. M. peut faire cela comme propriétaire légitime du bien de la maison de Dieu. Le cardinal de Noailles n'est pas de ce sentiment; il appelle cette proposition une hétérodoxie effroyable. » *L'Esprit des Cours*, mars 1702.

[2]. Ce mémoire, très long et très curieux, se trouve à la Bibliothèque Nationale, Fonds fr., Nouv. Acq., n° 2789: *Recueil de différentes pièces tendant à procurer la conservation et la multiplication des hommes, membres de l'État*, f°° 9 et 10. Il y a là quantité de plans, de mémoires, de

taient donc pas une nouveauté, autour de Montesquieu[1] ; et si notre philosophe, en acceptant le principe que la fortune ecclésiastique doit concourir au soulagement de la misère, s'est abstenu de rien dire de ses applications, peut-être faut-il voir là une habileté de polémiste, mais peut-être aussi une défaillance de théoricien.

Les idées les plus hardies de Montesquieu sur le paupérisme et ses remèdes, sont celles qui rappellent les devoirs de l'État. « Quelques aumônes que l'on fait à un homme nu dans les rues ne remplissent point les obligations de l'État, qui doit à tous les citoyens une subsistance assurée, la nourriture, un vêtement convenable, et un genre de vie qui ne soit point contraire à la santé[2]. » Montesquieu a-t-il nettement aperçu les conséquences très graves de cette pensée ? Car ce n'est pas assez dire qu'il consacre là le droit à l'assistance contre la misère, l'invalidité et la vieillesse ; il y proclame le droit de tous les citoyens à choisir un genre de vie, une occupation auxquels les dispose l'état ordinaire de leur santé, et, par conséquent, le devoir pour l'État d'assurer cette distribution du travail. Il y a plus. L'État a le devoir de soutenir le travail de ses sujets : « Un État bien policé tire cette subsistance du fond des arts mêmes ; il donne aux uns les travaux dont ils sont capables, — il enseigne aux autres à travailler, ce qui fait déjà un travail. » Que cette pensée n'enferme un grand fond de justice et une parcelle de vérité, c'est ce que personne ne songerait aujourd'hui à méconnaître ; mais,

---

pamphlets, très précieux pour marquer l'état de l'esprit public, sur les questions sociales dont Montesquieu s'occupait à ce moment même.

1. Enfin il est bien certain que les « philosophes » eux aussi s'intéressaient à ces questions. Les mémoires inédits de l'un d'eux, Charles-Paul Hurault de l'Hospital, seigneur de Bélesbat, sur « l'origine des biens d'Église et de leur usage », écrits vers 1700, montrent que la thèse de la spoliation est en faveur parmi les politiques et les philosophes. Bibl. Nat., Fonds fr., Mss. 1205.

2. *Esprit des lois*, liv. XXIII, ch. XXIX.

dans la forme que notre philosophe lui donne, absolue, sans nuances, impérieuse, elle paraît être à la fois un retour aux lois frumentaires de la République romaine et la justification anticipée des ateliers nationaux de 1848. Or, celles-là avilirent Rome et ceux-ci développèrent chez nous l'anarchie.

L'Étatisme de Montesquieu allait jusqu'à considérer le pouvoir souverain comme le pourvoyeur obligé de l'aumône et du travail. A lui de conjurer les crises économiques, de ranimer les corps de métier languissants, d'assurer à l'industrie les matières premières, les ouvriers, les débouchés, l'avenir même en prévenant les ruines particulières, causées par des difficultés momentanées, au moyen de secours provisoires.

Il y a là une attitude d'esprit fort curieuse, non point que cette doctrine étatiste soit bien mieux qu'une ébauche, un aperçu, un pressentiment des questions qui seront les questions du lendemain; mais parce qu'elle est l'apologie du travail, source de richesse pour les nations comme pour les individus, et que l'État doit empêcher de tarir. Autour de Montesquieu, ce n'était qu'une immense clameur en faveur des hôpitaux, où s'abriterait la misère. Mais lui s'est raidi contre ces aspirations générales; loin de proclamer l'utilité sociale de ces établissements charitables, il en a surtout montré la déplorable influence. C'est qu'il songe moins à s'apitoyer sur la misère qu'à provoquer l'essor du travail. La question du paupérisme est liée, à ses yeux, à celle de l'activité. Sans doute, des maux passagers peuvent arrêter son développement et susciter des crises économiques : il suffira que la nation accorde des secours momentanés. Mais si la nation est pauvre ? Montesquieu, qui estime que cette pauvreté provient, presque toujours, de l'esprit de paresse où s'engourdit un peuple, demande au législateur de proposer des moyens excitateurs d'énergie. Tout autre remède n'est qu'un palliatif : « Tous les hôpitaux du monde ne sauraient guérir cette pauvreté ; au contraire, l'esprit de paresse qu'ils inspirent augmente la pauvreté générale et, par conséquent, la particulière. Henri VIII, voulant réformer l'Église en Angleterre, détruisit les moines, nation paresseuse elle-même et qui entretenait la paresse des autres, parce que, pratiquant l'hospitalité, une infinité de gens oisifs, gentilshommes et bourgeois, passaient leur vie à courir de couvent en couvent. Il ôta encore les hôpitaux, où le bas peuple trouvait sa subsistance. Depuis ces changements, l'esprit de commerce et d'industrie s'établit en Angleterre. A Rome, les hôpitaux font que tout le monde est à son aise, excepté ceux qui travaillent, excepté ceux qui ont de l'industrie, excepté ceux qui cultivent les arts, excepté ceux qui ont des terres, excepté ceux qui font le commerce [1]. » On peut dire que le dernier mot de Montesquieu sur le paupérisme est celui-ci : Travaille, le travail est richesse.

A cela se réduit ce que certains ont appelé le socialisme de Montesquieu et qui fut simplement une certaine impatience de la misère humaine, le pressentiment des questions sociales qu'un avenir prochain était appelé à résoudre. Plusieurs de ces revendications prennent déjà, dans l'œuvre du Président, une fermeté de ton bien remarquable, mais dans l'ensemble, elles sont moins exprimées que sous-entendues. Ce sont des lueurs éclatantes, mais fugitives.

---

1. *Esprit des lois*, liv. XXIII, ch. XXIX.

CHAPITRE V

LES IDÉES ÉCONOMIQUES DE MONTESQUIEU.

I. Le luxe et les lois somptuaires. — II. Le commerce. — III. La monnaie. — IV. La population. — V. Les impôts.

Il est difficile de considérer Montesquieu comme un véritable économiste. Ses contemporains ne lui reconnaissaient guère d'autre mérite, à ce point de vue, que celui d'avoir « déterminé les esprits à s'appliquer à l'étude » de ces problèmes nouveaux. Néanmoins les idées économiques de Montesquieu sont extrêmement intéressantes, parce que, d'un côté, elles témoignent d'une indépendance d'esprit tout à fait remarquable à l'égard des théories régnantes, et que, d'un autre côté, elles apparaissent comme les conséquences presque obligées d'une méthode d'investigation sociale dont nous avons déjà relevé les multiples effets sur les conceptions politiques, morales et sociales de notre auteur.

Comme dans ces divers domaines, Montesquieu reste, encore ici, le prisonnier de ses formules initiales. Par cette attitude, le philosophe donne à son système une admirable cohésion, l'unité de la méthode et l'unité de la doctrine, mais l'esprit systématique nuit peut-être à l'objectivité, à la vérité des enquêtes particulières [1].

---

1. Pour plus de détails, voir la thèse de M. Charles Jaubert : *Montesquieu économiste*, Paris, Pedone, 1901.

I

Jusqu'au xviii° siècle, les moralistes et les écrivains politiques avaient très nettement condamné le luxe. La sagesse antique et la religion chrétienne s'unissaient dans cet anathème, au nom d'un idéal moral de frugalité et d'ascétisme. Fénelon lui-même, qui mit quelque complaisance à accueillir dans sa cité idéale les mesures libérales et respectueuses de la liberté individuelle, soumettait, avec une rigueur puérile, le faste des citoyens à une censure impitoyable. Cependant, de cette condamnation sévère, le xviii° siècle est passé à une apologie éperdue du luxe. Les philosophes anglais sont, en grande partie, responsables de ce mouvement d'idées, et si Montesquieu fut l'un des premiers en France à prendre la défense du luxe, c'est qu'il avait trouvé la confirmation de ses propres idées dans les théories audacieuses de l'Anglais Bernard Mandeville. A quelle date précisément? C'est ce qu'il est très difficile de déterminer, mais par la différence des arguments invoqués, une première fois dans les *Lettres persanes,* puis dans l'*Esprit des lois,* il semble bien que ce ne fut pas avant 1721. A ce moment, Montesquieu prend la défense vigoureuse du luxe, qu'il justifie par des considérations d'intérêt social. On accusait les arts, l'expression la plus haute du luxe, d'amollir les hommes, d'efféminer les peuples et de préparer ainsi la chute des empires. Montesquieu n'en croit rien : l'accusation n'atteint évidemment pas ceux qui s'y appliquent. « Il n'est donc question que de ceux qui en jouissent. Mais comme dans un pays policé ceux qui jouissent des commodités d'un art sont obligés d'en cultiver un autre, à moins que de se voir réduits à une pauvreté honteuse, il s'ensuit que l'oisiveté et la mollesse sont incompatibles avec les arts. » Là où les arts fleurissent davantage, la vie est plus dure, plus occupée, plus active. Pour les délices d'un homme, cent autres travaillent sans relâche, et pour la parure d'une femme, cinquante artisans ne dorment plus et n'ont plus le loisir de boire et de manger. Cette ardeur se répand dans toutes les conditions : le luxe est excitateur d'énergie. Il est encore une source de richesse : l'art et l'industrie dérivent de lui, et sont les facteurs les plus puissants de la richesse nationale. Supprimons le luxe : plus d'émulation, ni de circulation de numéraire. Chacun ne tirant son revenu que de sa terre, sans songer à la fantaisie ou au superflu, n'en tirera que ce qu'il faut pour ne pas mourir de faim. Les revenus des particuliers cesseront, et donc ceux du prince ; l'État dépérira, la population diminuera, la mort viendra. « De tout ceci il faut conclure, Rhédi, que pour qu'un prince soit puissant, il faut que ses sujets vivent dans les délices; il faut qu'il travaille à leur procurer toutes sortes de superfluités avec autant d'attention que les nécessités de la vie [1]. »

Cette théorie, à laquelle Montesquieu n'apporte aucun tempérament, est certainement excessive. Il serait déplorable que, sous prétexte d'augmenter l'activité d'une nation, le législateur favorise l'extension du luxe à tous les degrés de la société. Le luxe des grands enrichit les petits ; celui des petits les dévore eux-mêmes. Aussi bien, l'auteur des *Considérations sur les Romains* apportera-t-il les restrictions nécessaires : « Le malheur d'un État, dit-il, n'est pas que le luxe y règne, mais qu'il règne dans des conditions qui, par la nature des choses, ne doivent avoir que le nécessaire physique [2]. »

1. *Lettres persanes*, CVII.
2. *Considérations*, chapitre XVI.

Mais ce texte est une addition tardive ; il n'apparaît pas dans les éditions antérieures à celle de 1748, et à cette date, Montesquieu avait, depuis longtemps, élaboré une apologie assez curieuse du luxe.

Sans doute, il néglige de le définir, — et on le lui a assez sévèrement reproché, — mais il analyse avec une singulière profondeur ses conditions d'existence. Le luxe suppose d'abord l'inégalité des fortunes, et s'étend dans la proportion de cette inégalité même. S'il n'y a partout que le nécessaire physique, il n'y a point de luxe : il sera égal à zéro. Celui qui aura le double aura un luxe égal à un ; doublons encore et le luxe sera égal à trois, puis à sept, puis à quinze et ainsi de suite, dans la progression du double plus une unité. Le luxe suppose ensuite, si l'on envisage divers États, l'inégalité des fortunes nationales. Ainsi en Pologne, l'inégalité des richesses est extrême, mais, au total, l'État est pauvre. Il y aura donc moins de luxe que dans un État plus riche. Le luxe suppose les agglomérations de citoyens, de grandes villes, une capitale populeuse. « Plus il y a d'hommes ensemble, plus ils sont vains, et sentent naître entre eux l'envie de se signaler par de petites choses. S'ils sont en si grand nombre que la plupart soient inconnus les uns aux autres, l'envie de se distinguer redouble, parce qu'il y a plus d'espérance de réussir. Le luxe donne cette espérance, chacun prend les marques de la condition qui précède la sienne... Quelques gens ont pensé qu'en assemblant tant de peuple dans une capitale on diminuait le commerce, parce que les hommes ne sont plus à une certaine distance les uns des autres. Je ne le crois pas : on a plus de désirs, plus de besoins, plus de fantaisies, quand on est ensemble[1]. »

Si la théorie du luxe est demeurée, malgré ces aperçus

---

[1]. *Esprit des lois*, liv. VII, ch. I.

ingénieux, fort incomplète dans l'*Esprit des lois*, cela tient à ce que l'auteur, abandonnant le point de vue philosophique de la question, la légitimité de la nature du luxe, ne songe plus qu'à l'étudier dans ses rapports avec les différents principes des trois gouvernements. A tout prix, il fallait que la vertu, l'honneur et la crainte eussent une répercussion sur le luxe lui-même. Toutes les considérations de Montesquieu se présentent donc comme les conséquences d'un principe, le déroulement logique d'un axiome primordial. La vertu républicaine exige que les richesses soient également partagées. Chaque citoyen ne jouit ainsi que du nécessaire physique; chacun vit de son travail, et l'égalité est parfaite entre le travail, la production et la consommation. En République, il n'y a point de place pour le luxe. Au fur et à mesure que l'inégalité s'est introduite dans les Républiques, le luxe est apparu; et le danger est médiocre tant que le luxe est lui-même insignifiant, mais la République court à sa perte, quand la recherche des jouissances rares tourne l'esprit des citoyens vers l'intérêt particulier et leur inspire des désirs immenses. Des lois somptuaires sévères sont alors nécessaires[1].

L'aristocratie, qui se fonde, quoique à un moindre degré, sur l'esprit de modération, ne saurait non plus adopter le luxe, « contraire à cet esprit ». On aura donc le spectacle peu banal de nobles très riches qui ne peuvent pas dépenser, et de gens très pauvres qui ne peuvent pas recevoir. C'est à de pareilles conclusions, qui justifieraient bien le mot cruel de Mme du Deffand, qu'aboutit Montesquieu, prisonnier d'une formule initiale, qu'il imagine à tout prix créatrice.

Dans les monarchies, au contraire, le luxe est nécessaire.

---

1. *Esprit des lois*, liv. VII, ch. IV.

Les richesses y sont inégalement partagées, et si les riches n'y dépensent pas beaucoup, les pauvres mourront de faim. Ils ne se sont en effet enrichis qu'au détriment de ces derniers, en leur ôtant tout ou partie du nécessaire physique. Il faut donc qu'ils dépensent à proportion de ces inégalités mêmes, et selon une progression constante. Le luxe doit aller en croissant du laboureur à l'artisan, au négociant, aux nobles, aux magistrats, aux grands seigneurs, aux traitants, aux princes. Montesquieu y voit une nécessité absolue : sans cela, l'État monarchique ne se soutiendrait pas, tout serait perdu. Les monarchies n'établiront pas de lois somptuaires. Toutefois elles pourront se défendre contre des marchandises étrangères d'un prix trop élevé, et proscrire le luxe quand la culture des terres souffrira de l'abandon et qu'il n'y aura plus corrélation entre le nombre du peuple et la facilité de le faire vivre [1].

II

Parmi les questions qui permirent à Montesquieu de s'opposer, soit aux théories de l'antiquité, soit aux doctrines de ses contemporains, celle du commerce est l'une des plus intéressantes. Les anciens témoignaient une estime très médiocre à l'égard de cette source de la fortune publique. Se fondant sur la distinction de la valeur d'usage et de la valeur d'échange, Aristote élaborait une théorie qui condamnait la pratique du commerce. Il consiste, en effet, moins à assurer les transactions nécessaires pour contenter les besoins réciproques des hommes, qu'à rechercher l'acquisition d'un gain. Cet art factice d'amasser des richesses n'a pas de fin déterminée, et d'autre part il

---

1. *Esprit des lois*, liv. VII, ch. IV.

tend à ajouter sans cesse richesses à richesses dans une progression indéfinie. Cette espèce d' « industrie » est donc hors nature, injuste et servile. Les hommes libres, soucieux de leur dignité, rejetteront le trafic qui dégrade et amollit les âmes [1].

Ces idées, quelques transformations qu'elles aient subies à travers les âges, subsistaient encore au xviiie siècle, et par exemple la noblesse eût cru déroger, en se livrant au commerce. Montesquieu répond d'abord au reproche d'Aristote : « Le commerce, s'il corrompt les mœurs pures, polit et adoucit les mœurs barbares. Le principal effet est de porter à la paix : deux nations qui négocient ensemble se rendent réciproquement dépendantes [2]. »

Puis il examine les conditions dans lesquelles s'exerce l'esprit commercial des nations. Les critiques ont vivement reproché à notre auteur de n'avoir rien dit du commerce intérieur, « paraissant ainsi supposer qu'il serait nul et d'aucun effet, s'il ne devait pas donner les moyens de faire des profits sur les étrangers [3] ». En revanche, Montesquieu s'étend longuement sur le commerce international, qu'il représente de la façon suivante : « Les effets mobiliers, comme l'argent, les billets, les lettres de change, les actions sur les compagnies, les vaisseaux, toutes les marchandises, appartiennent au monde entier qui, dans ce rapport, ne compose qu'un seul État dont toutes les sociétés sont les membres. Le peuple qui possède le plus de ces effets mobiliers de l'Univers est le plus riche. Quelques États en ont une immense quantité : ils les acquièrent chacun par leurs denrées, par le travail de leurs ouvriers, par leur industrie, par leurs découvertes, par le hasard

---

1. Cf. *Politique*, liv. I, ch. vi : des produits artificiels ; origine du commerce et de la monnaie.
2. *Esprit des lois*, liv. XX, ch. i et ii.
3. Destutt de Tracy, *Commentaire sur l'Esprit des lois*, Paris, 1882, p. 360.

même. L'avarice des nations se dispute les meubles de tout l'univers[1]. »

D'autre part, la différence des climats, de fertilité du sol, etc... engendre dans les nations des besoins divers. Les peuples du Midi ont « beaucoup de commodités pour la vie » et peu de besoins. Les peuples du Nord ont beaucoup de besoins et la nature leur donne peu. Ceux-ci seront dans la nécessité de faire un grand commerce. La nature du climat peut être telle qu'elle ne demande ni ne permet à certains peuples presque rien de ce qui vient de pays lointains : notre luxe serait un fardeau pour les habitants de l'Inde, et notre argent une superfluité pour ceux d'Afrique qui possèdent en abondance les métaux précieux. Nous demanderons à l'Inde des marchandises nécessaires à la vie de l'Europe, et rapporterons d'Afrique les métaux précieux. Il y a, par suite, dans le monde une espèce de « balancement » qui crée entre les peuples les relations continues, une harmonie naturelle et créatrice de civilisation[2].

La diversité de ces conditions explique que l'on puisse distinguer le commerce de luxe et celui d'économie. Celui-là a pour objet de procurer à la nation qui le fait tout ce qui peut servir à son orgueil, à ses délices et à ses fantaisies. Celui-ci s'occupe de transporter d'une nation ce qui manque à l'autre.

Destutt de Tracy et après lui J.-B. Say ont vivement critiqué cette distinction[3] : elle aurait l'inconvénient de ne pas représenter les choses telles qu'elles se passent et d'embrouiller les idées au lieu de les éclaircir. D'autant que l'auteur de l'*Esprit des lois*, obéissant encore ici à la

---

1. *Esprit des lois*, liv. XX, ch. xxiii.
2. *Id.*, liv. XXI, ch. iii.
3. Destutt de Tracy, *Commentaire...*, p. 368-369; J.-B. Say, *Traité d'économie politique*, Paris, MDCCCXIV, Préliminaire, p. xli.

tendance systématique de son esprit, attribue le commerce de luxe « au gouvernement d'un seul », et celui d'économie « au gouvernement de plusieurs ». Là en effet les fortunes sont inégales et les habitants enclins au luxe et au faste, mais l'égalité règne dans les gouvernements républicains, et les habitants, ayant peu ou point de richesses naturelles à mettre en valeur, sont réduits à dépenser leur activité dans le négoce. C'est ainsi que les républiques de Tyr, de Carthage, d'Athènes, de Marseille, de Florence, de Venise et de Hollande ont fait le commerce [1]. Montesquieu a nettement aperçu l'importance et la fragilité de la distinction qu'il proposait. Aussi s'est-il ingénié à multiplier les preuves en sa faveur. Après celle qu'il tire de l'inégalité des fortunes dans les différentes sortes de gouvernement, il invoque celle de la nature même du commerce d'économie. Celui-ci se fonde uniquement sur la pratique de gagner peu, d'empêcher la concurrence des autres nations, et ne se dédommage qu'en gagnant continuellement. Un peuple qui dépense beaucoup, qui est livré au luxe ne saurait se satisfaire de cette médiocrité. De plus, on croit avoir dans les États républicains une plus grande certitude de sa propriété; cette sécurité fait tout entreprendre, et l'on ose courir des risques pour acquérir davantage. Les grandes entreprises de commerce ne sont donc pas pour les monarchies, mais pour les États républicains. Dans les États despotiques, on travaille plus à conserver qu'à acquérir; dans une nation libre, on travaille plus à acquérir qu'à conserver [2].

Montesquieu adoucit lui-même ce que ces principes avaient d'exagéré, et dans l'édition de 1750, il inséra un paragraphe, où l'on peut voir un véritable correctif : « Je

---

[1]. *Esprit des lois*, liv. XX, ch. IV.
[2]. *Id.*, liv XX, ch. IV.

ne veux pas dire qu'il y ait aucune monarchie qui soit totalement exclue du commerce d'économie; mais elle y est moins portée par sa nature. Je ne veux pas dire que les républiques que nous connaissons soient entièrement privées du commerce de luxe; mais il a moins de rapport à leur constitution [1]. »

Bien que les grandes questions d'économie sociale qui touchent au commerce ne soient qu'effleurées dans l'*Esprit des lois*, la puissance du penseur se fait néanmoins sentir dans ces considérations un peu rapides. Montesquieu ne voulait pas que, sous prétexte de suprématie économique et, par elle, de suprématie politique, les nations se fissent une guerre sans merci. En cherchant à ruiner le commerce des autres, un État se ruine lui-même : « La raison en est claire : un État ruiné ne peut faire d'échanges avec les autres, les autres ne peuvent pas non plus faire d'échanges avec lui. Ce qui fait que l'on ne sent pas bien cela, c'est qu'on ne sent bien que le mal qui vous vient de la perte du commerce immédiat. Toutes les nations tiennent à une chaîne et se communiquent leurs maux et leurs biens[2]. » Il y a donc, entre les nations, comme entre les individus, une véritable solidarité : tous profitent du bonheur d'un seul. Il ne suffit même pas de ne pas vouloir ruiner un peuple, il faut encore établir, aussi large que possible, la liberté du commerce. « La vraie maxime est de n'exclure aucune nation de son commerce sans de grandes raisons... C'est la concurrence qui met un prix juste aux marchandises, et qui établit les vrais rapports entre elles. Encore moins un État doit-il s'assujettir à ne vendre ses marchandises qu'à une seule nation, sous prétexte qu'elle les prendra toutes à un certain prix; » ce

---

1. *Esprit des lois,* liv. XX, ch. IV, à la fin.
2. Cf. *Pensées inédites,* t, I, p. 161.

serait renoncer à toute possibilité de gains supérieurs, par désir d'un gain assuré [1].

Cette idée de la prospérité des nations fondée sur les avantages réciproques qu'elles se concèdent, sur des relations commerciales aussi suivies que cordiales, était, au temps de Montesquieu, une nouveauté et comme une curiosité. On était alors généralement persuadé que les nations doivent être, sur les questions économiques, en antagonisme perpétuel, la prospérité de l'une ne s'obtenant que par l'appauvrissement de l'autre. Le commerce produit ainsi un état de tension universelle. Cette manière de voir conduisait chaque État à s'efforcer de monopoliser l'industrie et le commerce au profit de ses nationaux.

Par un autre côté, la théorie de Montesquieu, bien que se rattachant par de nombreux points de contact à la doctrine mercantiliste dont Melon était alors le glorieux représentant, s'en distinguait assez néanmoins pour apparaître fort singulière. Dans le système mercantiliste, une nation doit tendre à se suffire à elle-même; elle peut cependant réaliser un surcroît de production pour l'échanger au dehors contre du numéraire; en tout cas, s'appliquera-t-elle à faire prédominer les exportations sur les importations [2]. — Montesquieu réclame pareillement cette balance du commerce : « Un pays qui envoie toujours moins de marchandises ou de denrées qu'il n'en reçoit, se met lui-même en équilibre en s'appauvrissant; il recevra toujours moins, jusqu'à ce que, dans une pauvreté extrême, il ne reçoive plus rien [3]. » Il importe peu que le pays achète beaucoup, s'il vend dans une égale proportion : sa situation ne sera nullement modifiée. Mais quand il achète plus

---

1. *Esprit des lois*, liv. XX, ch. IX.
2. *Id.*, liv. XX, ch. XXIII.
3. Melon, *Essai politique sur le commerce*, dans Daire, *Économistes financiers du XVIIIe siècle*, p. 799.

qu'il ne vend, il y a diminution du numéraire, donc appauvrissement, et l'État marche à sa ruine.

Le commerce enfin doit-il être libre? Montesquieu semble avoir adopté la réponse de son ami Melon : « La liberté du commerce, dit-il, n'est pas une faculté accordée aux négociants de faire ce qu'ils veulent; ce serait bien plutôt sa servitude. Ce qui gêne le commerçant ne gêne pas pour cela le commerce. C'est dans les pays de la liberté que le négociant trouve des contradictions sans nombre, et il n'est jamais moins croisé par les lois que dans les pays de la servitude [1]. » La liberté, dans la mesure même où elle peut se concilier avec le développement économique du pays, c'est à cette solution que se tiennent Melon et Montesquieu. Il y a là une affaire d'appréciation que notre philosophe abandonne à l'État : celui-ci, jaloux des véritables intérêts du pays, doit avoir le privilège et la responsabilité d'établir les mesures restrictives. En Angleterre, on voit les tarifs changer, pour ainsi dire, à chaque parlement. C'est que le gouvernement ne cesse de veiller aux vicissitudes du commerce; il se dirige au gré de ce flot mouvant. « Dans la guerre que l'Espagne eut avec les Anglais en 1740, elle fit une loi qui punissait de mort ceux qui introduiraient dans les États d'Espagne des marchandises d'Angleterre; elle infligeait la même peine à ceux qui porteraient dans les États d'Angleterre des marchandises d'Espagne [2]. » Voilà l'exagération d'un régime restrictif, dont Montesquieu ne méconnaîtrait pas la bienfaisance.

---

[1]. Dès son voyage en Italie, Montesquieu avait pu apprécier les effets de la liberté du commerce à Venise. Cf. *Voyages*, t. II, p. 46, 51, 70, 128. Son esprit est alors très préoccupé de ces questions de commerce. Il se propose d'acheter divers livres, principalement un *Atlas maritime du commerce*, et la *Balance du commerce de l'Angleterre avec la France* par Law. Cf. *Voyages*, t. II, p. 78. En 1734, il critique certaines mesures protectionnistes prises par le Portugal. Cf. *Pensées inédites*, t. II, p. 421.

[2]. *Esprit des lois*, liv. XX, ch. XII. Voir Melon : *Essai politique sur le commerce*, ch. XI.

Laisser à un pareil gouvernement la faculté de statuer absolument sur la liberté du commerce, est s'exposer à subir la pire des servitudes.

Aussi bien, Montesquieu ne nie-t-il pas que l'industrie nationale ait parfois besoin d'être protégée. Mais il ne conseille qu'avec des ménagements infinis l'interdiction d'exporter, déconseille énergiquement les prohibitions d'importer et répugne invinciblement à frapper de droits les matières premières importées[1]. Que faire enfin? Montesquieu ne croit pas que le conflit de la protection et du libre échange soit insoluble, et il indique par quelle voie il convient d'en chercher la solution : « Là où il y a commerce, il y a des douanes. L'objet du commerce est l'exportation et l'importation des marchandises en faveur de l'État, et l'objet des douanes est un certain droit sur cette même exportation et importation, aussi en faveur de l'État. Il faut donc que l'État soit neutre entre sa douane et son commerce, et qu'il fasse en sorte que ces deux choses ne se croisent point; et alors on y jouit de la liberté du commerce[2]. »

Ce sont là des théories où, peut-être, l'on ne retrouve pas cette puissance de cohésion que l'on admire dans les idées politiques de notre auteur, mais leur but est semblable : elles tendent à sauvegarder la liberté[3].

1. *Pensées inédites*, t. I, p. 447.
2. *Esprit des lois*, liv. XX, ch. XIII. Montesquieu adoptait pour ces questions les vues de son ami Melon : « La plus grande des maximes, disait celui-ci, c'est que le commerce ne demande que liberté et protection. » Cependant, à la suite de Melon, les théoriciens mercantilistes songeaient à assurer l'afflux de l'or dans le pays, en quantité suffisante pour balancer la valeur des choses exportées et permettre encore aux habitants d'acquérir ce qui leur manque. Montesquieu n'a pas cette préoccupation, et par là ses idées se rapprochent davantage du système protectionniste de l'abbé de Saint-Pierre, qu'il connaissait bien.
3. Il faut noter que peu de temps après les théories de Melon, un Bordelais, Cl.-Jacques Herbert, fermier des carrosses de Bordeaux, enseignait lui aussi dans un *Essai sur la police générale des grains*, 1754, la nécessité de la liberté du commerce.

III

Montesquieu a consacré tout un livre de l'*Esprit des lois* à l'étude des rapports des lois et de la monnaie. Le titre n'est peut-être pas tout à fait exact, car ce que ce livre développe, ce sont moins des rapports que des aperçus indépendants sur une question alors très débattue. Il n'y en avait point d'ailleurs de plus actuelle ni de plus pressante. La France souffrait d'une misère effroyable. S'il faut en croire ce grand honnête homme qu'était Vauban, vers 1707, la dixième partie du peuple était réduite à la mendicité, et des neuf autres parties, quatre à peine étaient en état de faire l'aumône, malgré les criantes dettes qui les accablaient. Vers le même temps, Boisguillebert prétend que « deux ou trois cent mille créatures au moins périssent toutes les années de misère ». La situation financière du pays n'était pas moins déplorable. A la mort du grand roi, le capital de la dette publique était de 2.356.000.000. liv., et si les impôts rendaient 166 millions, les revenus libres ne dépassaient pas ordinairement 68 millions. Or la moyenne des dépenses publiques était alors d'environ 200 millions par année. Dans une pareille confusion, toute tentative pour fonder systématiquement une science nouvelle eût été prématurée. On allait, d'instinct, au plus pressé. Les hommes de bien qui se laissaient émouvoir au spectacle de la détresse publique n'étaient frappés que d'un seul fait, le désordre des finances. Le numéraire devenait rare et la misère s'étendait. L'augmentation du numéraire était ainsi le grand problème à résoudre — avant tout autre[1].

[1]. Pour plus de détails, voir Daire : *Économistes financiers du XVIIIe siècle*.

De là cette abondance de traités financiers où l'histoire se mêle à la théorie, et les conceptions utopiques aux vues profondes. Montesquieu les avait certainement pratiqués et nous retrouverons chez lui l'écho de ces devanciers. Au reste, J.-B. Say nous prévient que ses idées sont toutes fausses, qu' « il n'entendait absolument rien à la théorie des monnaies », et que d'ailleurs « personne n'y entendait plus que lui jusqu'à Hume et Ad. Smith[1] ».

Il n'est cependant pas sans intérêt de savoir ce que l'on pensait de cette question autour de Montesquieu, et ce que lui-même apporta de nouveauté et de clarté. Deux théories divisaient les économistes financiers. L'une — c'était celle de Boisguillebert — ne regardait comme de vraies richesses que celles qui répondent aux besoins des hommes. L'or et l'argent ne sont utiles que comme moyens d'échanges; ils contribuent à l'enrichissement d'un pays, mais ne constituent pas sa richesse véritable, si ce n'est pour l'Inde et le Pérou, dont ils sont les productions naturelles. D'où il suit qu'un pays peut être très prospère, tout en ne possédant qu'une faible quantité d'argent, et qu'un autre n'ayant que de l'argent peut être très misérable, s'il ne peut l'échanger que difficilement contre les denrées nécessaires à la vie[2].

L'autre — c'était celle de Law, et un peu plus tard de Dutot, — sous l'influence de ce système mercantiliste qui avait pour but l'accumulation des métaux précieux, soutenait qu'une nation, de même qu'un particulier, est d'autant plus riche qu'elle possède plus de numéraire. Avec Law, elle prétendait d'une manière absolue que « toute augmentation de numéraire ajoute à la valeur d'un pays[3] ».

Montesquieu n'a jamais témoigné beaucoup de sympa-

---

1. J.-B. Say, *ouv. cit.*, t. I, p. 382.
2. Boisguillebert, *le Détail de la France*, dans Daire, *ouv. cit.*, p. 210.
3. Law, *Considérations sur le numéraire*, et Dutot, *Réflexions sur le commerce et les finances*, dans Daire, *ouv. cit.*, pp. 479 et 907.

thie pour les idées de Law[1]. Dès 1721, il prenait vivement à partie « ce faiseur de système », dont les beaux raisonnements sont « une règle moins sûre que celle donnée par le concours fortuit des astres ». Il l'accusait d'avoir ruiné le prince, l'État et ses concitoyens, et d'avoir perverti une nation naturellement généreuse, par la perspective d'une richesse subite et déshonorante. Aussi adopte-t-il la thèse de Boisguillebert : « L'or et l'argent, dit-il, avaient été établis par une convention générale pour être le prix de toutes les marchandises et un gage de leur valeur, par la raison que ces métaux étaient rares et inutiles à tout autre usage; que nous importait-il donc qu'ils devinssent plus communs et que, pour marquer la valeur d'une denrée, nous eussions deux ou trois signes au lieu d'un? Cela n'en était que plus incommode[2]. »

La question de la monnaie paraît avoir surtout préoccupé Montesquieu, vers 1725. Il poursuivait alors une sorte d'enquête sur « la principale cause de la décadence de l'Espagne[3] », s'essayant déjà à ces considérations sur la grandeur et le déclin des peuples, qu'il devait illustrer si brillamment à l'occasion de l'empire romain. Il a, dès ce moment, le souci et la coquetterie des solutions imprévues. Il recherche l'originalité dans la profondeur de la pensée. « On a donné, dit-il, plusieurs causes de la décadence de l'Espagne[4]. Il y en a une à laquelle je ne sache pas que jusqu'ici personne ait fait attention, qui est pourtant la plus considérable. » C'est la situation financière de ce pays, à la suite de la conquête du Mexique et du Pérou. Après avoir connu une prospérité sans égale, elle ne tarda pas à devenir lamentable. L'or et

---

1. Cf. *Lettres persanes*, CXXXVIII, CXLII, et *Esprit des lois*, liv. II, ch. IV; XXII, ch. VI; XXIX, ch. VI.
2. *Lettres persanes*, CV.
3. Voir ses *Réflexions sur la Monarchie universelle*.
4. On peut citer Mandeville dans sa *Fable des abeilles*, et Fénelon.

l'argent regorgèrent sur le marché espagnol, mais en même temps la misère s'étendait. Pourquoi cela? Montesquieu l'explique par la nature de l'or et de l'argent, envisagés comme sources de richesses. Pour Montesquieu, il existe deux espèces de richesses : les unes « réelles », « naturelles », issues du sol et de l'industrie, les autres « de fiction ou de signe » qui, d'elles-mêmes, valent peu ou point. Celles-là se renouvellent sans cesse ; celles-ci se détruisent peu, mais plus elles se multiplient, plus elles perdent de leur prix, parce qu'elles représentent moins de choses. L'or et l'argent sont des richesses de fiction. A mesure que leur quantité s'accroît, leur dépréciation augmente, de telle sorte qu'on est obligé d'en donner une plus grande quantité qu'auparavant pour avoir la même quantité de marchandise. L'Espagne ne vit pas que cette augmentation pourrait profiter à tout le monde, sauf à elle-même. L'argent doubla en Europe, et le profit diminua de moitié pour l'Espagne : « Ainsi les flottes qui portèrent en Espagne la même quantité d'or portèrent une chose qui réellement valait la moitié moins et coûtait la moitié plus. Si l'on suit la chose de doublement en doublement, on trouvera la progression de la cause de l'impuissance des richesses de l'Espagne. » De tout ceci, Montesquieu conclut « que si l'on découvre des mines si abondantes qu'elles donnent plus de profit, plus elles seront abondantes, plus tôt le profit finira[1] ». Il semble que l'histoire démente ces prévisions, car les Égyptiens, les Athéniens et les Macédoniens se sont servis de leurs mines pour accroître leur puissance. Montesquieu répond à cela que ces mines, étant au centre de ces États, constituaient une véritable industrie nationale alimentant les autres industries, et cette explication lui paraît si probante qu'au retour de ses voyages, il ajoute en

---

1. *Esprit des lois*, liv. XXI, ch. XXII.

marge que c'est encore là tout l'avantage des mines qu'il a visitées en Allemagne et en Hongrie[1].

Ces idées restèrent toujours celles de Montesquieu. Leur exposé a pu subir de multiples changements, le goût de l'écrivain imposer des modifications profondes à l'expression de la pensée ; l'essentiel de ces idées a passé, intact, dans les *Réflexions sur la monarchie universelle en Europe*, de 1725, en attendant de trouver une place définitive dans l'*Esprit des lois*[2].

Mais ce n'est pas impunément que, de 1725 à 1744, les contemporains de Montesquieu ébauchèrent les premiers contours de la science économique. Leurs théories sur la monnaie éveillèrent ou provoquèrent la pensée de notre philosophe, et, dans le XXII° livre de l'*Esprit des lois,* il condense ce qui se dit autour de lui. Voici comment il y explique d'abord les rapports de la monnaie et des marchandises. Il imagine que le monde est partagé entre une certaine quantité de marchandises et une certaine quantité d'or et d'argent, qui se font équilibre. Les variations entre leurs rapports dépendent donc de cette stabilité. Que si la quantité du numéraire augmente, le prix des marchandises augmentera. Que si au contraire la masse des marchandises s'accroît dans la proportion de l'augmentation du numéraire, les rapports ne seront pas modifiés[3].

Montesquieu signale encore que l'accroissement du numéraire a pour effet de faciliter la libération des débiteurs. En vendant les choses beaucoup plus qu'ils ne l'auraient fait auparavant, ceux-ci profitent de l'excédent et les créanciers au contraire subissent une perte. Ces relations nouvelles tendent à égaliser les fortunes.

---

1. En effet le paragraphe : « Mon raisonnement ne porte pas sur toutes les mines... » fut ajouté au ch. XXII.
2. En effet ces Réflexions ont donné naissance au ch. XXII du livre XXI.
3. *Esprit des lois*, liv. XXII, ch. VIII.

Enfin, dernière conséquence : l'augmentation du numéraire entraîne une diminution du taux de l'intérêt : « L'Inca Garcilasso dit qu'en Espagne, après la conquête des Indes, les rentes qui étaient au denier dix, tombèrent au denier vingt. Cela devait être ainsi. Une grande quantité d'argent fut tout à coup portée en Europe ; bientôt moins de personnes eurent besoin d'argent ; le prix de toutes choses augmenta et celui de l'argent diminua ; la proportion fut donc rompue ; les anciennes dettes furent éteintes... Ceux qui avaient de l'argent furent obligés de diminuer le prix ou le louage de leur marchandise, c'est-à-dire l'intérêt[1]. »

Ces longues dissertations, dont les économistes d'aujourd'hui se plaisent à reconnaître la puissance, à une époque où la science de la monnaie était encore à peu près inconnue, permirent à Montesquieu d'entreprendre d'érudites recherches sur les opérations que firent les Romains sur les monnaies, et sur l'usure qu'ils pratiquaient. Nous ne saurions suivre notre auteur dans ces développements historiques ; il suffit d'entrer, à sa suite, dans le domaine des idées. Montesquieu propose en effet une théorie nouvelle, afin de rendre impossibles les altérations des monnaies. L'unanimité était loin d'être parfaite, sur ce point[2]. Melon lui-même soutenait que cette altération est licite et avantageuse parce que cette mesure, étant profitable aux débiteurs, tourne au profit du gouvernement qui a toujours des dettes, et du peuple lui-même, où les débiteurs sont toujours en plus grand nombre que les créanciers. De son côté Law qui, en théorie, condamnait cet expédient et voyait dans toute pièce de monnaie une marchandise dont la valeur est in-

---

1. *Esprit des lois*, liv. XXII, ch. vi.
2. Voir sur cet épisode, *Mémoires* de d'Argenson, édit. Rathery, t. I, p. 342-346, et la lettre de Voltaire à Thériot.

dépendante de la volonté du souverain, s'empressa, aussitôt arrivé au pouvoir, d'altérer la monnaie. On vit la proportion d'argent dans les pièces d'une livre varier, en 1720, de la 61ᵉ partie d'un marc d'argent à la 130ᵉ, remonter à la 14ᵉ et déchoir quelque temps après à la 173ᵉ. Mais le judicieux Dutot établit qu'on ne doit pas plus toucher aux monnaies qu'aux autres mesures. Montesquieu était trop honnête homme pour ne pas se ranger à l'avis de Dutot, mais il prétendit le faire par des raisons personnelles. Il distingue donc les monnaies *réelles*, contenant « un certain poids et un certain titre de quelque métal », et les monnaies *idéales*, contenant un poids moindre et remplissant cependant les mêmes fonctions[1]. Mais le négoce est par lui-même très incertain ; et permettre la variation de ce qui est le signe des valeurs, c'est ajouter une nouvelle incertitude. Rien ne doit être si exempt de variation que ce qui est la mesure commune de tout[2].

Malgré ces ressources d'un génie inventif, Montesquieu s'en tient à une sorte d'empirisme qui consiste à exposer le mal sans remonter à son principe. Les abus du régime monétaire l'ont vivement frappé, mais, comme les économistes financiers de son temps, il n'a songé qu'à indiquer quelques remèdes au désordre des finances. Il n'a point vu, du moins assez fortement, que les faits économiques sont caractérisés par une infinie complexité, et que peut-être la meilleure façon de résoudre la question de la réforme financière d'un pays, c'est d'étudier les ressources naturelles de son territoire. C'est là du moins ce que ne cesseront de reprocher à Montesquieu et aux économistes financiers les Physiocrates, pour lesquels « la terre est l'unique source des richesses ».

---

1. *Esprit des lois*, liv. XXII, ch. III, *in fine*.
2. *Id.*, liv. XXII, ch. III.

IV

Le problème de la population est l'un de ceux que le xviii° siècle a le plus passionnément étudiés. Et ce n'était pas seulement d'après des principes abstraits, mais pour la première fois peut-être, de nombreuses statistiques, faites avec un grand soin sinon avec un plein succès, servaient de base à la discussion. Philosophes et économistes s'appuyaient sur les Mémoires des Intendants, sur la *Dîme royale* de Vauban qui dénonçait avec une éloquence précise la situation particulière de chaque province, sur un livre fort curieux, paru d'abord en 1709 et réédité en 1720 : *Dénombrement du Royaume de France*, sur l'*État de la France* de Boulainvilliers, 1727, sur bien d'autres, moins connus aujourd'hui. Tous ils étaient unanimes à déplorer la situation lamentable de la population en France. La guerre, la misère, les disettes, les fléaux de toute espèce ne cessaient de la décimer. Aussi Forbonnais s'épouvantait, et Fénelon osait écrire au grand Roi : « La culture des terres est presque abandonnée ; les villes et les campagnes se dépeuplent ; tous les métiers languissent et ne nourrissent plus les ouvriers. Tout commerce est anéanti. Par conséquent, vous avez détruit la moitié des forces réelles, au dedans de votre État, pour faire et pour défendre de vaines conquêtes au dehors. Au lieu de tirer de l'argent de ce pauvre peuple, il faudrait lui faire l'aumône et le nourrir. La France entière n'est plus qu'un grand hôpital désolé et sans provision. »

Ces inquiétudes étaient générales ; on s'imaginait assister à l'agonie d'un peuple qui, tombé dans la misère, mourait d'épuisement.

Pareille frayeur s'étendait sur tous les pays d'Europe.

Quand on comparait leur population avec celle qu'ils avaient nourrie au moyen âge, il n'était personne qui ne convînt que l'Europe était « dans le cas d'avoir besoin de lois qui favorisent la propagation de l'espèce humaine ». D'ailleurs, les philosophes considéraient comme très nécessaire pour un État l'augmentation de sa population, et faisaient valoir l'argument que Montesquieu rappellera dans une *Lettre persane*. « J'aurai peut-être occasion de prouver, y disait Usbek, que plus il y a d'hommes dans un État, plus le commerce y fleurit ; je prouverai aussi facilement que, plus le commerce y fleurit, plus le nombre des hommes s'y augmente ; ces deux choses s'entr'aident et se favorisent nécessairement[1]. »

Ainsi posé, le problème n'est susceptible d'aucune autre solution : loin d'avoir à craindre le danger de la surpopulation, le législateur doit y voir un gage de prospérité nationale. C'est pour cela que Montesquieu se déclare partisan de cet excès numérique : « Quand il n'y a que le nombre des gens suffisant pour la culture des terres, il faut que le commerce périsse ; et lorsqu'il n'y a que celui qui est nécessaire pour entretenir le commerce, il faut que la culture des terres manque ; c'est-à-dire il faut que tous les deux tombent en même temps, parce que l'on ne s'attache jamais à l'un que ce ne soit aux dépens de l'autre[2]. »

Quelques raisons, auxquelles il est étrange que Montesquieu ait accordé une véritable importance, lui semblaient justifier cette thèse hardie.

L'une était tirée de la nécessité de l'équilibre des peuples. Certains peuples, par l'effet du climat ou de toute autre cause naturelle, s'accroissent très rapidement. Ils deviennent bientôt un danger pour leurs voisins,

---

1. *Lettres persanes*, CXV.
2. *Id.*, CXVII.

moins prospères. Pour assurer leur propre sécurité, ceux-ci doivent donc favoriser le développement de la population.

Les économistes modernes subordonnent cette considération politique à la solution d'un problème économique. Le développement de la population ne doit-il pas être, dans l'intérêt même des nations, proportionnel à celui des subsistances? Et l'on sait que, depuis Malthus, cette question apparaît tous les jours plus complexe. Montesquieu, non plus d'ailleurs que ses contemporains, ne voyait là tant de finesses[1]. A ses yeux, le mouvement de la population est soumis à un rythme presque uniforme de progrès et de reculs. Avant les Romains, l'Italie, l'Asie Mineure, l'Espagne, la Gaule, la Germanie, la Grèce, regorgeaient d'habitants. Puis l'univers se dépeupla, par l'effet des guerres continuelles des Romains. Mais ceux-ci étaient sages : après avoir détruit les peuples, ils cherchèrent à favoriser la population; tant que la république resta dans la force de son institution, ils rétablirent l'état de l'univers. Mais la décadence de l'empire permit aux hordes barbares de détruire un peuple qui n'était plus que l'ombre de lui-même. Le moyen âge, par son système de la féodalité, servit utilement la cause du genre humain. Les nations redevinrent très peuplées, témoin « les prodigieuses armées de croisés, composées de gens de toute espèce ». Sous Charles IX, la France compta vingt millions d'habitants. Mais au début du xviii° siècle, la situation est complètement retournée. Si Montesquieu passe sous silence les causes de la dépopulation dont souffre l'Europe, il n'est pas moins persuadé que la

1. Cependant, signalons cette pensée : « Partout où il se trouve une place où deux personnes peuvent vivre commodément, il se fait un mariage. La nature y porte assez lorsqu'elle n'est point arrêtée par la difficulté de la subsistance. » *Esprit des lois*, liv. XXIII, ch. x.

France, n'ayant à peine que quatorze millions d'habitants, pourrait en nourrir facilement cinquante [1].

Il ne peut être question, dans ce cas, de songer à éviter que le mouvement de la population n'excède la disponibilité des subsistances. Et d'ailleurs Montesquieu n'a jamais cru à ce danger : « La faim, disait-il, ne se fait pas moins sentir dans les pays peu peuplés que dans les autres. Souvent même, elle fait plus de ravages, parce que, d'un côté, le commerce ne leur procure pas promptement les secours étrangers, et que, de l'autre, la pauvreté les empêche d'en jouir [2]. »

On comprend que ces principes aient rendu notre auteur si sévère à tous les usages, à toutes les lois civiles ou religieuses qui, de près ou de loin, tendaient à arrêter la propagation de l'espèce humaine. Il épanchera sa colère en onze lettres persanes [3]. Il y incrimine l'usage de la polygamie, chez les mahométans, car, malgré un sérail prodigieux, les hommes n'y ont qu'un très petit nombre d'enfants, la plupart du temps faibles et malsains [4]. Il y prend à partie la religion chrétienne qui a prohibé le divorce et proclamé la supériorité du célibat et de la virginité perpétuelle, ce qui « a anéanti plus d'hommes que les pestes et les guerres les plus sanglantes n'ont jamais fait [5] ». Il dénonce « l'injuste droit d'aînesse, si défavorable à la propagation, en ce qu'il porte l'attention du père sur un seul de ses enfants et détourne ses yeux de tous les autres ». Il s'élève contre les préjugés religieux qui poussent certains peuples à ne voir dans la vie terrestre qu'une étape, à juger extravagante l'ambition de

---

1. *Esprit des lois*, liv. XXIII, ch. xvii à xxvii, et *Pensées inédites*, t. I, p. 180.
2. *Pensées inédites*, loc. cit.
3. *Lettres persanes*, CXIII à CXXIV.
4. Lettre CXIV.
5. Lettres CXVI et CXVII.

laisser après soi quelque chose de durable et d'utile, des enfants même pour perpétuer un nom [1]. Enfin il dévoile les conséquences déplorables de la colonisation dont l'effet ordinaire est d'affaiblir les pays d'où l'on tire les colons sans peupler ceux où on les envoie [2].

Montesquieu n'ajoutera aucune idée essentielle, dans l'*Esprit des lois,* à celles qu'il exprimait déjà en 1721. Il y renouvellera l'assurance que, dans le problème économique de la population, il n'y a pas à se préoccuper des subsistances : elles augmenteront dans la mesure même où se développera le genre humain. Ces idées contribuèrent à mettre à la mode un système optimiste, que les physiocrates, et surtout Quesnay, s'attachèrent à renverser.

Un second principe cher à Montesquieu et qu'il fut le premier à vulgariser, était que « la douceur du gouvernement contribue merveilleusement à la propagation de l'espèce ». Les Républiques sont ainsi plus peuplées que les monarchies. Montesquieu n'en doutait nullement : « Toutes les républiques en sont une preuve constante, et, plus que toutes, la Suisse et la Hollande, qui sont les deux plus mauvais pays de l'Europe, si l'on considère la nature du terrain, et qui cependant sont les plus peuplées[3]. » La raison de ce prodige se tire de la nature même du gouvernement démocratique : l'égalité des citoyens y produit l'égalité dans les fortunes, qui maintient dans toutes les parties du corps politique l'aisance ou même l'abondance. L'opulence suit toujours la liberté. Repris dans l'*Esprit des lois*[4], ce principe, dont Montesquieu ne semble jamais avoir sérieusement éprouvé la solidité, servira encore à démontrer que « les pays ne

---

1. Lettre CXIX.
2. Lettre CXXI.
3. Lettre CXXIII.
4. *Esprit des lois,* liv. XVIII, ch. IV.

sent pas cultivés en raison de leur fertilité, mais en raison de leur liberté[1] ».

Que Montesquieu ait été victime d'une illusion, cela n'est point douteux, mais ce qui paraît plus étrange, c'est que cette illusion se soit continuée pendant tout le xviii° siècle, parmi les Encyclopédistes et jusque parmi les théoriciens de la Révolution. Damilaville écrivait, avec assurance : « L'espèce humaine, pour fructifier superbement, a besoin d'un gouvernement démocratique. » Et dans la séance du 19 juin 1792, le marquis de Pastoret affirmait tranquillement : « Il existe une relation trop peu connue entre la liberté des peuples et la population des Empires. Des calculs certains nous apprennent qu'en Hollande, où les formes étaient républicaines, il y avait, chaque année, un mariage sur 64 personnes; en Angleterre, où la monarchie est mixte, il y en a un sur 100; il n'y en avait qu'un sur 125, en France, où le gouvernement était voisin du despotisme. »

Les idées de Montesquieu trouvèrent donc un écho lointain au xviii° siècle, mais nous devons bien reconnaître que c'est leur optimisme, facile autant que gratuit, qui a provoqué parmi les physiocrates et les économistes soucieux de fonder leurs spéculations sur des statistiques, une violente réaction.

V

Les sociétés constituées abandonnent leur part d'autorité à un gouvernement, auquel elles demandent en retour de les protéger contre les attaques des nations étrangères, de les assurer contre l'injustice par des lois, de faciliter entre citoyens les rapports sociaux, de maintenir enfin la

---

[1]. *Esprit des lois*, liv. XVIII, ch. III.

libre jouissance de la propriété individuelle. Cette mission nécessite des dépenses, « des revenus d'États », alimentés par les impôts. Montesquieu définit donc les impôts : « une portion que chaque citoyen donne de son bien pour avoir la sûreté de l'autre ou pour en jouir agréablement[1] ». Au reste, il se garde d'assimiler ces contributions à une sorte de prime en échange de laquelle les particuliers seraient couverts contre les risques sociaux. Elles ne sont pas seulement à ses yeux le prix de la sûreté des personnes et des biens ; elles sont l'expédient indispensable pour faire face « aux nécessités de l'État », dans la création et le fonctionnement des grands services publics.

Ainsi défini, l'impôt demeure toujours juste, nécessaire, obligatoire, même si l'individu voulait ne plus participer aux bienfaits de la société, car une volonté défaillant, la société n'en subsisterait pas moins, avec ses besoins inévitables. Juste, l'impôt ne doit cependant pas être une occasion de vexations. Montesquieu pose en règle générale qu'il ne faut pas « prendre au peuple sur ses besoins réels pour des besoins d'État imaginaires », ne répondant pas à de vraies nécessités. « Les besoins imaginaires sont ce que demandent les passions et les faiblesses de ceux qui gouvernent, le charme d'un projet extraordinaire, l'envie malade d'une vaine gloire, et une certaine impuissance d'esprit contre les fantaisies. Souvent ceux qui, avec un esprit inquiet, étaient sous le prince à la tête des affaires, ont pensé que les besoins de l'État étaient les besoins de leurs petites âmes. Il n'y a rien que la sagesse et la prudence doivent plus régler que cette portion qu'on ôte et cette portion qu'on laisse aux sujets. Ce n'est point à ce que le peuple peut donner qu'il faut mesurer les revenus publics, mais à ce qu'il doit donner ; et si on les

---

1. *Esprit des lois*, liv. XIII, ch. I.

mesure à ce qu'il peut donner, il faut que ce soit du moins à ce qu'il peut toujours donner[1]. »

Il ne suffit pas à Montesquieu d'établir ce principe de la modération ; il s'attaque aux principes contraires. Car au xviii° siècle, au moment où les abus pesaient si lourdement sur la nation française, on affirmait couramment que les charges fiscales étaient bonnes par elles-mêmes et que, plus elles frappaient le peuple, plus celui-ci déployait de forces et d'ingéniosité pour se libérer. En augmentant les tributs, on provoquait donc un incessant développement des besoins, qui était profitable au progrès économique du pays[2]. Hume résumait cette théorie dans la maxime suivante : « Toute taxe crée chez celui qui y est soumis une faculté nouvelle de la supporter, et toute augmentation des charges publiques accroît proportionnellement l'activité industrielle du peuple[3]. » Montesquieu se révolte contre cette conclusion ; si elle a pour elle la logique, elle a contre elle les faits. Et le philosophe analyse, avec un sens très sûr de la psychologie des peuples, les motifs qui poussent au travail : c'est d'abord l'ambition que les richesses mettent dans tous les cœurs, et qui s'irrite par le travail ; c'est ensuite la satisfaction qui se déclare d'autant plus vive que la récompense s'accroît en proportion du travail. Que l'impôt supprime, par son excès même, cette satisfaction, et l'homme ne ressentira plus que du dégoût pour un labeur stérile ; que l'impôt jette un peuple dans la pauvreté, et le désespoir apparaîtra, avec l'inaction et la paresse. On aurait donc mieux fait, déclare Montesquieu, de conclure qu'il ne faut pas de charges pesantes[4].

1. *Esprit des lois*, liv. XIII, ch. 1.
2. Voir Schatz, *L'Individualisme*, Paris, 1908, p. 71.
3. Hume, *Essai sur les impôts*, dans la *Collection des grands économistes*, Paris, 1847, t. XIV, p. 62-70.
4. *Esprit des lois*, liv. XIII, ch. 11.

Les idées de l'*Esprit des lois* sont ainsi en opposition avec celles de son siècle, et l'on peut dire qu'elles sont en avance sur leur temps. Mais l'esprit de système ne tardera pas à vicier cette théorie originale : elle venait à peine de s'annoncer que, violemment, Montesquieu l'inséra dans le cadre étroit de son système. Il n'est plus question d'étudier les tributs en eux-mêmes, ni les limites qu'ils ne sauraient légitimement franchir. Il ne s'agit plus que de démontrer qu'ils ont avec la liberté, ou en d'autres termes avec la forme des gouvernements, des rapports étroits, nécessaires. Le XIIIe livre de l'*Esprit des lois* n'est donc qu'une application à un objet déterminé de la méthode indiquée au second livre.

Or, ces rapports se résument tous dans cette règle générale : « On peut lever des tributs plus forts à proportion de la liberté des sujets ; et l'on est forcé de les modérer à mesure que la servitude augmente. Cela a toujours été et cela sera toujours. C'est une règle tirée de la nature qui ne varie point : on la trouve par tous les pays, en Angleterre, en Hollande, et dans tous les États où la liberté va se dégradant, jusqu'en Turquie[1]. » La raison en est qu'il y a, dans les États modérés, un dédommagement de la pesanteur des tributs : c'est la liberté, et dans les États despotiques, un équivalent de la liberté : c'est la modicité des tributs.

Cette théorie ne se comprend bien que rapprochée de cette autre pensée de Montesquieu, assurant que la richesse d'un pays est elle-même subordonnée à la liberté. Liberté, richesse, facilité de satisfaire aux impôts, ce sont là pour Montesquieu des concepts connexes, qui permettent de poser en principe que le législateur pourra augmenter les tributs dans les États modérés, mais non dans les États

---

1. *Esprit des lois*, liv. XIII, ch. XII.

despotiques. Aussi bien, n'ignore-t-il pas que même dans les États modérés, sous le fallacieux prétexte que les citoyens se libèrent aisément des charges fiscales, le législateur peut abuser parfois de la liberté même. Dangereuse spéculation, car, dit l'auteur : « la liberté a produit l'excès des tributs ; mais l'effet de ces tributs excessifs est de produire, à leur tour, la servitude, et l'effet de la servitude, de produire la diminution des tributs[1] ».

La liberté décide donc de la grandeur des tributs ; elle règle encore la nature des impôts en vigueur dans les différents gouvernements. Le tribut naturel au gouvernement modéré est celui qui frappe les marchandises. Comme dans les États despotiques l'industrie, manquant de confiance, ne se développe pas et se limite à la production des choses indispensables, l'impôt sur les personnes est celui qui leur convient le mieux.

Ce même esprit systématique apparaît dans les deux chapitres consacrés à la perception des impôts[2]. Les idées y sont courageuses, originales ; mais on peut dire qu'elles le sont à proportion qu'elles se distinguent du système lui-même. Les impôts seront-ils perçus par la régie ou par la ferme ? Montesquieu n'hésite pas ; la régie a toutes ses préférences, puisqu'elle permet au gouvernement de presser ou de retarder la levée des tributs au gré de ses besoins, et d'économiser les profits immenses que s'attribuent les fermiers. L'idée était alors d'une actualité pressante, et il fallait quelque courage pour s'élever contre « les fortunes subites » et « l'avarice importune » de ces traitants auxquels Montesquieu refuse la gloire, l'honneur, le respect et la considération, et ne reconnaît en propre que la richesse, une richesse « scandaleuse ».

Vers 1750, Montesquieu adoucit un peu sa théorie. « J'a-

---

1. *Esprit des lois*, liv. XIII, ch. xv.
2. *Id.*, liv. XIII, ch. xix et xx.

voue, dit-il alors, qu'il est quelquefois utile de commencer par donner à ferme un droit nouvellement établi. Il y a un art et des inventions pour prévenir les fraudes que l'intérêt des fermiers leur suggère, et que les régisseurs n'auraient su imaginer : or, le système de la levée étant une fois fait par le fermier, on peut avec succès établir la régie. En Angleterre, l'administration de l'accise et du revenu des postes, telle qu'elle est aujourd'hui, a été empruntée des fermiers[1]. »

Ce que valent ces théories économiques, ce n'est point ici le lieu de le rechercher, mais nous pouvons faire nôtre cette appréciation de Montesquieu par Jean-Baptiste Say : « On a l'obligation à ce grand écrivain d'avoir porté la philosophie dans la législation, et, sous ce rapport, il est peut-être le maître des écrivains anglais qui passent pour être les nôtres[2]. » Jusque dans les lois économiques, Montesquieu fait en effet pénétrer ses conceptions philosophiques. L'une est que l'activité de l'homme, même sur le terrain économique, dépend étroitement de la forme politique des États. C'est la partie morte de l'*Esprit des lois*. L'autre est que la concurrence des intérêts économiques des différents peuples ne doit pas, comme on le répétait sans cesse au xviii° siècle, les porter à s'entre-détruire. La concurrence crée l'émulation, et celle-ci doit unir les peuples pour la réalisation d'une fin qui leur est commune : le bonheur général. C'est là le côté toujours vivant de la pensée de Montesquieu.

1. Ce paragraphe ne paraît pas dans les éditions antérieures à celles de 1753.
2. *Traité d'économie politique*, p. 23.

CHAPITRE VI

LES IDÉES RELIGIEUSES DE MONTESQUIEU.

I. Les œuvres de jeunesse et les *Lettres persanes*, pamphlet antireligieux. — II. Le développement de l'anticléricalisme : le XXV° livre de l'*Esprit des lois*. — III. La question des rapports de l'Église et de l'État au xviii° siècle; la solution du XXIV° livre de l'*Esprit des lois*. — IV. Les modifications de la pensée religieuse de Montesquieu. — V. L'attitude religieuse de Montesquieu de 1748 à 1755.

I

Si Montesquieu en vint à étudier le phénomène religieux, ce fut moins par le désir de tirer profit, pour la direction de sa vie, du spectacle des choses divines, que par le souci d'analyser les forces morales qui pèsent sur les législations des peuples. L'une des plus puissantes, des plus redoutables, est la Religion. Les rapides essais que dans sa jeunesse Montesquieu développa sur les questions religieuses s'expliquent déjà par cette pensée. Négligeons la dissertation hardie, mais scolaire, qu'il écrivait, encore sur les bancs du collège, pour démontrer qu'il est absurde de considérer comme damnés les philosophes païens[1]. Ce disciple de Cicéron et de Sénèque n'est alors qu'un décisionnaire. Mais dès 1716, le fait religieux suggère à ce jeune homme de fécondes pensées. Devant le spectacle

---

1. Ce discours n'a pas été conservé ; Montesquieu n'en a gardé que les grandes lignes.

de la religion romaine, il reconnaît la puissance du divin sur les mœurs des hommes et sur leur vie civile, et comprend, bien que cette astuce politique déplaise à sa nature ouverte et franche, que les chefs de la cité romaine aient fait de la religion le levier le plus puissant de leur histoire. C'est par elle qu'ils ont conduit le peuple, pour le plus grand bien de la république; aussi Polybe mettait-il la superstition au rang des avantages que le peuple romain avait sur les autres nations. Montesquieu admire enfin le grand esprit de tolérance dont firent preuve les Romains; et dès lors on sent que lui-même tient dans un mépris souverain toutes ces hérésies, ces guerres, ces disputes de religion qui poussent les citoyens à se persécuter et se déchirer les uns les autres[1].

Peu de temps après, la pensée religieuse du Président va s'exprimer avec une très grande liberté dans les *Lettres persanes*. Avec une complète indépendance d'esprit aussi; car, à cette époque, le rationaliste a tué en lui le croyant. Les prescriptions religieuses ne se distinguent pas, à ses yeux, des simples prescriptions humaines, et leur origine n'a rien que de naturel. Montesquieu ne s'arrête même point devant la notion traditionnelle du péché. Pour le croyant, l'idée du péché est liée au dogme d'une défense divine. Pour le philosophe, elle n'est que la manifestation d'un préjugé social, intelligible ici par des raisons politiques, là par des motifs superstitieux. « D'où vient, demande Usbek, que notre législateur nous prive de la chair de pourceau et de toutes les viandes qu'il appelle immondes? D'où vient qu'il nous défend de toucher un corps mort et que, pour purifier notre âme, il nous ordonne de nous laver sans cesse le corps? Il me semble que les choses ne sont en elles-mêmes ni pures ni impures : je ne puis con-

---

1. Cf. *La Politique des Romains dans la religion.*

cevoir aucune qualité inhérente au sujet qui puisse les rendre telles... L'idée de souillure, contractée par l'attouchement d'un cadavre, ne nous est venue que d'une certaine répugnance naturelle que nous en avons. Si les corps de ceux qui ne se lavent point ne blessaient ni l'odorat ni la vue, comment aurait-on pu imaginer qu'ils fussent impurs[1]? » La remarque portait loin : tout l'ascétisme, toute la doctrine religieuse du bien et du mal croulait par la base. Ce n'est point l'ordre de Dieu qui décide de la malice des choses ; ce sont « les sens », et comme le témoignage des sens varie d'homme à homme, il ne peut servir de règle pour décider souverainement de la pureté ou de l'impureté essentielle des choses.

Les miracles eux-mêmes, devant lesquels s'incline la raison de la foule, excitaient le rationalisme actif de Montesquieu. Le peuple aime à proclamer la puissance de Dieu; Montesquieu s'épuise à mettre en relief la puissance de la nature. « Tu me diras, disait-il, que de certains prestiges ont fait gagner une bataille ; et moi je te dirai qu'il faut que tu t'aveugles, pour ne pas trouver dans la situation du terrain, dans le nombre ou dans le courage des soldats, dans l'expérience des capitaines, des causes suffisantes pour produire cet effet dont tu veux ignorer la cause... Pour s'assurer qu'un effet qui peut être produit par cent mille causes naturelles est surnaturel, il faut avoir auparavant examiné si aucune de ces causes n'a agi ; ce qui est impossible[2]. » Et par ces paroles, Montesquieu affirmait tranquillement l'impossibilité de *constater* le miracle, à plus forte raison celle d'en affirmer la réalité.

---

[1]. *Lettres persanes*, XVII. Cette préoccupation de l'origine du concept de péché se retrouve encore dans l'*Esprit des lois*, livre XIV, ch. x, et liv. XXIV, ch. xxv, dans lesquels Montesquieu rattache l'idée de faute et de souillure à des causes physiques.

[2]. *Lettres persanes*, CXLIII.

Cette attitude sceptique, pleine de charmes aux regards de Montesquieu, était surtout encouragée par celui qui fréquentait, en même temps que le philosophe de la Brède, chez la marquise de Lambert : Fontenelle. Nous savons qu'entre ces deux sceptiques, une longue amitié s'établit, dont on peut dire que les idées religieuses firent un peu les frais. Ils s'appliquaient tous deux à naturaliser les faits acceptés comme divins, les idées auxquelles on attribuait une origine surnaturelle et les pratiques que l'on croyait imposées par Dieu. Ils recherchaient un jour les raisons des prédictions tirées des entrailles des victimes ou du vol des oiseaux, celles des meurtres rituels, celles même pour lesquelles on assure l'existence d'intelligences supérieures à l'homme. Fontenelle, l'ingénieux auteur d'un système sur les oracles, présentait « de très jolies idées », et Montesquieu rivalisait d'ingéniosité subtile et moqueuse[1].

Telle était la tournure d'esprit du Président quand il entreprit de donner, sous forme badine, son mot sérieux sur la question religieuse.

Il semble n'avoir jamais abandonné l'idée d'un Dieu personnel, qu'il démontrait avec les preuves traditionnelles. Dieu est la Cause suprême, le moteur auquel il faut recourir pour expliquer le mouvement ; les lois constantes de la nature postulent enfin « un autre Être que la Nature qui les a établies[2] ». On a prétendu que le cartésianisme avait fortement laissé son empreinte sur l'esprit de Montesquieu : néanmoins l'idée de l'Infini « si chère à Malebranche » et à Descartes, dont on sait quel usage faisaient ces deux philosophes, paraissait insuffisante à Montesquieu pour démontrer l'existence de Dieu[3]. Bien loin que cette idée soit au fond

1. Voir les *Pensées inédites*, t. II, p. 506 et p. 530.
2. *Id.*, I, p. 442.
3. *Id.*, t. I, p. 451.

de notre être comme la marque indélébile du Créateur, Montesquieu nie même que nous la possédions. « Nous ne l'avons point, dit-il, quoique ce philosophe (Malebranche) en ait fait le fondement de son système. On peut dire qu'il a bâti en l'air un palais magnifique, qui se dérobe aux yeux, et qui se perd dans les nues. » L'idée d'infini est un concept empirique obtenu par l'analyse « de l'universalité des choses », dans laquelle on découvre l'éternité qui suppose la nécessité, qui postule l'infinité[1]. Si Montesquieu fait ainsi preuve d'un vigoureux dogmatisme, sur le problème de l'existence de Dieu, il paraît cependant avoir livré au scepticisme les questions relatives à la nature et aux attributs divins. « C'est une chose, disait-il, qui passe la nature humaine. Tout ce qu'on sait de certain, c'est que l'hypothèse d'Épicure est insoutenable, parce qu'elle attaque l'existence d'un Être dont le nom est écrit partout. Mais, quant aux autres hypothèses, qui regardent les attributs particuliers de cet être, on peut prendre celle qu'on voudra ; et même, si l'on veut, on peut, comme Cicéron, les embrasser et les combattre tour à tour ; car la raison ne nous dit point si cet Être a un corps, ou s'il n'en a pas, s'il a toutes les perfections, s'il est infini[2]. » Il avoue ne trouver qu'un tissu d'absurdités dans la prescience divine, car elle détruirait la justice de Dieu[3], et dans le concept de Dieu créateur, car la création dans le temps supposerait qu'il y eut un moment où Dieu ne put ou ne voulut pas créer, ce qui contredit l'immutabilité de la nature divine[4]. Le ton dogmatique ne réapparaîtra qu'en 1754 : « Dieu est si grand, dira alors Montesquieu, que nous n'apercevons pas même ses nuages.

---

1. *Pensées inédites*, t. I, p. 442.
2. *Id.*, même passage.
3. *Lettres persanes*, LXIX.
4. *Id.*, CXIV.

Nous ne le connaissons bien que dans ses préceptes. Il est immense, spirituel, infini[1]. »

Ce déiste n'éprouve aucune sorte de sympathie pour les religions positives. Malgré leurs différences, elles lui paraissent avoir plusieurs caractères communs, qui témoignent moins de leur vérité que d'une certaine communauté d'origine. Le Catholicisme ressemble étrangement à l'Islamisme[2]. Un jour viendra où tous les hommes seront étonnés de se voir sous le même étendard. Cela ne sera point, qu'ils n'aient auparavant souffert grandement du fait de ces mêmes religions. Car elles sont essentiellement perturbatrices. Elles troublent l'État, déchaînent les passions, allument aux quatre coins du territoire le feu de la discussion, de la discorde, de la guerre civile. Elles dressent les citoyens contre les citoyens. Entre toutes, la religion catholique se distingue par cet esprit de prosélytisme et d'intolérance. Il est chez elle un mal nécessaire, le fruit d'une constitution viciée. Elle a, en effet, pour chefs, le pape et les évêques qui promulguent des lois, et « la religion chrétienne est chargée d'une infinité de pratiques très difficiles ». Mais la loi n'est pas plutôt promulguée que l'on travaille à en détruire les effets par des dispenses. On y voit donc un nombre infini de docteurs soulever entre eux mille questions[3]. Les dispenses apparaissent, mais aussi les opinions singulières, et celles-ci, dans l'Église, passent pour hérésies. On dispute sans se lasser et jamais royaume ne souffrit autant des guerres civiles que celui

---

1. *Lettres persanes*, LXIX. Ce dernier paragraphe a été ajouté en 1754.
2. *Id.*, XXXV. Cette même idée est reprise à la lettre LX.
3. Il dira des chrétiens : « Il faut que je l'avoue, je n'ai point remarqué chez les chrétiens cette persuasion vive de leur religion qui se trouve parmi les musulmans. Il y a bien loin chez eux de la profession à la croyance, de la croyance à la conviction, de la conviction à la pratique. La religion est moins un sujet de sanctification qu'un sujet de disputes qui appartient à tout le monde. » *Lettres persanes*, LXXV.

du Christ. Les malheurs des peuples naissent de ces rivalités entre théologiens. Passe encore en France et en Allemagne où « l'on commence à se défaire de cet esprit d'intolérance ; où l'on s'est aperçu que le zèle pour les progrès de la religion est différent de l'attachement qu'on doit avoir pour elle, et que, pour l'aimer et l'observer, il n'est pas nécessaire de haïr et de persécuter ceux qui ne l'observent pas » ; mais en Espagne et au Portugal, le crime d'hérésie ne s'expie que sur un bûcher[1]. Telle est la première influence des religions en général et du catholicisme en particulier.

Montesquieu dresse contre le catholicisme une seconde accusation ; il lui reproche d'être antisocial. Il s'oppose, du fait de quelques-uns de ses dogmes, au progrès de la population et, par conséquent, aux progrès économiques de l'État. Le Christianisme a fait un dogme du principe de l'indissolubilité du mariage, et une loi de la perfection du principe de la continence éternelle. Le dogme apparaît à Montesquieu comme irrationnel ; car il fait consister le mariage, non dans le plaisir des sens, mais dans une image, une figure, quelque chose de mystérieux « que je ne comprends pas[2] ». Il ne faut donc pas s'étonner si l'on voit chez les chrétiens tant de mariages aboutir très vite à la froideur, au dégoût réciproque, à l'indépendance des conjoints, « et tout cela au préjudice des races futures ». De son côté, le principe de la continence éternelle pousse les chrétiens à se désintéresser de la force numérique de l'État. « C'est chez les chrétiens la vertu par excellence, en quoi je ne les comprends pas, ne sachant ce que c'est qu'une vertu dont il ne résulte rien. Je trouve que leurs docteurs se contredisent manifestement quand ils disent que le mariage est saint, et que le célibat, qui lui

---

1. *Lettres persanes*, XXIX.
2. *Id.*, CXVII.

est opposé, l'est encore davantage, sans compter qu'en fait de préceptes et de dogmes fondamentaux, le bien est toujours le mieux. Le nombre de ces gens faisant profession de célibat est prodigieux..... Ce métier de continence a anéanti plus d'hommes que la peste et les guerres les plus sanglantes n'ont jamais fait. On voit dans chaque famille religieuse une famille éternelle où il ne naît personne et qui s'entretient aux dépens de toutes les autres. Ces maisons sont toujours ouvertes, comme autant de gouffres où s'ensevelissent les races futures [1]. » Montesquieu s'effrayait donc du mal fait à la race humaine par l'idée chrétienne; et comme son intime conviction était que, depuis la conquête des Gaules par les Romains, la population n'avait pas cessé de diminuer, surtout dans les pays catholiques, on comprend qu'il ait jeté ce cri d'alarme : « J'ose le dire, dans l'état présent où est l'Europe, il n'est pas possible que la religion catholique y subsiste cinq cents ans [2]. » Il apercevait dans cette disparition la fatalité d'une loi historique, car une nation qui se décime elle-même, s'appauvrit en hommes et en ressources, jusqu'au jour où elle est absorbée par des peuples prolifiques et prospères.

Or, les pays protestants qui ignorent le célibat perpétuel et qui, après avoir rendu la pratique du mariage universelle, en ont encore adouci le joug, tirent de leur religion même un avantage infini sur les catholiques. Leur supériorité augmentera tous les jours; ils deviendront plus riches et plus puissants. L'avenir est à la religion protestante.

« Les pays protestants doivent être réellement plus peuplés que les catholiques : d'où il suit, premièrement, que les tributs y sont plus considérables, parce qu'ils augmen-

---

1. *Lettres persanes*, CXVIII.
2. *Id.*, CXVIII.

tent à proportion de ceux qui les payent; secondement, que les terres y sont mieux cultivées; enfin, que le commerce y fleurit davantage, parce qu'il y a plus de gens qui ont une fortune à faire, et qu'avec plus de besoins, on y a plus de ressources pour les remplir. »

Ce sont là des haines, si l'on peut ainsi dire, philosophiques. Montesquieu fait œuvre de libre penseur : il a découronné l'idée chrétienne de son antique splendeur et n'a vu dans le système catholique que le triomphe de l'intolérance, pour la ruine des sociétés. Comme juriste, Montesquieu ne témoigne pas d'une plus grande bienveillance. Il en veut au droit ecclésiastique et aux « constitutions des papes », de se perpétuer dans notre droit français. Il y voit un nouveau genre de servitude, et d'ailleurs « ces lois étrangères ont introduit des formalités qui sont la honte de la raison humaine [1] ».

Ce farouche ennemi de l'idée religieuse est néanmoins le plus ardent apologiste de l'idée de tolérance. M. Sorel croit que la tolérance demandée par Montesquieu, « oblique et imparfaite, est fort éloignée de la liberté de conscience ». En réalité, elle est aussi droite, aussi étendue que possible. Elle ne manque même pas de ce fond de scepticisme qui, ne s'émouvant devant aucune manifestation de la pensée religieuse, les protège toutes.

« On a beau dire qu'il n'est pas de l'intérêt du prince de souffrir plusieurs religions dans son État : quand toutes les sectes du monde viendraient s'y rassembler, cela ne lui porterait aucun préjudice. » Pourquoi? « Parce qu'il n'y en a aucune qui ne prescrive l'obéissance et ne prêche la soumission. [2] »

Voilà fondée en raison l'idée de tolérance. Toutes les religions présentent un caractère utilitaire : elles favorisent le

1. *Lettres persanes*, CI.
2. *Id.*, LXXXVI.

principe d'autorité. Donc, elles ont toutes droit à vivre, à s'étendre, à se multiplier. Leur multiplicité ne peut que rassurer le législateur. Les religions se considèrent en effet comme des rivales qui ne se pardonnent rien. « La jalousie descend jusqu'aux particuliers ; chacun se tient sur ses gardes, et craint de faire des choses qui déshonoreraient son parti, et l'exposeraient aux mépris et aux censures impardonnables du parti contraire. Aussi a-t-on toujours remarqué qu'une secte nouvelle, introduite dans un État, était le moyen le plus sûr pour corriger tous les abus de l'ancienne. »

II

Il est donc incontestable que les sentiments de Montesquieu à l'égard de la religion, vers 1720, sont moins que bienveillants. Ils ne furent point justes toujours. Comme juriste, Montesquieu accuse l'Église catholique de n'exercer, sur la marche de la société, qu'une influence néfaste. Il est un des premiers à dénoncer confusément entre l'idée religieuse et celle de progrès une sorte d'antinomie irréductible. Comme philosophe enfin, il ne trouve nulle part des motifs suffisants d'incliner sa raison devant une doctrine religieuse. La morale chrétienne, les dogmes chrétiens le révoltent particulièrement : il y découvre un amas de dangereuses absurdités. Rien aujourd'hui ne demeure des objections que ce philosophe dressait contre la foi. Plusieurs d'entre elles témoignent même d'une ignorance religieuse qui confond, et la métaphysique du Président nous paraît un peu courte.

Elles décidèrent cependant de sa vie religieuse, et ce n'est pas la moindre des contradictions qu'une si vigoureuse intelligence ait été quelque temps arrêtée par d'aussi faibles obstacles. Mais la vie n'est-elle pas un compromis entre l'incertitude et l'action ? C'est quand l'intelligence hésite que la volonté affirme. La vie peut ainsi n'être pas l'image fidèle de l'activité de l'esprit. Et saurons-nous jamais si Montesquieu, s'apercevant de la fragilité de son irréligion, ne régla pas son attitude par un coup de la volonté, tandis que son esprit restait livré au doute ? Nous verrons en effet l'incrédulité du philosophe se développer, prendre prétexte des mille misères dont n'est pas exempte une institution qui, d'origine divine, vit néanmoins d'une vie humaine; mais nous ne la verrons jamais se développer en profondeur, s'attaquer aux principes essentiels de la foi, au nœud vital du Christianisme.

On trouve au contraire, parmi ses pensées intimes, plusieurs passages qui témoigneraient que Montesquieu s'est fortement tenu aux vérités fondamentales. « Ce qui me prouve la nécessité d'une révélation, c'est l'insuffisance de la religion naturelle... car, si vous aviez mis aujourd'hui les hommes dans le pur état de la religion naturelle, demain ils tomberaient dans quelque superstition grossière [1]. » Et cette page qui semble un écho de la voix de Pascal : « Si la religion chrétienne n'est pas divine, elle est certainement absurde. Comment donc a-t-elle été reçue par ces philosophes qui abandonnaient le paganisme précisément à cause de son extravagance? Quoi! ces philosophes qui soutenaient que le paganisme était injurieux à la Majesté divine, acceptent l'idée d'un Dieu sacrifié, depuis qu'ils avaient appris aux hommes l'immutabilité, l'immensité, la spiritualité, la sagesse de Dieu ? Quelle idée révoltante que le supplice d'un Dieu !... Il y a plus. Il n'y avait pas de peuple si vil dans l'esprit des Romains que les Juifs. C'est cependant un homme de cette nation-là qu'on leur

---

[1]. Cf. *Pensées inédites*, t. II, p. 497.

proposa à adorer; ce sont des Juifs qui l'annoncent et des Juifs qui se donnent pour témoins... Si l'établissement du Christianisme chez les Romains n'était que dans l'ordre des choses de ce monde, il serait, en ce genre, l'événement le plus singulier qui fût jamais arrivé[1]. »

Ces déclarations ne manquent pas de fermeté ni d'une certaine chaleur dont Montesquieu ne donne pas souvent l'exemple. Le pyrrhonisme du philosophe s'est-il arrêté devant ces vérités ? Peut-être Montesquieu ne fut-il jamais un incroyant, au plein sens du mot, mais seulement un bel esprit, assez sceptique, railleur, méprisant, venimeux, hostile.

Cela, il l'est resté très longtemps. Les restrictions calculées, les savantes réserves, les belles professions de foi qu'il sème çà et là dans l'*Esprit des lois,* et dont il fera état dans sa *Défense* contre ceux qui l'accusaient d'irréligion, ne sont presque toujours que des précautions habiles, un subterfuge littéraire. Elles ne nous révèlent sans doute rien de la véritable pensée religieuse de l'auteur. Encore est-il nécessaire de ne point se hâter d'accuser leur sincérité. Elles n'ont toutes pour objet que la divinité du christianisme, la réalité de la révélation, la vérité de ses dogmes; et nous avons pu voir que, très libre sur d'autres questions, Montesquieu ne semble pas cependant avoir attaqué celles-là. Quand il répondait à ses accusateurs que, n'ayant parlé de la religion chrétienne qu'en pur politique et pur jurisconsulte, il n'avait pas eu à se prononcer sur son intime valeur, il avait raison, et son silence n'est pas une preuve de son détachement. Il restait fidèle à la méthode positive d'investigation.

---

1. Cf. **Pensées inédites**, t. II, p. 508-510. Voir encore cet aveu : « Je ne veux point troquer l'idée de mon immortalité contre celle de la béatitude d'un jour. Indépendamment des vérités révélées, des idées métaphysiques me donnent une très forte espérance de mon bonheur éternel, à laquelle je ne voudrais pas renoncer. » *Id.*, p. 485.

Son irréligion n'est au fond qu'absence de sentiment du divin, tendance à expliquer les faits religieux par les seules causes naturelles, à examiner le christianisme et toutes les religions comme n'importe quelle autre institution humaine ; elle est surtout une vigoureuse poussée d'anticléricalisme. Mais en ceci, Montesquieu fait preuve d'une fougue et d'une ardeur de conviction très remarquables. Comment en eût-il été autrement ?

Le xviii° siècle, et non pas seulement celui de l'Encyclopédie, mais celui de la Régence, n'a cessé de poursuivre de sa haine le monde ecclésiastique. Les Mémoires du temps sont tout remplis de cette passion dont la violence faisait dire à Montesquieu : « Le Clergé est bien dupe. Il a perdu l'amour de la nation. Il prend la haine pour du respect [1]. » On lui en voulait d'être très riche, somptueux, avide, tracassier, intolérant. Montesquieu prêtait une oreille complaisante à ces clameurs hostiles. Elles s'accordaient très bien avec ses sentiments intimes. Et d'ailleurs, il lisait avec beaucoup d'attention les œuvres que cet état d'esprit inspirait. Une surtout lui parut digne d'un examen approfondi : elle était du philosophe anglais Bernard Mandeville. Traduites en français en 1722, *les Pensées libres sur la religion, l'Église et le bonheur de la nation*, frappèrent assez Montesquieu pour qu'il en fît des extraits, qu'il y prît des idées, qu'il en suivît l'esprit général. Celui-ci était d'un free-thinker violent. Mandeville ne ménage ni les raisonnements ni les injures, soit qu'il stigmatise la cupidité du clergé, soit qu'il censure la politique de l'Église pour amasser, accroître et perpétuer d'inappréciables richesses, soit qu'il raconte les méfaits des tribunaux ecclésiastiques ou les inconvénients de l'intolérance.

---

1. Voir *Pensées inédites*, t. II, p. 462.

Le XXV° livre de l'*Esprit des lois* rappelle cet esprit et cet ouvrage, et nous est ainsi la preuve que, jusque vers 1742, date à laquelle il semble bien que les deux livres sur la religion aient été à peu près terminés, Montesquieu ne cessa de professer et de fortifier en lui l'anticléricalisme [1].

S'il enveloppe sa pensée sur le célibat ecclésiastique d'une apparente douceur, il n'est pas moins hostile. Il prévient que « ses réflexions ne portent que sur la trop grande extension du célibat, et non sur le célibat même », mais il en redoute toujours « les fâcheuses suites [2] ». Il demande aux lois de mettre un terme aux richesses du clergé, mais tandis qu'autour de lui les politiques prônent les mesures les plus rigoureuses, Montesquieu proclame la nécessité du domaine ecclésiastique, veut que l'État lui assure la fixité, et réclame, comme suffisant, l'établissement d'un droit d'amortissement ou de mainmorte [3].

Montesquieu porta son principal effort sur l'idée de tolérance. Il avait, dans les *Lettres persanes*, vanté la multiplicité des religions comme une chose excellente pour l'État. Introduire une secte nouvelle, c'était, croyait-il, le moyen le plus sûr pour corriger les abus de l'ancienne; et comme toutes les religions ont une vertu sociale indiscutable, la concurrence des sectes assure, en fin de compte, le plus grand bien de la société. Le prince favorisera donc l'expansion des doctrines religieuses. Il ne mettra point de limites à sa tolérance [4]. Quelles influences apportèrent de profondes modifications à cette pensée? Toujours est-il qu'au moment de rédiger le XXV° livre de

---

1. Sur les relations entre le texte du XXV° livre de l'*Esprit des lois* et celui des *Pensées libres*, voir notre *Montesquieu : Les Sources anglaises de l'Esprit des lois*, ch. VIII.
2. Cf. *Esprit des lois*, liv. XXV, ch. IV.
3. Cf. *Id.*, liv. XXV, ch. V.
4. Cf. *Lettres persanes*, LXXXVI.

l'*Esprit des lois*, Montesquieu avait tourné à la tolérance mitigée, qui est une forme de l'intolérance. Il craint la propagande religieuse, car elle trouble l'État. Là où existent plusieurs Églises, il demande aux lois de les obliger à se tolérer entre elles, car il est trop habituel de voir les sectes proscrites devenir persécutrices, dès qu'elles cessent d'être opprimées. Il énonce « le principe fondamental » suivant : « Ce sera une très bonne loi civile, lorsque l'État est satisfait de la religion déjà établie, de ne point souffrir l'établissement d'une autre. Voici donc le principe fondamental des lois politiques en fait de religion : quand on est maître de recevoir, dans un État une nouvelle religion ou de ne pas la recevoir il ne faut pas l'y établir : quand elle y est établie, il faut la tolérer [1]. »

M. Faguet a justement fait ressortir les difficultés de ce principe restrictif de la liberté [2]. On ne reçoit pas une religion nouvelle; c'est quand elle est « établie » qu'on s'aperçoit de sa présence. Mais cet établissement peut être laborieux : le législateur l'empêchera-t-il, sous prétexte qu'il ne faut pas recevoir une nouvelle religion, ou le tolérera-t-il, sous prétexte qu'il est déjà commencé? Et qui décidera de la conduite à tenir? Le législateur se référera-t-il au nombre des adeptes ou à l'antiquité de l'établissement?

Montesquieu admet donc pour le prince la nécessité de persécuter les confessions naissantes; et cette concession porte loin, si l'on veut bien songer que les rois de France ont persécuté le protestantisme, entre autres raisons, pour empêcher, sur un sol catholique, l'établissement d'une secte nouvelle. Il l'admet si bien qu'il recherche les meilleurs procédés de persécution. Sans doute, ce grand

---

1. Cf. *Esprit des lois*, liv. XXV, ch. II, V, VII, IX, X, XI, XIII.
2. Cf. *La politique comparée de Montesquieu, Rousseau et Voltaire*, Paris, 1902, p. 174.

libéral repousse de toutes ses forces la persécution brutale, mais il enseigne qu'il est plus convenable et « plus sûr » d'attaquer une religion par la faveur, par les commodités de la vie, par l'espérance de la fortune. Il permet au prince de corrompre, pour mieux détruire [1].

Entre la tolérance inconditionnelle des *Lettres persanes* et la tolérance mitigée du XXVe livre de l'*Esprit des lois*, il ne faudrait point croire qu'il y ait eu, de la part de Montesquieu, une volte-face subite. En réalité, le principe de ce XXVe livre ne faisait que généraliser une observation que le philosophe avait déjà faite au XIIe livre. Il y abandonne aux mains du souverain le pouvoir coercitif en matière de religion. Il lui demande simplement d'être très circonspect dans la poursuite de l'hérésie et de savoir, sur ce sujet, borner les accusations [2]. C'était la brèche ouverte à l'intolérance. Elle y trouvera son grand chemin. Comme il avait donné à l'État la fonction d'empêcher l'éclosion des hérésies, Montesquieu lui donnera celle d'empêcher la formation des sectes nouvelles. Ces concessions répétées assurent au rôle religieux du pouvoir civil une importance tout à fait en désaccord avec la fin politique qu'il convient de lui assigner, seule. De ce côté, Montesquieu favorise donc à l'excès les prérogatives de l'État, mais il arrache en même temps à la loi civile la connaissance et la répression du sacrilège. Quand il est un délit purement religieux, le sacrilège doit être frappé d'une peine qui dérive de la nature du crime, c'est-à-dire de la privation de tous les avantages que donne la religion : l'expulsion hors des temples, et l'excommunication. Quand il entraîne un trouble dans l'exercice de la religion, le sacrilège rentre dans la caté

---

1. *Id.* liv. XXV, ch. xii.
2. Cf. *Esprit des lois*, liv. XII, ch. v.

gorie des délits qui choquent la tranquillité des citoyens et doit être puni des mêmes peines.

Mais parce que les législateurs appliquaient une procédure cruelle à la répression de l'hérésie, des sectes nouvelles ou même du sacrilège, Montesquieu fit entendre des plaintes éloquentes.

La très humble remontrance aux inquisiteurs d'Espagne et de Portugal, à laquelle donna lieu l'autodafé de Lisbonne de 1745, est la réfutation à la fois pathétique et ironique de la thèse intolérante. « Si le ciel vous a assez aimés pour vous faire voir la vérité, il vous a fait une grande grâce : mais est-ce aux enfants qui ont eu l'héritage de leur père de haïr ceux qui ne l'ont pas eu? Que si vous avez cette vérité, ne nous la cachez pas par la manière dont vous nous la proposez. Le caractère de la vérité, c'est son triomphe sur les cœurs et les esprits, et non pas cette impuissance que vous avouez, lorsque vous voulez la faire recevoir par des supplices[1]. »

Ces pages généreuses font de Montesquieu le premier grand publiciste qui, en glorifiant la tolérance, l'ait solidement fondée en raison. Elles donnent à sa philosophie religieuse un caractère original très accentué dans la vie des idées politiques au début du XVIIIe siècle.

Sur une autre question, celle des rapports des Églises et de l'État, Montesquieu se sépare encore de son siècle. Et comme les polémiques furent aussi violentes que décisives, il est nécessaire de connaître sur ce point l'état de l'opinion pour mieux comprendre la singularité de l'attitude adoptée par l'auteur de l'*Esprit des lois*.

III

Jadis alliés, l'Etat et l'Église sont devenus, aux entours

[1.] Cf. *Esprit des lois*, liv. XXV, ch. XIII.

de 1730, deux puissances rivales. L'indépendance de l'Église paraissait intolérable au pouvoir civil, et l'Église refusait de se laisser domestiquer par le gouvernement. De là, d'innombrables traités politiques, théologiques, historiques, philosophiques qui donnèrent aux problèmes que l'on pourrait croire les plus modernes — rapports de l'Église et de l'État, étendue de leur pouvoir respectif, limite de leur mutuelle indépendance, degré de liberté compatible avec leur fin propre, — la plus merveilleuse popularité[1].

L'épiscopat français, chez qui la mort de Louis XIV avait éveillé les désirs d'indépendance, ne cessait, d'abord en 1717-1719, puis en 1732-1734, d'établir les principes de la liberté de l'Église. L'Église, disait-il, possède, comme l'État, un domaine propre sur lequel elle a droit d'agir de façon souveraine. « Au droit de légiférer en matière religieuse, disait M. de Paris, l'évêque ajoute celui de contraindre sans le secours du pouvoir temporel[2]. » On pense bien que cette doctrine ne pouvait agréer ni au Roi, ni au Parlement, ni aux philosophes. Séparés alors par tant d'autres questions, les organes du pouvoir civil se retrouvaient en harmonie de sentiments, dès qu'il était question de réprimer ces thèses indépendantes. Les Parlements ne se lassaient point de casser les arrêts des tribunaux ecclésiastiques, de réintégrer dans leurs fonctions les prêtres frappés par les évêques, de s'immiscer

---

1. Pour plus de détails sur l'histoire de ces batailles d'idées, voir notre *Montesquieu*, 1909, p. 232-248. Les livres essentiels sont : Thomasius, *Historia contentionis inter Sacerdotium et Imperium*, 1722, qui contient un catalogue fort circonstancié des livres écrits sur cette question en divers pays; G. Noodt, *De Religione ab Imperio, jure gentium, libera*, dissertation fameuse que Barbeyrac traduisit en français (3ᵉ édit., en 1731) et qu'il enrichit de notes très précieuses pour la bibliographie du sujet; Locke, *Lettre sur la Tolérance*, qui fut traduite en français en 1710 et réimprimée en 1732.

2. Mandement du 10 janvier 1731.

dans la discipline ecclésiastique. Entre les deux thèses extrêmes, un parti de politiques essaya de faire prévaloir une doctrine conciliatrice : les évêques resteraient indépendants sur les questions spirituelles, mais reconnaîtraient la suprématie du Souverain seul sur les matières temporelles, puisque aussi bien c'est du prince qu'ils tiraient leur pouvoir extérieur. Mais la tentative des « arpenteurs spirituels » ne rencontra aucun succès[1].

Les philosophes étaient, de leur côté, entièrement acquis aux idées du Parlement contre les prétentions de l'Église. Sans insister sur les gros traités juridiques de Puffendorf, de Thomasius, de Noodt, dont la calme pensée ne paraît pas avoir alors exercé une profonde influence, il faut rappeler l'œuvre passionnée de Delpech de Mérinville[2], de Roland le Vayer de Boutigni qui connut alors la gloire, surtout celle de Du Boulay[3]. Après avoir montré les causes du conflit entre l'Église et l'État, Delpech ajoutait : « Il faut que ce soit l'une ou l'autre de ces deux puissances, ou toutes les deux ensemble, qui dominent. Toutes les deux ensemble, cela serait à souhaiter; mais le moyen qu'elles s'accordent, puisque leurs intérêts sont opposés? » Delpech ne voyait à cet état de choses qu'une solution étatiste : le pouvoir civil, ne pouvant admettre à côté de lui une puissance rivale, maintiendra l'Église dans une sujétion complète.

Du Boulay préconisait cette même doctrine, mais avec une violence de ton inouïe. Il enseignait que le Pape et

---

1. Cf. Mathieu Marais, *Mémoires*, t. IV, p. 229.
2. *Traité des bornes de la puissance ecclésiastique et de la puissance civile*, Amsterdam, 1734. Ce traité est un résumé de celui du fameux Le Vayer : *Traité de l'autorité des Rois dans le gouvernement de l'Église*.
3. *Histoire du droit public ecclésiastique français, où l'on traite de sa nature, de son établissement, de ses variations et des causes de sa décadence. On y a joint quelques dissertations sur les articles les plus importans et les plus contestez.* Par M. D. B. A Londres, 1737, 2 volumes in-8° de 472 et 340 pages.

les Évêques ne s'étaient jamais attachés qu'à affaiblir et détruire les droits du Souverain. Il se faisait fort, lui, de les rétablir dans leur état primitif. Au prince seul il appartient de disposer des postes éminents dans l'Église ; nulle puissance étrangère n'a droit de s'en mêler. Comme membres de l'État, les ecclésiastiques doivent contribuer de leurs biens et de leurs personnes à sa conservation, et pour les y contraindre, le Prince n'a besoin de l'autorisation de qui que ce soit. Les immunités sont donc un mythe dangereux. « Je nie fortement, disait l'auteur, qu'elles soient essentielles au christianisme et que les souverains ne puissent y déroger pour des raisons urgentes. J'ose même défier qu'on trouve quelque raison solide pour prouver qu'un prince ne peut pas en première instance connaître du crime d'un clerc régulier ou séculier, et que, pour le punir, il faille que la condamnation d'un tribunal ecclésiastique précède la sienne. » Elle-même, la vie intérieure de l'Église ne se déploiera que dans les limites autorisées par le Prince : les assemblées de l'épiscopat, la promulgation des mandements, les tribunaux ecclésiastiques restent subordonnés à son autorisation.

Ces doctrines étatistes trouvaient en France un accueil favorable. L'opinion des juristes, du peuple lui-même se déclarait de plus en plus hostile à ces libertés de l'Église, survivances d'un passé glorieux. Du Boulay constatait que la France « ouvrait enfin les yeux et revenait de ces préjugés ». Il poussait à l'action décisive : « On délibère, disait-il, on craint même, on hésite et on tremble, comme si l'on n'avait pas des principes sûrs pour borner les prétentions de l'Épiscopat[1]. »

Ouvert à toutes les aspirations de son siècle, Montesquieu s'est assurément intéressé au spectacle de ces ba-

---

1. Cf. *Traité cité*, t. I, p. 346 et suiv.

tailles d'idées. Elles mettaient en présence deux thèses contradictoires : d'un côté, l'Église n'entend rien céder de sa puissance ; de l'autre, les juristes prétendent bien l'asservir à l'État.

Or, l'Angleterre présentait, à ce moment même, un spectacle semblable. Là aussi, philosophes et politiques discutent âprement des relations de l'Église et de l'État. Leurs théories, importées en France, y rencontrent de chauds partisans, et l'on ne dira pas assez tout ce que Voltaire et Diderot, pour ne citer que les principaux acteurs de la libre pensée française, doivent aux penseurs de l'Angleterre. Leurs armes furent forgées au pays des freethinkers. Avant eux, Montesquieu subit profondément cette action. Nous savons déjà ce que son anticléricalisme doit au libre penseur Bernard Mandeville. Mais sur la question des rapports de l'Église et de l'État, les deux grands maîtres étaient alors Hobbes et Locke.

Hobbes absorbe l'Église dans le Souverain : c'est lui qui fait et défait à sa guise la vérité des doctrines religieuses. Il lui suffit de les imposer. Quiconque résiste, trahit le contrat tacite passé entre lui et le Prince. La personnalité de l'Église se dissout dans le moi du Léviathan.

Ce maître eut, au cours du xviiie siècle, de hardis disciples, Selden, Squire, Thomas Gordon, Tindal, dont Montesquieu connut spécialement les œuvres. L'argumentation de Tindal était singulièrement radicale.

Le contrat social, disait-il, donnant le droit de protéger le bien, le législateur peut et doit punir tous ceux dont les doctrines ou l'exemple entraîneraient au mal. Il ne faut donc pas distinguer le for intérieur et le for extérieur, le domaine de la conscience sur lequel l'Église a puissance, et le domaine des faits, qui ressortit à l'État. L'Église n'a pas de domaine propre ; en conséquence, il est illogique de parler de son pouvoir coactif ou coercitif : elle est « un pur département de l'État ».

Autant l'école de Hobbes unissait l'Église à l'État jusqu'à la faire disparaître dans l'État, autant l'école de John Locke distinguait, séparait, dissociait ces deux puissances. Le principe de cette séparation se fondait sur l'analyse de leurs fins : « La fin de la société civile, disait Locke, est la paix et la prospérité civiles ou la conservation de la Société et de tous ses membres dans la paisible possession des biens de ce monde qui leur appartiennent. La fin de la société religieuse est la conquête d'un bonheur futur dans l'autre monde. » Ce sont deux forces dont les fins sont étrangères l'une à l'autre. Elles s'ignoreront. Elles se développeront parallèlement. Elles n'auront aucun point de contact. Le législateur instituera, en matière religieuse, le régime de la « Séparation[1] ».

Entre ces doctrines extrêmes, apparut, vers 1740, une œuvre de conciliation : elle était de l'évêque anglican Warburton[2]. Cet homme d'Église demandait aux politiques d'abandonner leur projet de dominer l'autorité religieuse, et aux théoriciens religieux leur dessein d'ignorer le pouvoir civil, pour vivre dans un splendide isolement. Entre l'Église et l'État, il voulait fonder une « alliance », « une espèce d'union ou d'insertion artificielle », car « la religion est nécessaire à l'État civil », puisque, loin d'être différentes, leurs fins sont, en définitive, identiques. Le fidèle et le citoyen ne se dédoublent pas ; si l'État dirige le citoyen, il est fatal qu'il atteigne le fidèle, et l'influence de l'Église, en enveloppant le fidèle, se prolonge encore sur la vie du citoyen.

1. Cf. Ch. Bastide, *John Locke, ses théories politiques*, Paris, 1906.
2. Cf. *Alliance between Church and State*, 1736, qui fut traduit en français en 1742 par Silhouette sous ce titre : *Dissertations sur l'union de la religion, de la morale et de la politique*, 2 vol. in-12.

Nous savons que ces idées firent une profonde impression sur Montesquieu. Quand il étudiera, au XXIVe livre de l'*Esprit des lois*, les rapports de l'Église et de l'État, ce n'est point la pensée de Locke qu'il développera, moins encore celle de Hobbes ou des turbulents politiques français ; ce sera celle de l'évêque Warburton.

Contre Locke, Montesquieu proclame fortement l'identité des intérêts de l'Église et de l'État : « Comme la religion et les lois civiles doivent tendre principalement à rendre les hommes bons citoyens, on voit que lorsqu'un des deux s'écartera de ce but, l'autre doit y tendre davantage[1]. » « La religion chrétienne, qui ordonne aux hommes de s'aimer, veut sans doute que chaque peuple ait les meilleures lois politiques et les meilleures lois civiles, parce qu'elles sont, après elle, le plus grand bien que les hommes puissent donner et recevoir[2]. » « Chose admirable ! la religion chrétienne qui ne semble avoir d'objet que la félicité de l'autre vie, fait encore notre bonheur dans celle-ci[3]. » La prospérité des sociétés est liée à l'unité harmonieuse des lois civiles et des lois religieuses. Ce serait donc une mesure aussi antipolitique qu'antisociale de vouloir séparer ces sociétés, et faire céder les intérêts de l'une aux intérêts de l'autre. Il faut les « unir »[4].

L'une des conditions de cette union est que le principe du gouvernement ait quelques affinités naturelles avec le principe de la religion. Un gouvernement modéré s'unira volontiers avec la religion chrétienne qui, « fondée sur la douceur, s'oppose à la colère despotique » ; un gouvernement despotique réclamera plutôt la reli-

---

1. *Esprit des lois*, liv. XXIV, ch. xiv.
2. *Id.*, liv. XXIV, ch. i.
3. *Id.*, liv. XXIV, ch. iii.
4. *Id.*, liv. XXIV, ch. i.

gion mahométane. Les peuples du Nord, indépendants et libres, adopteront plutôt le protestantisme; ceux du Midi, plus portés à l'obéissance, embrasseront le catholicisme[1]. Quelles que soient les divergences, le législateur tiendra compte de ces affinités naturelles pour empêcher l'État de se proclamer athée, irréligieux ou même areligieux.

Unis, l'État et l'Église travailleront de concert sur un même champ d'action, et pour une même fin : rendre les hommes bons citoyens. Les lois civiles pourront fortifier les lois religieuses[2]; elles devront les suppléer, les corriger, les lier avec les principes de la société, surveiller enfin les pratiques du culte qui, mal comprises, donnent parfois lieu à de véritables abus, par exemple aux abus de l'ascétisme, des pénitences à la fois extraordinaires et paresseuses, des fêtes dont la multiplicité entraîne de funestes conséquences[3], des dogmes eux-mêmes qui, mal dirigés, peuvent inspirer des actes nuisibles[4]. De leur côté, les lois religieuses s'intéressent aux lois civiles et mettent leur crédit au service d'un gouvernement parfois impuissant[5].

Entre la mission de l'Église et celle de l'État, Montesquieu multiplie donc les points communs. Il n'oppose pas l'une à l'autre ces deux grandes puissances : il les unit, la main dans la main. Il ne songe plus à accuser les religions de troubler l'État : il voit, en pleine clarté, leur utilité sociale et les considère comme les auxiliaires du législateur.

1. *Esprit des lois*, liv. XXIV, ch. v.
2. *Id.*, liv. XXIV, ch. xv.
3. *Id.*, liv. XXIV, ch. xix.
4. *Id.*, liv. XXIV, ch. xxiii.
5. *Id.*, liv. XXIV, ch. xvi et xvii.

IV

Il faut signaler ce courant de sympathies. D'abord timide, il s'épanchera bientôt avec hardiesse, et traversera toute l'âme du philosophe. Il la déblaiera de certains préjugés et laissera, après lui, comme des semences de christianisme. Même si la moisson ne fut pas aussi riche qu'on eût pu l'espérer, du moins était-elle autre qu'aux jours des *Lettres persanes*. Désormais, le bel esprit anticlérical, le philosophe antichrétien et le juriste anticatholique de 1721, ne traiteront plus qu'avec respect la question religieuse.

Il ne lui suffit plus de prendre de biais les objections des libres penseurs : il les saisit à plein corps, cœur contre cœur, cerveau contre cerveau. Bayle avait soutenu qu'une société de chrétiens ne pourrait subsister, par la raison qu'en opposant sans cesse les droits de la conscience aux ordres de l'État, ils créent un antagonisme qui rend impossible l'unité morale du pays. — Or, dans les *Lettres persanes*, Montesquieu s'est laissé prendre à l'objection et soutient, à son tour, que le sentiment religieux est une cause de troubles perpétuels dans l'État[1]. Combien de temps le philosophe demeura-t-il impuissant devant la difficulté, nous ne saurions le dire au juste, mais les *Pensées inédites* nous donnent le témoignage que Montesquieu mit, à la résoudre, quelque ténacité. « C'est une sottise de Bayle de dire qu'une république de bons chrétiens ne pourrait pas subsister ; c'est qu'il ne peut pas y avoir une république de bons chrétiens. De même, lorsqu'on dit qu'une république de philosophes ne pourrait

---

1. *Lettres persanes*, LXXV.

pas subsister; c'est qu'il ne peut pas y avoir une république de philosophes. Tout est mêlé[1]. »

Réponse adroite plutôt que décisive, puisqu'elle laisse entière l'objection de Bayle qui déniait au christianisme une valeur sociale quelconque. Mais le Président, à mesure qu'il comprend davantage la grandeur du Christianisme, est précisément plus frappé de sa valeur sociale et, renonçant enfin aux adresses de la dialectique, il oppose à Bayle un argument éminemment apologétique : « M. Bayle, après avoir insulté toutes les religions, flétrit la religion chrétienne ; il ose avancer que de véritables chrétiens ne formeraient pas un État qui pût subsister. Pourquoi non ? Ce seraient des citoyens infiniment éclairés sur leurs devoirs, et qui auraient un très grand zèle pour les remplir ; ils sentiraient très bien les droits de la défense naturelle ; plus ils croiraient devoir à la religion, plus ils penseraient devoir à la patrie. Des principes du christianisme, bien gravés dans le cœur, seraient infiniment plus forts que ce faux honneur des monarchies, ces vertus humaines des républiques, et cette crainte servile des États despotiques[2]. »

Remarquons bien la gravité de cet aveu, dans la bouche d'un philosophe qui, s'étant acharné à développer la valeur politique, sociale, morale, de l'honneur et de la vertu, la déclare aujourd'hui très inférieure à celle des principes chrétiens. Il n'hésite plus à proclamer que le christianisme fut la source vive d'où jaillirent la liberté — celle de l'individu et celle du citoyen, — un certain droit politique, un certain droit des gens. Sur cela encore, ses idées avaient fait un remarquable progrès. L'auteur des *Lettres persanes* voyait dans le catholicisme un danger social; mais l'auteur du XXIV° livre de l'*Esprit des lois*

1. *Pensées inédites*, t. II, p. 327.
2. *Esprit des lois*, liv. XXIV, ch. vi.

écrit : « La religion chrétienne est éloignée du pur despotisme ; c'est que la douceur étant si recommandée dans l'Évangile, elle s'oppose à la colère despotique avec laquelle le prince se ferait justice et exercerait ses cruautés... Chose admirable ! la religion chrétienne, qui ne semble avoir d'objet que la félicité de l'autre vie, fait encore notre bonheur dans celle-ci. Que d'un côté l'on se mette devant les yeux les massacres continuels des rois et des chefs grecs et romains, et de l'autre la destruction des peuples et des villes par ces mêmes chefs ; Timur et Gengiskan, qui ont dévasté l'Asie ; et nous verrons que nous devons au christianisme et dans le gouvernement un certain droit politique, et dans la guerre un certain droit des gens, que la nature humaine ne saurait assez reconnaître[1]. »

C'est là une des observations les plus profondes que l'on ait jamais faites sur la portée sociale du Christianisme. En détruisant l'antique confusion du gouvernement et du sacerdoce, de la foi et de la loi, du domaine spirituel et du domaine temporel, le christianisme apportait aux hommes le principe même de la liberté. Il leur apprenait qu'une portion d'eux-mêmes échappait à toute pression humaine. Le domaine de la conscience devenait sacré. L'individu y régnait, seul, souverainement. Les conceptions politiques de l'antiquité furent, par cette simple affirmation, entièrement bouleversées, et si Taine, puis Fustel de Coulanges ont mis en plein relief ce phénomène étonnant, ils ne l'ont fait qu'à la suite et sur les traces de Montesquieu.

Celui-ci rendra même hommage aux dogmes chrétiens. Il les avait, au temps de sa jeunesse, assez librement tournés en dérision, et de certains d'entre eux, il avait,

---

1. *Esprit des lois*, liv. XXIV, ch. III.

déclaré dans les *Lettres persanes* que, « n'ayant d'autre source que notre orgueil », ils exerçaient une influence pernicieuse sur les « hommes dans l'état civil[1] ». Transformés en principes d'action, ils s'opposaient en effet à nos vrais intérêts. Aujourd'hui, c'est-à-dire vers 1742, il n'a pas assez d'admiration pour leur sagesse bienfaisante. « Ce n'est pas assez, dit-il, pour une religion d'établir un dogme, il faut encore qu'elle le dirige. C'est ce qu'a fait admirablement bien la religion chrétienne à l'égard des dogmes dont nous parlons;... tout, jusqu'à la résurrection des corps, nous mène à des idées spirituelles... Le christianisme est plein de bon sens[2]. »

Ce mot, que l'on peut considérer comme le dernier témoignage de la pensée religieuse de notre philosophe, nous éloigne beaucoup du pamphlétaire gouailleur qui, en 1721, englobait dans un égal mépris l'idée chrétienne la croyance mahométane et le fétichisme grossier. Devant le sentiment religieux en général, et la doctrine chrétienne, en particulier, Montesquieu ressent une sorte de respectueuse émotion qu'il ne faut ni méconnaître ni diminuer, sous le prétexte qu'elle n'entra jamais bien profondément dans l'âme de ce froid législateur. Car, au vrai, qu'en savons-nous? Cet homme qui n'aurait jamais senti Dieu[3] ni l'intime douceur des consolations religieuses, qui imaginait l'Être suprême, Activité toujours agissante, comme une loi, une formule algébrique, qui ne voyait dans la re-

---

1. *Lettres persanes*, LXXVI.
2. *Esprit des lois*, liv. XXIV, ch. 19 et 26.
3. On trouve en effet dans les *Pensées inédites*, t. II, p. 482, le passage suivant : « Un homme disait : « Je n'aime point Dieu, parce que je ne le « connais pas, ni le prochain parce que je le connais. » Je ne dis pas cette impiété, mais je dis bien que ceux qui disputent sur l'amour de Dieu n'entendent pas ce qu'ils disent, s'ils distinguent cet amour du sentiment de soumission et de celui de reconnaissance pour un être tout-puissant et bienfaiteur. Mais, pour de l'amour, je ne puis pas plus aimer un être spirituel que je puis aimer cette proposition : deux et trois font cinq. »

ligion qu'un ressort politique aux mains d'un législateur expert à le tendre ou le déclancher au gré des besoins sociaux, cet homme fut néanmoins à peu près le seul grand philosophe de son siècle à témoigner une profonde sympathie pour le christianisme, ainsi qu'un remarquable esprit de justice, une scrupuleuse probité intellectuelle à l'endroit de l'histoire religieuse.

Il mettait quelque impatience à réfuter Bayle qui « prétendait prouver qu'il vaut mieux être athée qu'idolâtre, en d'autres termes, qu'il est moins dangereux de n'avoir point du tout de religion que d'en avoir une mauvaise ». Il avoue que les pamphlets irréligieux ne font plus impression sur lui, car, dit-il, « c'est mal raisonner contre la religion, de rassembler dans un grand ouvrage une longue énumération des maux qu'elle a produits, si l'on ne fait de même des biens qu'elle a faits [1] ». Cette déclaration suffit à séparer Montesquieu du clan des philosophes : elle est la condamnation de leur pensée, de leurs efforts, de leurs œuvres, et c'est pour cela que les encyclopédistes poursuivront de leur haine l'auteur de l'*Esprit des lois*.

Aussi bien, Montesquieu semblait-il prendre à tâche d'apporter aux questions politico-religieuses le même esprit de bienveillance qu'il témoignait à l'égard de la religion elle-même. Naguère, il avait pu les aborder avec ironie, légèreté et mépris; il n'hésitera pas à réviser ces premières et injustes solutions.

On se souvient qu'il avait écrit, dans une *Lettre persane*, que les lois ecclésiastiques incorporées au droit français étaient une cause de servitude et « avaient introduit des formalités qui sont la honte de la raison humaine [2] ». Au reste, il négligeait d'invoquer, pour justifier cette hauteur de ton, une preuve quelconque : il raillait et cela suffisait.

---

1. *Esprit des lois*, liv. XXIV, ch. II.
2. *Lettres persanes*, CI.

Mais, en 1748, il reprendra ce problème, et rien ne sera plus émouvant que les scrupules apportés à cette seconde enquête, la délicatesse des formules nouvelles, le désir sympathique des solutions honorables. Si les législateurs, dit-il, en abandonnant les pratiques établies, adoptèrent celles du droit canonique plutôt que celles du droit romain, ce ne fut ni sottise de leur part, ni preuve d'ambition de la part du clergé. Les abus compromirent parfois l'œuvre civilisatrice ; mais l'Église ne se refusa point à les corriger : « On peut juger que le clergé alla lui-même au-devant de la correction : ce qui, vu la nature de l'esprit humain, mérite des louanges. » Ce sont là des accents qui n'appartiennent qu'aux âmes éprises d'équité. Loin de solliciter malignement les textes, Montesquieu s'ingénie à donner, des actes de l'Église, une interprétation honorable : « Lorsque dans un siècle ou dans un gouvernement, dit-il, on voit les divers corps de l'État chercher à augmenter leur autorité, et à prendre les uns sur les autres de certains avantages, on se tromperait souvent si l'on regardait leurs entreprises comme une marque certaine de leur corruption. Par un malheur attaché à la condition humaine, les grands hommes modérés sont rares [1]. »

Cette modération respectueuse est surtout sensible dans les pages, écrites à cette même époque, consacrées à la juridiction et à la propriété ecclésiastiques. Rien ne soulevait alors davantage les passions antireligieuses. Il n'eût tenu qu'à Montesquieu d'apporter à ce mouvement d'hostilité l'appoint de son autorité. Il s'en abstint. Il alla même jusqu'à mettre en doute les conclusions historiques que les philosophes jetaient à la face de l'Église pour la convaincre du mal fondé de ses prétentions. Il fit, lui-même, une contre-enquête, et sur les immunités, le patrimoine

---

[1]. *Esprit des lois*, liv. XXVIII, ch. XLI.

ecclésiastique, les dîmes, la justice territoriale des églises, arriva à des conclusions qui, loin de fortifier les thèses des encyclopédistes, justifiaient et légitimaient ces institutions [1]. Même s'il rencontre des abus, point d'injures, mais plutôt une bienveillance attristée : « C'est un spectacle digne de pitié, de voir l'état des choses en ces temps-là. Pendant que Louis le Débonnaire faisait aux églises des dons immenses de ses domaines, ses enfants distribuaient les biens du clergé aux laïques. Souvent la même main qui fondait des abbayes nouvelles dépouillait les anciennes. Le clergé n'avait point un état fixe. » Que nous voilà bien loin du ton satirique des *Lettres persanes* contre les biens d'Église !

De 1722 à 1748, l'attitude religieuse de Montesquieu a donc subi de notables modifications. Agressive, elle est devenue respectueuse; ironique, elle s'achemine vers la bienveillance et la sympathie. En tous cas, un profond travail ne cesse de se manifester dans la pensée du philosophe : si la conquête de la foi chrétienne n'est pas encore accomplie en 1748, du moins un plus grand esprit d'impartialité, un plus vif souci de justice, de probité intellectuelle s'est installé au cœur de cet incroyant. Attitude à la fois complexe et nuancée, faite de sympathie et de réserve, et où entre ce sentiment délicat qui est plus que le respect et n'est pas encore l'adhésion. Montesquieu essaiera, il est vrai, de donner à cette attitude un sens plus nettement catholique. Quand les *Nouvelles ecclésiastiques* attaquèrent « l'irréligion » de l'*Esprit des lois*, l'auteur protesta avec force qu'il n'avait jamais parlé dans cet ouvrage de la religion chrétienne que « pour lui payer le tribut de respect et d'amour qui lui est dû par tout chrétien », et qu'il ne l'avait jamais comparée avec les autres

---

1. *Esprit des lois*, liv. XXX, ch. XXI, et XXXI, ch. IX, X, XI, XII, XXIII.

religions, que « pour la faire triompher de toutes ». — « Ce que je dis, ajoutait-il, se voit dans tout l'ouvrage, mais l'auteur l'a particulièrement expliqué au commencement du livre vingt-quatrième, qui est le premier des deux livres qu'il a faits sur la religion[1]... »

Ces démonstrations intéressées ne doivent nous tromper ni sur le caractère de l'ouvrage, ni sur les convictions de l'homme. Il est très vrai que le XXIV° livre de l'*Esprit des lois* contient de superbes pages en l'honneur du sentiment religieux et de la religion chrétienne; mais il n'est pas moins vrai que le XXV° livre est tout rempli de propositions irrespectueuses, perfides et souvent hostiles. Et, de fait, c'est dans ce XXV° livre que les *Nouvelles ecclésiastiques* puisent presque toutes leurs citations, tandis que Montesquieu puise les siennes, douze fois, dans le XXIV°. C'est donc que dans la rédaction de ces deux livres, Montesquieu sentait l'influence d'un esprit différent. Nous connaissons le mot de l'énigme. Le XXV° livre se ressent de la lecture de Bernard Mandeville; le XXIV° livre, de la lecture de l'évêque anglican Warburton. Les *Nouvelles* censuraient le Montesquieu de vers 1728[2], mais le Président leur opposait, avec raison, le Montesquieu de vers 1742, dont la pensée a mûri, s'est assagie, est devenue plus respectueuse et plus riche, par l'habitude de traiter avec déférence les réalités sociales.

V

Il faut enfin noter, dans le mouvement de cette pensée religieuse, un dernier progrès, sensible à partir de 1750.

---

1. Cf. *Défense de l'Esprit des lois*, seconde partie : idée générale.
2. Il semble bien que Montesquieu ait connu l'ouvrage de Mandeville, traduit en français en 1722, avant ses voyages, peut-être à l'époque même où il prend connaissance de la *Fable des abeilles*.

Montesquieu entreprend alors de corriger son ouvrage et il n'est pas inutile de suivre ce travail de correction, pour saisir la suprême forme de cette pensée. Sans doute, plusieurs passages corrigés, amendés, refondus ne seront pas, à nos yeux, significatifs. Ils témoignent trop d'une secrète terreur des ennuis, et Montesquieu était alors fort inquiet. Les Jansénistes le harcelaient sur son « irréligion[1] »; l'assemblée du clergé de France était sollicitée de se prononcer sur l'*Esprit des lois;* la Sorbonne entreprenait l'examen de l'ouvrage et la Congrégation de l'Index était saisie de l'affaire[2]. Montesquieu promettait d'expurger son livre et demandait humblement qu'on lui signalât les passages douteux, pour lesquels il s'engageait à faire amende honorable.

La nouvelle édition de l'*Esprit des lois* parut en 1750. Eh bien, elle ne révèle pas précisément un auteur fort repentant. La Sorbonne avait flétri treize propositions. Aucune n'est sacrifiée; tout au plus, Montesquieu apporte-t-il à deux d'entre elles quelques changements insignifiants, et en corrige-t-il une troisième par une note bien anodine.

A cela se réduit le travail d'épuration si solennellement promis à la Faculté.

Nous n'examinerons pas ces rectifications imposées de l'extérieur : on peut toujours mettre en doute leur absolue sincérité.

Mais si, tranquillisé du côté de la Sorbonne ou de Rome, le philosophe continue cependant d'adoucir certaines expressions un peu vives, respectées par la censure elle-

---

1. Il semble bien que Montesquieu fut encore plus sensible à l'accusation de spinozisme qu'à celle de religion naturelle dont le poursuivaient à la fois les Jansénistes et les Jésuites.

2. Il n'est pas parfaitement exact de dire, après M. Vian, que la Congrégation de l'Index frappa le livre, mais que la sentence resta secrète. En réalité, l'*Esprit des lois* parut sur les Catalogues de l'Index, sans nom d'auteur, il est vrai.

même, le cas ne sera-t-il pas remarquable ? La critique ne pourra-t-elle s'autoriser de la spontanéité de ces corrections pour en admettre la sincérité ? Les diverses éditions de l'*Esprit des lois* vont nous permettre de suivre, à la trace de ces modifications, cette phase de la pensée religieuse de Montesquieu, de 1748 à 1753.

Il avait soutenu d'abord que, dans les climats chauds, la polygamie était permise, pourvu que *les lois* n'y fussent point contraires[1]. En 1750, Montesquieu tempère cette observation par un mot qui, en l'espèce, est essentiel, et modifie singulièrement la pensée : « Il est très simple qu'un homme, lorsque *la religion* ne s'y oppose pas, quitte sa femme pour en prendre une autre, et que la polygamie s'introduise... Ainsi la loi qui ne permet qu'une femme se rapporte plus (il avait d'abord écrit : est conforme) au physique du climat de l'Europe qu' (texte primitif : et non) au physique du climat de l'Asie. C'est une des raisons qui a fait que (il y avait d'abord : c'est pour cela que)... le christianisme s'est maintenu en Europe et a été détruit en Asie. »

Ces corrections sont d'importance : elles atténuent la doctrine du déterminisme que Montesquieu avait d'abord exprimée en formules trop absolues. Et pour mieux accentuer ces tempéraments, il ajoute : « Les raisons humaines sont toujours subordonnées à cette cause suprême, qui fait tout ce qu'elle veut, et se sert de tout ce qu'elle veut[2]. » N'est-ce point là l'idée de Providence, réintégrée, très tard, dans une œuvre édifiée primitivement pour expliquer naturellement les actes humains, et démontrer que l'ordre social et l'histoire du monde sont le produit fatal des climats ou de certaines forces, rendant inutile l'hypothèse de la Providence ?

---

1. *Esprit des lois*, liv. XVI, ch. II, édit. de 1748.
2. Ceci a été ajouté au chapitre II, en 1753.

Voici enfin que les thèses stoïciennes dont il avait senti, dans sa jeunesse, l'âpre beauté ne suffisent plus à sa vieillesse. On sait qu'il avait spécialement développé dans les *Lettres persanes*[1] la théorie stoïcienne du suicide, suprême recours pour l'homme vaincu par la vie. Il déclarait alors que ni les lois civiles, ni le bien de la société, ni la considération d'un Dieu Providence ne sont des motifs suffisants pour interdire « l'homicide de soi-même ». Mais en 1754, Montesquieu réprouve ces idées. Ce ne serait pas assez dire que son apologie de l'existence, même douloureuse, dérive d'une nouvelle conception courageuse de la vie ou de vagues notions religieuses. En réalité, elle se fonde sur une idée chrétienne : l'homme ne peut se détruire, parce que la vie lui fut confiée pour mériter, par de bonnes actions et par l'expiation, une vie meilleure ; déserter le poste du combat, serait trahir les ordres du Créateur. Écoutons Ibben : « Mon cher Usbeck, Ce sont des jours bien précieux que ceux qui nous portent à expier les offenses. C'est le temps des prospérités qu'il faudrait abréger. Que servent toutes ces impatiences, qu'à faire voir que nous voudrions être heureux, indépendamment de celui qui donne les félicités, parce qu'il est la félicité même ? Si un être est composé de deux êtres, et que la nécessité de conserver l'union marque plus la soumission aux ordres du Créateur, on en a pu faire une loi religieuse ; si cette nécessité de conserver l'union est un meilleur garant des actions des hommes, on en a pu faire une loi civile[2] ».

Les événements permirent à Montesquieu de donner une preuve éclatante de cet état d'âme si nouveau. Presque au déclin de sa vie, épuisé de travail, n'aspirant plus qu'après le repos et « la paix », il s'entremettra entre l'Église et le

---

1. *Lettres persanes*, LXXVI.
2. *Lettres persanes*, LXXVII. Lettre ajoutée en 1754.

Parlement[1]. C'était au temps où la bulle *Unigenitus* déchaînait sur la France un véritable esprit de révolte. Champion du pouvoir civil, gardien jaloux des théories gallicanes, le Parlement dénonçait, en de véhémentes remontrances du 9 avril 1753, les abus du pouvoir ecclésiastique, refusait de donner à la bulle force de loi, et, plutôt que de se soumettre à une autorité rivale, se laissait condamner à l'exil, jurant de ne point rentrer à Paris ou d'y rentrer avec tous ses droits. Cette situation critique menaçait de s'éterniser, quand Montesquieu écrivit aux exilés opiniâtres une très longue et très belle lettre. Non certes, il n'y apparaît point comme l'apologiste de la bulle *Unigenitus*, et ce sont autant des inquiétudes politiques que des sollicitudes religieuses qui le font « gémir de toutes ces disputes ». Néanmoins, cette querelle mettant en opposition deux prétentions, l'une, de la part du Parlement, de brimer le clergé et de négliger son autorité même sur des matières de foi, et l'autre, de la part du clergé, d'imposer ses vues à un corps politique pour l'amener à sanctionner certains actes religieux, Montesquieu n'hésite pas : il proclame abusives les ambitions du Parlement, et qu'en ces matières, le pouvoir ecclésiastique devrait s'exercer librement. Cette attitude jetait dans la stupeur son correspondant. « L'auteur, dit-il, prend bien vivement sous sa protection la bulle *Unigenitus*. Quelque étendues que soient ses connaissances, ce n'est pas de ce côté qu'il a tourné ses études et ses recherches[2]. »

Il était vrai que Montesquieu n'était point théologien, et nous l'avons assez mis en évidence; mais, en 1753, l'esprit de parti ne l'aveugle plus, il juge les questions

1. Déjà en 1751, quand on contestait les immunités ecclésiastiques, Maupertuis rapporte que Montesquieu les soutenait hardiment. Cf. *Éloge de Montesquieu*, 1755.
2. Voir cette lettre de Montesquieu dans la *Revue d'hist. littéraire de la France*, janvier-mars 1907. Dans un passage des *Pensées inédites*, Montesquieu avoue sa préférence pour les libertés de l'Église : t. II, p. 450

d'Église avec impartialité et bienveillance. Il est un libéral. Il veut une Église libre dans l'État libre, et que le Parlement se libère enfin de sa passion anticléricale[1].

Ce fut là la dernière occasion publique qui permit à Montesquieu d'affirmer ses nouvelles dispositions. Deux ans plus tard, ce philosophe, qui semblait n'avoir jamais dépassé dans son existence de philosophe les limites de la sympathie à l'égard du christianisme, mourait en chrétien. Le mystère de son âme qui, saisie par la pensée religieuse, s'en détourne d'abord avec d'ironiques boutades, y revient ensuite et se laisse doucement envahir par son influence paisible, nous demeurera toujours impénétrable. Humble devant l'hostie que le prêtre offrit à son adoration, Montesquieu avait-il, sur son lit de mort, franchi tout l'espace qui sépare la sympathie de la croyance vivante[2]? Rien ne permet de l'affirmer, mais au moment d'être à son tour la victime du sommeil qui interrompt les pensées les plus puissantes et les plus sincères, il voulut rendre un suprême hommage au Dieu de sa jeunesse.

---

1. Dès 1738, il souhaitait que le Parlement fût moins agressif dans les discussions théologiques : *Pensées inédites*, t. II, p. 456-460.

2. On ne mettait pas en doute la sincérité religieuse de Montesquieu. Après avoir loué le ton modéré et sympathique de l'*Esprit des lois* à l'endroit du christianisme, Pecquet ajoutait : « Nous avons lieu de croire que M. de Montesquieu était rempli de ces mêmes principes, et nous avons encore la mémoire fraîche des sentiments dans lesquels il est mort. » Cf. *Analyse raisonnée de l'Esprit des lois*, Paris, 1758, p. 247.

CONCLUSION

On ne saurait se flatter d'avoir embrassé, même au terme d'une longue étude, tout le développement d'une pensée aussi complexe, aussi étendue en tous sens que celle de Montesquieu. Cet homme eut l'ambition d'enfermer en de souples formules l'univers entier. Aucun des problèmes pouvant intéresser la vie des peuples ne le trouva indifférent. De là l'extraordinaire richesse de son œuvre. Dans le domaine des idées politiques, sociales, économiques, religieuses, morales, le Président nous apparaît admirablement informé de tout ce qui se dit autour de lui. Il accueille souvent les solutions consacrées, et plus souvent en propose de nouvelles, ingénieuses, profondes, suggestives, même quand elles sont paradoxales. Montesquieu est en perfection un éveilleur d'idées.

Il n'entre pas dans le cadre de cet ouvrage de décider si les solutions de ce penseur original sont toutes exactes, ni de raconter leur influence sur les législations de l'Ancien et du Nouveau Monde. Ce serait pourtant un beau livre à faire et qu'il faudra écrire un jour[1]. Mais il nous reste à jeter un dernier coup d'œil sur l'ensemble de ce palais d'idées, et à dégager, s'il se peut, les grandes idées

---

1. Voir quelques renseignements un peu courts dans : Vian, *ouv. cit.*, p. 340-352; Albert Sorel, *ouv. cit.*, p. 149-174.

directrices qui sont comme les supports de la philosophie de Montesquieu et lui donnent une physionomie si particulière.

Et d'abord, sa conception de la vie. La vie est-elle soumise au hasard ou à des lois particulières ? D'un côté le philosophe ne peut manquer d'examiner la vie de l'esprit humain, obéissant aux lois de sa propre existence, et, quand il n'est pas empêché, se développant selon les conditions de l'organisme qui lui est propre. D'autre part, il n'oubliera pas ce qu'on appelle la nature, obéissant également à des lois, mais entrant incessamment en contact avec l'esprit de l'homme, excitant ses passions, et donnant par là même à ses actes une direction qu'ils n'auraient pas prise sans cela. La vie est une résultante : ou l'homme modifiant la nature, ou la nature modifiant l'homme, telle est la double source qui alimente l'activité humaine.

Cependant, les contemporains de Montesquieu semblent n'avoir pas soupçonné ce va-et-vient d'actions et de réactions dont l'étude est indispensable pour établir une conception scientifique de la vie.

Pour ne rien dire des finalistes qui, dans l'étude des phénomènes de la nature, recherchaient, à la suite de Bossuet et Fénelon, en quoi ces phénomènes contribuent à la gloire de Dieu, ou l'intérêt que l'homme en tire, ou leur adaptation à des fins particulières, le concept de science était particulièrement sacrifié dans l'œuvre de Voltaire.

Sans doute, Voltaire élimine de l'histoire la prudence divine. Il croit que les événements sont le produit de certaines lois universelles. Mais le moyen de reconnaître ces lois, quand on représente la vie comme soumise à la pression des instincts, des besoins, des circonstances et du hasard ? Les destinées des peuples dépendent de coïncidences qui échappent à toutes les prévisions. Un verre d'eau sur une robe; et voilà Marlborough en disgrâce, la paix rétablie entre l'Angleterre et la France. Un curé et un conseiller dirigent un jour par hasard leur promenade vers Denain ; et voilà la voie de la victoire découverte à Villars. Au temps de la guerre de Hollande, quatre cavaliers sont entrés à Muyden où sont les écluses; s'ils y fussent restés, la Hollande n'eût pas été submergée, Louis XIV n'eût pas reculé et son plan de domination universelle eût réussi ; mais il advint qu'ils n'y restèrent pas, sans songer aux conséquences terribles qu'ils allaient déchaîner : l'arrêt à Nimègue, et l'échec, à Ryswick, de la grandeur de Louis XIV. Ainsi court l'existence humaine : vouloir l'expliquer par des causes générales serait s'exposer à méconnaître le hasard, ce maître des choses[1].

A cette conception s'oppose toute l'œuvre de Montesquieu. Pour celui-ci, l'univers n'est pas le fils d'un capricieux hasard. Les choses ne vont pas à la débandade. Elles sont la preuve de l'action de l'homme sur la nature et de l'action de la nature sur l'homme. Montrer la complexité de ces influences qui se compénètrent, ce serait fournir une conception scientifique de la vie. Le hasard est un mot commode pour dissimuler notre ignorance. Quant à la Providence, toujours maîtresse de disposer du cours des choses humaines, Montesquieu l'abandonne aux spéculations des théologiens, qui n'ont sans doute rien ou presque rien à voir avec la science. Lui, se représente la vie comme un concert de forces. Les choses ont des rapports les unes avec les autres : ces rapports sont les lois. Les lois sont constantes et immuables. Dans le monde matériel, elles s'appliquent d'une façon inflexible. Dans le monde intelligent et sensible, cette rigueur est moindre;

---

1. Cf. Lanson, *Voltaire*, Paris, 1906, ch. vi.

car l'intelligence et le sentiment sont parfois capables de modifier la force des lois, qui n'en sont pas moins des lois. Voltaire faisait dépendre le cours des événements de petites causes, surgies tout d'un coup, venues on ne sait d'où, qui trouvaient dans l'histoire un retentissement prolongé[1]. Au rebours, Montesquieu fait dépendre les événements de grandes causes générales, que l'on connaît, dont on apprécie avec assez de rigueur l'action, le sens, les rapports mutuels[2]. Il peut y avoir, il doit y avoir une philosophie de l'existence, qui détermine la double influence d'où procèdent les actions humaines; l'une qui se produit du dehors sur l'esprit, l'autre qui se produit de l'esprit sur le dehors. Quelle est de ces deux influences la plus importante? Celle du physique ou celle des lois mentales?

Voltaire les niait toutes deux; mais quel philosophe, au XVIIIe siècle, à l'exception de Montesquieu, se préoccupat-il d'instituer cette enquête positive? Où, sinon dans l'*Esprit des lois*, trouverons-nous la recherche des conditions générales auxquelles est soumise l'existence individuelle de chaque nation? Quand Auguste Comte déclare que le grand mérite de Montesquieu est d'avoir fondé, par ces préoccupations nouvelles, la science sociale, il distingue la philosophie du Président de toutes celles qui s'épanoui-

---

[1]. Sainte-Beuve remarquait que là devait aboutir toute philosophie prétendant expliquer « la mascarade humaine ». Pascal, avant Voltaire, n'a vu partout que le jeu du hasard : le nez de Cléopâtre, le grain de sable de Cromwell. A son tour, Frédéric de Prusse disait : « On se fait ordinairement une idée superstitieuse des grandes révolutions des empires ; mais, lorsqu'on est dans la coulisse, l'on voit, pour la plupart du temps, que les scènes les plus magiques sont mues par des ressorts communs et par de vils faquins... »

[2]. Montesquieu croit tellement à la connexion nécessaire des événements, qu'après avoir expliqué la chute de la république romaine au moment où paraît César, il ajoute : « Il était tellement impossible que la république pût se rétablir, qu'il arriva, ce qu'on n'avait jamais encore vu, qu'il n'y eut plus de tyran, et qu'il n'y eut plus de liberté : car les causes qui l'avaient détruite subsistaient toujours. » *Considérations sur les Romains*, ch. XII.

rent pendant le xviii° siècle, et lui donne une place supérieure, unique.

Au seuil de la science sociale, Montesquieu rencontra le problème de l'origine des sociétés. Il avait été longuement discuté au xvii° siècle. Peut-être est-ce la cause que de très bons esprits comme Hobbes ou Grotius, s'obstinant à en trouver la solution, ne soupçonnèrent même pas qu'ils tournaient le dos à la véritable science des lois. Les philosophes, les juristes, les théologiens n'avaient cessé de rechercher comment les hommes, primitivement isolés et vivant dans un état de nature, sans liens entre eux et sans lois, se sont réunis en cités et en nations, créant ainsi l'état de société.

Ce problème, on eût pu le croire définitivement abandonné au xviii° siècle, après les progrès de l'esprit positif et la formation de l'idée de science, qu'avait si fort contribué à faire préciser l'œuvre de Montesquieu. Il n'en fut rien, cependant. La fin du siècle a repris, avec une frénésie véritable, les spéculations creuses sur un état de nature hypothétique, et sur l'origine des sociétés.

Rousseau enivre alors ses contemporains avec ses arguments lyriques en faveur de l'état de nature où tout était bon jusqu'au jour où, se groupant en société, l'homme s'asservit à tous les maux : « Telle fut ou doit être l'origine de la société et des lois, qui donnèrent de nouvelles entraves aux faibles et de nouvelles forces aux riches, détruisirent sans retour la liberté naturelle, fixèrent la loi de la propriété et de l'inégalité, et d'une adroite usurpation firent un droit irrévocable, et pour le profit de quelques ambitieux, assujettirent désormais tout le genre humain au travail, à la servitude et à la misère. » Spéculations dangereuses, car elles se lieront à une théorie de l'origine du droit, qui se désintéresse de la justice primitive. En livrant tout à l'État, personnes et biens, l'école de Rousseau proclamera « qu'en général, tout droit vient de l'autorité publique », ce qui est la sanction de la force et la négation du droit personnel.

Montesquieu fut à la fois plus prudent et plus sage. Sur l'origine des sociétés, il se contente de dire brièvement ce qu'il croit de l'état de nature ; puis, tournant court, en vient directement à l'étude positive de l'état de société. Sur l'origine du droit, il enseigne que l'autorité et le droit sont radicalement distincts, que le droit a des rapports directs avec la justice éternelle, et des rapports secondaires, mais non moins nécessaires, avec les conditions d'existence de chaque société.

Le problème des origines de la société se lie tout naturellement à celui de l'activité sociale. Les sociétés marchent, se transforment, passent par des états successifs et contraires. Que signifie ce mouvement? Est-il pure agitation de forces obscures qui se déploient et s'entrechoquent au hasard des rencontres? Est-il l'ébranlement rythmé, d'après un jeu concerté, de forces dirigées par une volonté qui tendent, à travers des périodes de grandeur et de décadence, vers la réalisation d'une fin préétablie? La société marche-t-elle vers le progrès et comment se représenter le progrès social?

Montesquieu trouvait à ces questions une première réponse chez les théoriciens de la doctrine chrétienne. Pour ceux-ci, les peuples sont soumis à une force surnaturelle qui, toute-puissante et cependant respectueuse des causes secondes, pousse les peuples, malgré eux, vers le but assigné par la Providence. « Qu'il est beau de voir, par les yeux de la foi, Darius et Cyrus, Alexandre, les Romains, Pompée, Hérode, agir sans le savoir pour le triomphe de l'Évangile! » Cette philosophie de l'histoire, si commode pour expliquer le progrès social, Montesquieu pouvait la rencontrer dans saint Augustin, Paul Orose,

Salvien, principalement dans celui qu'il admirait jusqu'à se mettre à sa suite, Bossuet, dont le clair génie avait infusé à cette antique théorie une vie nouvelle, en lui donnant l'aspect d'un système fortement construit, parfaitement beau et, croyait-il, démontré par les faits.

Les philosophes du xviiie siècle, depuis Voltaire, démoliront le système, se riront de sa beauté empruntée et nieront les faits. Cet optimisme chrétien, qui affirmait le progrès social en le remettant aux mains de la Providence, ne les touchait certes pas. Voltaire écrit à M. de Bastide : « Cette scène du monde presque de tous les temps et de tous les lieux, vous voudriez la changer ! Voilà votre folie à vous autres moralistes ; le monde ira toujours comme il va ! » Il continuera d'être poussé par le hasard, par ces menues circonstances, imprévisibles et d'apparences inoffensives, qui brusquement changent la face des événements. Le progrès social, la perfectibilité sont des expressions vides de sens, et Voltaire n'a que des railleries contre elles, toutes les fois qu'il les rencontre sur sa route. Non qu'il nie la possibilité d'un certain progrès social, mais il l'imagine sous l'influence de parti-pris doctrinaux qui font tort à sa pensée.

« L'histoire révèle que l'humanité s'est faite à l'aventure, lentement, sous la pression des instincts, des besoins et des circonstances qui, pièce à pièce, ont formé les lois, les mœurs, l'industrie, les sciences, et jeté çà et là un peu d'aise, de justice et de liberté, parmi beaucoup de misère et de cruautés[1]. » Le hasard fait surgir, parfois, un individu supérieur, qui fait un grand siècle. Mais ce sont là des accidents heureux fort rares ; dans l'ensemble, l'histoire de l'humanité est une histoire de douleurs et de crimes. Les causes les plus certaines, assure Voltaire,

---

1. Ladson, *Voltaire*, p. 127.

en sont la guerre et le fanatisme. Des millions d'hommes ont péri par la faute des rois et des dogmes. Peut-être le jour viendra, où, par haine des rois dévastateurs et des prêtres fanatiques, les peuples s'uniront dans une fraternité plus étroite. Le progrès social n'est pas autre chose que la préparation de cet avènement de l'amour. Mais ne nous berçons pas d'illusions. « La raison triomphera, écrit Voltaire à d'Alembert, au moins chez les honnêtes gens; la canaille n'est pas faite pour elle. »

Conception étroite et qui relève plus de la passion polémique que de l'esprit scientifique. Elle eut cependant, au XVIII° siècle, une assez belle fortune; retouchée ou même aggravée, elle remplira la pensée de Diderot, l'œuvre des Encyclopédistes, et trouvera même un écho puissant, au delà des frontières de France, dans l'essai sur l'*Éducation du genre humain* de celui qui fut le Voltaire et le Diderot de l'Allemagne, Lessing.

Plus tard, il est vrai, sous l'influence de Turgot, cette conception du progrès social s'allégera des partis pris dont la passion antireligieuse l'avait alourdie, mais, rendue aux discussions sereines, elle ne le sera pas aux prudentes réserves. La fin du siècle a cru, d'une foi d'illuminé, au progrès social indéfini, nécessaire, selon les visions prophétiques de Condorcet. Le dogme nouveau permettait tous les espoirs. L'histoire de l'humanité se confond avec celle du progrès. L'homme grandit et la société se transforme; croissance et transformations qui marquent toujours une étape glorieuse dans la conquête du bien. Par le seul fait de vivre, l'humanité croît toujours, sans point d'arrêt, sans mouvement de recul, en raison, en science, en bien-être, en fraternité. Tout cela est le produit spontané « des lois générales, connues ou ignorées, qui règlent les phénomènes de l'univers et sont nécessaires et constantes ». L'histoire enregistre cet accroissement de bonheur, et la philosophie en détermine le mouvement régulier, le rythme fatal.

Entre une conception théologique périmée, une doctrine de combat, et une effusion de sentiments mystiques, la pensée de Montesquieu se détache, accusant une personnalité autrement vigoureuse.

On reproche à ce philosophe de n'avoir pas compris la marche de l'humanité, de n'avoir pas vu que son histoire s'explique par la fixation et la réalisation d'un idéal social constamment renouvelé, de n'avoir pas soupçonné que les hommes furent d'abord chasseurs, puis pasteurs, enfin agriculteurs, et que certaines lois ont déterminé l'élévation graduelle de chacun de ces groupes. On ajoute : la loi du progrès, qui est au fond de la vie, est absente de la pensée de Montesquieu[1].

Cela est vrai, et c'est ce qui donne un caractère si spécial à sa philosophie. Tandis qu'autour de lui, les philosophes transportent leurs rêves sociaux dans l'avenir, lui s'établit dans le présent. Pleins de confiance en la raison, ils prophétisent la venue prochaine du jour où les hommes travailleront d'un commun accord au règne de la justice. Parce qu'ils croient facile de refaire la société, ils n'hésitent pas à l'ébranler sur ses bases, à accélérer sa ruine, pour construire, avec des matériaux neufs et des consciences libérées du passé, la cité du progrès. Ils sont, ils seront bientôt turbulents, frondeurs, révolutionnaires. Leur excuse est qu'ils nourrissaient en eux un optimisme invincible.

Montesquieu ne fut pas la proie de ces idées séductrices. Il avait pu, dans les *Lettres persanes*, donner des gages aux esprits avides de brusques changements, mais, devenue plus réfléchie, sa pensée s'orienta vers des conclusions

---

1. Cf. Flint, *La philosophie de l'histoire en France*, tout le chapitre consacré à Montesquieu.

différentes. En fin de compte, son œuvre ne détruit rien. Elle est au contraire une machine de guerre dressée contre les assauts livrés à n'importe quelle société. Elle apprend à conserver les organismes établis, et enseigne que la science sociale, si elle a pour but de promouvoir le progrès, doit avant tout assurer les conditions de l'existence.

Et cela n'est pas une si mauvaise façon de comprendre le progrès social. Vivons, avant d'aller de l'avant; assurons-nous de pouvoir persister, avant de songer à nous transformer. Montesquieu sait aussi bien que personne qu'il existe des sociétés de chasseurs, de pasteurs et d'agriculteurs, et qu'elles s'organisent d'après des plans politiques différents. Il sait qu'elles se transforment; mais il sait aussi que leur existence est liée à certains principes, de l'oubli desquels résultent pour elles la décadence et la mort. Le premier devoir du philosophe est ainsi de déterminer ces conditions d'existence, de dénoncer leurs transformations dangereuses, d'absorber enfin les activités divergentes dans le grand courant de pensées et d'énergies conformes aux principes de l'État. Le progrès social se confond, à l'origine, avec la stabilité politique; et tandis que les visionnaires du xviii° siècle ne songeaient qu'à renouveler, c'est le grand mérite de Montesquieu d'avoir enseigné que le progrès n'est que dans la continuité d'une tradition.

Certainement, la pensée est incomplète, mais par ce qu'elle suppose de fondements établis sur *la réalité*, de sens historique, de recherches positives, d'aversion pour les hypothèses grandioses et vaines, elle prépare la théorie scientifique du véritable progrès social, mieux que les haines de Voltaire et les dithyrambes de Condorcet.

On comprend que cet enseignement ait été peu goûté par les apôtres de l'idée de progrès. Ils furent déçus. Ils s'indignèrent de ce qu'ils appelaient les timidités de Montesquieu, et en rendirent responsable son caractère indécis, sa faiblesse pour les compromissions apaisantes. « Montesquieu, dit Grouvelle, accoutumant les Français à réfléchir sur les lois qui les gouvernent, fut un génie bienfaisant; mais il est un génie coupable lorsqu'il défend l'aristocratie, lorsqu'il est invoqué par tous les adversaires de la réforme nationale; en adorant son influence salutaire, proscrivons son autorité ennemie; hâtons-nous et osons lui faire son procès[1]. » Il l'instruit, en effet, non sans amertume.

Mais ces esprits chagrins, parce que tranchants, se trompaient. Ces timidités viennent moins d'un caractère faible que d'une pensée très réfléchie et très cohérente : pour assurer le progrès, respectons le passé et ne touchons aux institutions héritées que d'une main prudente. La science du progrès social suppose la science des conditions mêmes de la vie des peuples. Celle-ci est à créer et Montesquieu assume cette tâche. Elle n'était qu'une partie de la science sociale, mais nous savons que là du moins Montesquieu fit preuve d'une étonnante maîtrise.

A l'égard des conceptions religieuses enfin, l'attitude de Montesquieu ne fut pas moins indépendante. S'il était croyant, le xviiie siècle aimait trop à s'embarrasser en d'interminables querelles théologiques. S'il ne l'était pas,

---

1. Grouvelle, *De l'autorité de Montesquieu dans la révolution présente*, 1789, p. 14. Grouvelle expliquait ces timidités par l'état de la société, au moment où écrivait Montesquieu : « elle était encore vouée à tous les préjugés : celui des rangs, des titres et des noms y dominait sans trouble. C'est sous la double influence de cette autorité absolue et de ces préjugés aristocratiques que Montesquieu conçut l'Esprit des lois ». *Ouv. cit.*, p. 16. — De son côté, Marat donnait l'explication suivante : « On reproche à Montesquieu d'avoir manqué d'énergie, et on l'oppose à Rousseau. Mais Montesquieu avait une grande fortune en fonds de terre; il tenait à une famille notable; il avait femme et enfants. Que de liens ! » Cf. *Projet de déclaration des droits de l'homme et du citoyen*, 1789.

il avait trop de penchant à avilir sa pensée libre, en lui donnant l'accent de la grossièreté, de l'irrespect et de la haine. Au reste, maladroite et stupide, l'incrédulité, ne songeant qu'à vaincre, faisait volontiers flèche de tout bois, moins soucieuse de comprendre que de dégrader l'objet de sa répugnance. Tout le siècle fut ainsi traversé par un courant de critique parfois polissonne.

C'est à Pierre Bayle qu'il faut faire remonter la source de ce flot impur, qui entraîna les meilleurs esprits et, quelque temps, enveloppa le jeune philosophe de la Brède. Bayle est l'un des premiers, peut-être le premier critique à proclamer sans cesse que « la religion chasse tellement les idées naturelles de l'équité, qu'on devient incapable de discerner les bonnes actions d'avec les mauvaises », ou encore, comme il s'exprime ailleurs, « qu'elle ne sert qu'à ruiner le peu de bon sens que nous avions reçu de la nature ». La critique religieuse devient donc avant tout la critique passionnée. Renonçant à l'intelligence sympathique des lois qui peuvent surprendre, à l'interprétation bienveillante des dogmes dont on n'aperçoit pas d'abord la raison, elle oppose les leçons de la nature à celles de la religion. Cette ardeur polémique aboutissait à représenter les idées religieuses comme une source de folies et de perversités. Aussi Bayle affirmera-t-il, dans ses *Pensées sur la comète,* que l'athéisme lui-même est moins dangereux aux sociétés que la superstition, et par superstition, il ne se cachait point d'entendre toute espèce de religion, sans en excepter la chrétienne. « Les idées d'honnêteté qu'il y a parmi les chrétiens, disait-il, ne leur viennent pas de la religion qu'ils professent », et « la Nature les donnerait à une société d'athées, *si seulement l'Évangile ne la contrecarrait pas* ». Ces principes imposaient au critique des idées religieuses une attitude franchement hostile, comme devant le fruit de l'imposture, fruit mortel qui n'a cessé d'empoisonner l'humanité. Bayle a enseigné la critique malveillante.

Voltaire, que séduisait la pensée de ce maître en incrédulité, exprimera bientôt un sentiment semblable : Je ne suis pas chrétien, mais c'est pour t'aimer mieux, dira-t-il à l'Être Suprême, dont il dégage la notion de tous les éléments empruntés à la révélation et aux croyances populaires. Lui aussi, il ne s'intéresse aux conceptions religieuses que pour en mettre à nu les fantaisies ridicules. Entre toutes, les doctrines juives et chrétiennes excitent sa verve bouffonne, et la critique des origines chrétiennes tourne, entre ses mains, au persiflage goguenard qui ne respecte rien parce qu'il ne comprend rien, et qui dégrade préalablement, par quelque comparaison déloyale ou avilissante, les idées et les hommes qu'il se proposait de combattre. N'est-ce pas une pitié de voir, par exemple, la chrétienté se diviser sur la question de savoir si le Fils était « consubstantiel » ou « semblable » au Père (ὁμοιούσιος ou ὁμοούσιος), car peut-on être hérétique « pour ne s'écarter de la foi que d'un iota »?

Bayle était docte, mais sa plaisanterie lourde. Voltaire ne sera pas plus savant, mais il sera merveilleusement plaisant. Chez l'un et chez l'autre, la méthode est identique, et identique l'attitude d'esprit : l'essentiel est d'accabler sous la moquerie. Mais la moquerie risque d'être injuste? Ne vaudrait-il pas mieux comprendre, ce qui est presque toujours excuser et justifier? Tant pis pour la justice : la critique religieuse est une école d'ironie et d'indignation.

Il semble bien que Montesquieu ait été choqué par l'incrédulité de Voltaire, fille de l'incrédulité de Bayle, moins à raison des difficultés scientifiques qu'elle soulevait, qu'à raison de ses partis pris injustes et de son ricanement insolent. Il se refusait à voir dans le christianisme le chaos de turpitudes et d'absurdités que Bayle avait dénoncé. S'il n'eut pas la science nécessaire pour tout réfuter, son goût le préserva de ces excès.

Cependant, autour de Montesquieu, les esprits incrédules tiraient de cet enseignement un double profit : ils se contentaient d'une connaissance superficielle des choses religieuses pour les juger souverainement; ils exaltaient l'efficacité de l'injure et de la moquerie dans leur campagne antireligieuse. Pendant plus d'un demi-siècle, ce courant d'irrespect coulera à pleins bords. Les plaisanteries de *Zadig* ou de *l'Essai sur les mœurs* provoqueront les grossières attaques de l'Encyclopédie, d'Helvétius et de d'Holbach. La passion ne supportera même plus que l'on borne l'assaut au seul christianisme : c'est tout le domaine religieux de l'âme qu'elle voudra dévaster. Voltaire paraîtra timoré. Les hardiesses des *Pensées sur l'Interprétation de la Nature* et celles de l'Encyclopédie passent toutes les audaces des *Lettres philosophiques*. Le siècle, du moins les maîtres du siècle, se proclament athées avec délices, matérialistes, naturistes, immoralistes. Ni les preuves philosophiques ni les arguments de sentiment ne valent, à leurs yeux, pour démontrer l'existence de Dieu. Ils s'installent dans un matérialisme tranquille, affirment que les instincts sont bons et que l'on a eu tort de tant lutter contre eux pour détruire quelque chose qui était salutaire et le remplacer par quelque chose qui est funeste. Comme le déisme, comme la religion, la morale est une invention de politiques habiles. « L'homme naturel », disait Diderot, est excellent; on a créé « un homme artificiel » qui ne sait plus développer ses énergies natives et superbes. Guerre donc aux religions, à toutes les religions positives, au déisme, au surnaturel, surtout au christianisme. La philosophie ne tend à devenir que le système de la négation.

En face de la colère déchaînée, de l'ironie victorieuse et du parti pris cruel, Montesquieu représente la critique bienveillante. Cela peut aujourd'hui paraître peu de chose, et cependant cet unique souci de vouloir comprendre suffit à lui assurer une place à part dans l'évolution de la philosophie religieuse au xviiie siècle.

Sa jeunesse a payé sans doute le tribut d'admiration à Pierre Bayle ; mais Montesquieu n'était pas homme à rester longtemps à la suite. Sans se ranger nettement du côté des croyants, il tint à montrer qu'il conservait le sens et le respect des choses religieuses, l'intelligence surtout de leur action. Il a dit que la religion était la partie la plus tendre de nous-même. Il a proclamé sa valeur sociale. En face d'une critique passionnée et négative, il a véritablement inauguré le principe d'une critique supérieure qui essaie de comprendre au lieu de railler, et qui, alors même qu'on se détache d'une religion, permet d'en interpréter libéralement l'influence, d'en expliquer le succès et d'en reconnaître, sinon la vérité doctrinale, au moins le rôle historique. Montesquieu est l'un des plus grands exemples de ce que peut un esprit sincèrement désintéressé dans l'étude objective des phénomènes religieux.

Cette attitude, singulière au xviiie siècle, frappa d'étonnement. Les Encyclopédistes ne cachaient point leur dépit de voir un « frère » enseigner le respect des institutions religieuses. Montesquieu força néanmoins leurs antipathies, et, après lui, il ne fut guère possible de représenter le christianisme comme une imposture et une infamie. Le portrait merveilleux qu'il en avait tracé touchait à des réalités si profondes, révélait des caractères si méconnus et si admirables, qu'on put le perfectionner sans doute, mais le refaire, non pas. Turgot démontrera, en 1749, la supériorité sociale du monde chrétien sur le monde antique, avec les arguments de Montesquieu. Chose plus curieuse : l'article « Christianisme » de l'*Encyclopédie* elle-même est presque tout entier construit de matériaux empruntés à l'*Esprit des lois*. Nous savons certes que les intentions diffèrent ici et là, et qu'à nous renvoyer à l'article « Tolérance » ou « Liberté de conscience », le philosophe de l'*Encyclopédie* espère bien effacer l'impression chrétienne sous une impression contraire. Mais il reste vrai qu'il n'a pas été en son pouvoir de représenter le christianisme autrement que ne l'avait déjà fait Montesquieu. Quand il proclame que Jésus, en donnant à sa religion pour premier objet la félicité de l'autre vie, voulut encore qu'elle fît notre bonheur dans celle-ci; qu'il grava en nous le sentiment de l'humilité; qu'il réprima le crime jusque dans la volonté même; qu'il rappela le mariage à sa première institution, en interdisant la polygamie; qu'il apporta un nouveau droit politique et un nouveau droit des gens, la pensée de Montesquieu gagnait une victoire. Elle faisait pénétrer la loyauté et le respect dans un domaine qu'avaient trop longtemps habité la grossièreté et le parti pris.

Par les directions générales de sa pensée comme par les principes particuliers de son système, Montesquieu s'est fait, parmi ses contemporains, une place à lui; il revêt une physionomie à part. Le xviiie siècle ne connut sans doute pas de personnalité plus riche, plus profonde, plus universelle. La diversité de ses investigations et la richesse de ses enquêtes tient du prodige. Avant de fonder la science morale, Montesquieu avait appliqué l'ardente curiosité de sa jeunesse aux problèmes scientifiques les plus étranges, aux discussions philosophiques les moins simples, aux questions politiques les plus délicates. S'il n'avait point laissé partout l'empreinte d'une incontestable maîtrise, du moins la singularité de ses aperçus et la nouveauté de ses méthodes lui avaient-elles acquis le prestige glorieux. Il pousse alors en tous sens la pointe de son esprit aigu, s'affirme tour à tour physicien et moraliste, bel esprit et philosophe, fervent de littérature et passionné de science, théoricien des phénomènes sociaux et spectateur averti des faiblesses de son temps. Vers 1720, il possède déjà ce caractère d'universalité qu'après lui et avec lui voudront partager les grands écrivains du siècle. Son esprit était naturellement porté vers les spéculations immenses.

Même quand il essaiera de restreindre le champ de sa vision, limitant ses recherches à l'étude des conditions d'existence des sociétés, ce philosophe ne pourra s'empêcher d'ajuster à son plan l'univers entier. Il suit toutes les lois, s'intéresse à toutes les idées et s'acharne à connaître toute l'histoire humaine, pour tout comprendre, tout expliquer, tout réduire à certains principes, créateurs de vie. Pour nourrir une pareille ambition, il fallait être un très grand esprit, ou un niais. Montesquieu n'a pas cherché naïvement à se dissimuler les difficultés de l'entreprise, et l'on peut dire qu'avant ses critiques, lui-même s'était aperçu que l'œuvre rêvée restait interrompue. *Bis patriae cecidere manus...*

Il eût voulu achever la réduction de l'univers à l'unité, la synthèse des phénomènes sociaux en quelques formules précises, l'énumération des forces psychologiques et physiques qui déterminent l'activité des hommes. L'entreprise ne dépassait certes pas sa pensée, mais elle était au-dessus des moyens dont cette pensée disposait. Dans l'état des sciences physiologiques, ethnologiques et sociales au xviiie siècle, Montesquieu ne pouvait faire mieux qu'il n'a fait. Il a posé des jalons, reconnu des régions nouvelles et pressenti les découvertes futures.

Partout où il appliqua sa raison, ce fut avec une telle puissance qu'il fit très souvent surgir de vrais systèmes, amples, cohérents et féconds, dont on a pu dire que chacun eût fait la fortune d'un penseur.

Sa gloire fut très grande; même quand l'autorité de ses enseignements fut discutée, cette gloire ne s'obscurcit pas.

Sa renommée se répandit dans toute l'Europe et au delà. A Genève, à Turin, à Saint-Pétersbourg, à Berlin, à Londres, en Amérique, partout l'œuvre du philosophe provoqua un vif mouvement de curiosité et d'admiration. L'influence de ces idées sur un siècle qui n'était pas encore très familier avec les vastes systèmes politiques, qui en goûtait pleinement l'attrait séducteur, a été telle, que, même en Angleterre, le système constitutionnel élaboré par Montesquieu représenta la véritable théorie des institutions libres. Bien que Macaulay déclare qu'à l'époque où Montesquieu écrivait, « les Anglais considéraient un Français parlant des freins constitutionnels et des lois fondamentales, comme une merveille non moins étonnante que le *porc savant* (*the learned pig*), ou le musicien petit prodige[1] », Hume, Blackstone, Paley, plus tard Delolme, se sont profondément imprégnés de Montesquieu.

Néanmoins, ces apparences ne doivent pas nous cacher la vérité; Montesquieu a pu forcer l'admiration, mais, en dehors des publicistes anglais et américains, en dehors de quelques théoriciens réformateurs comme Beccaria

---

1. *Essai sur Machiavel*, où il se montre très sévère pour l'auteur de l'*Esprit des lois*. « Le spirituel Président construisait des théories aussi vite et aussi légèrement que des châteaux de cartes : à peine achevées elles étaient détruites, et détruites, oubliées. »

ou Filangieri, son action sur les esprits a été faible[1].

D'où vient que cette grande pensée n'obtint ni le relief ni l'influence qui lui semblaient réservés? Il faut en chercher la cause directe dans le caractère même de la philosophie de Montesquieu. Elle est la glorification du libéralisme, de la douceur, de la modération. Montesquieu va, comme de lui-même, aux solutions tempérées. Mais après lui, les esprits sont dominés par les sentiments violents. Les philosophes n'acceptent plus les demi-mesures; dans la vie, comme dans la pensée, ils veulent des solutions radicales. L'opinion publique désavoue les timides, Montesquieu est accusé de lâcheté. Ses idées politiques consacrent une constitution monarchiste modérée, sur le modèle de la monarchie anglaise. Mais, depuis 1750, l'anglomanie, qui avait si complètement sévi sur la France au début du siècle, traverse une crise profonde. Nous soutenons, contre l'Angleterre, une guerre ruineuse et néfaste. Les penseurs eux-mêmes instruisent avec âpreté le procès de la constitution anglaise. Hume, Ferguson, Filangieri, d'Holbach, Raynal sont unanimes à dénoncer la formation, en Angleterre, d'un pouvoir absolu, en dépit des freins constitutionnels qui furent la superstition de l'auteur de *l'Esprit des lois*. Vers 1789, le charme est rompu; l'autorité de Montesquieu a perdu toute valeur.

D'autre part, ses idées religieuses ont fait tort à sa réputation. Les philosophes de la fin du xviiie siècle ont surtout vécu d'anticléricalisme et d'anticatholicisme; ils ont déterminé, sur la France entière, un courant d'opinion

---

1. Grouvelle disait fort bien : « Son influence sur l'esprit humain sera aussi durable que son influence sur l'esprit de son siècle fut rapide; sa méthode fit l'éducation de tous ses successeurs; il n'est presque aucune vérité qu'il n'ait indiquée et qui ne soit comme intitulée de son nom. » *Ouvr. cit.*, p. 14.

nettement défavorable à l'idée religieuse. On ne comprenait pas que l'auteur des *Lettres persanes* eût renié les passions de sa jeunesse et pris la peine, dans l'*Esprit des lois*, de justifier certaines prétentions du clergé.

Or, il est vrai que, pour exercer une influence véritable, l'écrivain doit être en communion d'idées et de sentiments avec ses lecteurs. Non qu'il ne puisse devancer son temps, mais encore ne doit-il pas trop complètement lui tourner le dos [1]. Ce fut la grandeur, et aussi le tort, de la pensée de Montesquieu. Elle ne pouvait avoir de prise sérieuse sur les grandes foules. Son champ d'influence resta toujours restreint. Mais là, elle exerça sa merveilleuse puissance, sur des disciples choisis, qui virent en elle une source intarissable de sagesse. S'il conserva ce prestige — et certains signes laissent encore aujourd'hui apercevoir la continuité de cette force — c'est que pour tous les conducteurs d'hommes, l'auteur de l'*Esprit des lois* reste un guide précieux. Le tyran a le même intérêt à apprendre chez lui les lois essentielles de son autocratie, que le républicain, les lois constitutives de la liberté. Pour qui sait dégager l'éternelle vérité de son œuvre immense, Montesquieu conserve, dans tous les gouvernements et toutes les sociétés, un caractère d'actualité et de convenance que, seules, possèdent les très grandes pensées.

1. Voir sur ce point une excellente brochure de M. Victor Giraud, sur l'*Esprit des lois*, Fribourg, 1898.

APPENDICE A

Le British Museum possède quelques lettres de Montesquieu (Additionnal manuscripts, n° 35.350, f°ˢ 3, 5, 7). Ces trois lettres, qui ne figurent pas dans les livres consacrés à Montesquieu, ont été publiées pour la première fois par M. Bonnefon, dans la *Revue d'histoire littéraire de la France*, 1910, p. 309-310. De ces trois lettres, les deux premières ont été écrites par le même secrétaire, Montesquieu s'est contenté de signer; la dernière a été écrite par un autre secrétaire, sans doute peu au courant des relations anglaises de Montesquieu, car il écrit Walburthon pour Warburton.

J'ai encore trouvé trois lettres entièrement écrites de la main de Montesquieu : l'une à « M. de Moncrif, de l'Académie française, à Paris », du 26 avril 1738 (Egerton mss. n° 23, f° 247), publiée dans l'édit. Laboulaye; — la seconde « A M. d'Arcet, docteur en médecine au collège de la Marche, à Paris »; — la troisième à un membre de la Société Royale de Londres, très probablement M. Folks.

A M. D'Arcet, docteur en médecine.

Si votre homme est arrivé, Monsieur, je vous prie de me l'envoyer, afin que je confère un peu avec lui; comme je vous ai dit, je ne cherche pas midi à quatorze heures. Je vous donne le bonjour et au petit garçon.

A Paris, ce mardi matin.

(Egerton mss., n° 23, f° 247.)

L'honneur que j'ai d'être membre de la Société Royale et les bontés dont vous m'avez honoré, Monsieur, dans mon séjour en Angleterre me font prendre la liberté de vous adresser trois exemplaires de mon livre sur la grandeur des Romains, un pour vous, et l'autre pour Monsieur le Secrétaire. Vous connaîtrez, Monsieur, l'excès de l'envie que j'ai de plaire à la Société Royale et à vous, puisque je prends une si petite occasion pour vous témoigner mon respect. J'ai l'honneur d'être très parfaitement, Monsieur, votre très humble et très obéissant serviteur.

MONTESQUIEU.

A Paris, ce 4 août 1734.

(Sloane mss., n° 4053, f° 218.)

APPENDICE B

Le British Museum possède encore (Addit. mss., n° 34.744, f° 17-18) une *Liste des meilleurs livres par M. le Président de Montesquieu*, qui nous fait assez bien connaître quels sont les ouvrages qu'il voudrait voir surtout répandus autour de lui.

1. Rabelais.
2. Philippe de Comines.
3. *Essays* de Montagne.
4. *Histoire* de M. de Thou.
5. *Mémoires* du Cardinal Retz avec toutes ses œuvres.
6. *Mémoires* de Sully.
7. *Mémoires* de M. Joly.
8. Histoire du comte Fiesque.
9. *La Vie de St Louis*, par le sʳ de Joinville, avec
10. *Les Dissertations* de M. du Cange.
11. *Abrégé de l'histoire* de Mézeray.
12. *Abrégé chronologique de France*, par M. le Président Haynaut.
13. *Discours sur l'Histoire Universelle*, de M. de Meaux.
14. *L'Histoire des variations*, par le même.
15. Tous ses ouvrages in-4°.
16. *Histoire de la ligue de Cambray*, par l'abbé du Bos.
17. *Critique sur la poésie et la peinture*, par le même.
18. *Mémoires* du duc de Rohan.
19. *Histoire de l'Académie française*, de M. Pellisson.
20. *Zaïde*, histoire espagnole.
21. *La Princesse de Clèves.*
    Les Cent Nouvelles de la Reine Marguerite.
22. *Le Journal* de Henry 3°.
23. Les *Mémoires* de l'Académie royale des Sciences.
24. Le dictionnaire de l'Académie française.
25. Le dictionnaire de Bayle.
26. Ses œuvres.
27. Œuvres de Malebranche.
  — de Fontenelle.
29. Œuvres de Scarron, et particulièrement son *Roman Comique.*

30. *Œuvres* de Voltaire.
31. — de l'abbé Choisy.
32. — de Despréaux.
33. — de La Fontaine.
34. — de Régnier.
35. — de La Motte.
36. — de Corneille, Pierre.
37. — de Racine.
38. — de Crébillon.
39. — de Regnard.
40. — de Fénelon.
41. — de Molière.
42. — d'Arnaud.
43. *Lettres* de Mme de Sévigné.
44. *Sermons* de Bourdaloue.
45. — de Massillon.
46. — de Fléchier.
47. — de Cheminais.
48. *Œuvres* de Rollin.
49. *Lettres Péruviennes*, de Mme Graffigny.
50. *Lettres de Cicéron*, par M. Mongault.
51. *La Poésie*, de Du Fresnoy.
52. *Fresnoy et de l'Art de la Peinture.*
53. *Marianne et Paysan parvenu*, de Marivaux.
54. Pascal, *Lettres provinciales et Pensées.*
55. *Œuvres* de Patru et M. Le Maitre.
56. *Les témoignages de la vérité.*
57. *L'action de Dieu sur la créature*, par un Janséniste.
58. *Les anecdotes secrets sur la Constitution de Villefore.*
59. *La Confession de Sancy.*
61. *Le Voyage de Chapelle et Bachaumont.*
62. *Le théâtre des Grecs* de Bowmoy.
63. *Œuvres* du Varillas, Romanesque.
64. — de Montesquieu.
65. — de La Bruyère.
66. — de Balzac.
67. — de Voiture.
68. — de Sarrazin.
69. — de l'abbé Chaulieu.
70. — de Rousseau.
71. — de St-Réal.
72. — de St-Evremont.
73. — de Vertot.
74. — de Clément Marot.
75. — de Malherbe et Racan.
76. *Les Synonymes de l'abbé Girard.*
77. *Les Recueils des opéras de Quinault.*
78. *Le comte de Gabalis*, de Villars.
79. *Le siège de Calais.*
80. *Manon Lescaut*, de Prévost.
81. *Le Comte de Comminges.*
82. *Les malheurs de l'amour.*
83. *Don Quichotte*, traduit en français.
84. *L'Antilucrèce du cardinal de Polignac.*
85. *Histoire naturelle*, de M. de Buffon.
86. *Les Critiques des ouvrages de Bouhours*, par Barbier d'Aucour.
87. *La Connaissance de l'Esprit humain.*
88. *Les Expériences de Pascal.*
89. — de Mariotte
90. — de Réaumur

91. Les expériences de Mairan.
92. L'*ambassade du card. d'Ossat.*

LIVRES INFÉRIEURS

93. *L'Histoire de France*, par l'abbé Le Gendre.
94. *L'histoire du traité de Westphalie*, du père Bougeant.
95. Les *Mémoires* de M. le Marquis de la Fare.
96. Les *Ouvrages* de Mme Deshoulières.
97. — de la Suze.
98. — de Campistron.

BOOKS TO BE FOUNE IN VENICE

1. *Chronica Veneta et le Curiosita di Venezia.*
Serlio, *Architecture*[1].

Montanari, *Theatro olympico.*
Maffei, *Amphitheatre of Verona*[2].
Bianchini, *Palazzo de' Cesari*[3].
Les Impératrices Romaines.
Les Historiens des Empereurs après Suétone, traduits en français.
Tome Lampridius, Spartianus, Herodianus, etc.
Montfaucon.
Amelot de la Houssaye, *Histoire de Venise*, Paris.
Anecdotes des Maisons des Med.
Ouvrages de M. Calière. Hist. et Pol[4].
Horace, Virgile.
Burlemacchia[5].
Dictionnaire de Furetière.
The classics in Latin-french, best editions.
Poniti(?)
The best books relating to Roman hist.

---

1. Nous corrigeons en note l'orthographe fantaisiste de cette liste. Serlio *Tutte le opere di architettura.*
2. Maffei : *Degli anfiteatri, e singolarmente del Veronese*, Vérone, 1728.
3. Bianchini : *Del Palazzo de' Cesari, opera postuma*, Vérone, 1738.
4. Ne faudrait-il pas lire « M. Callières, historien et politique » ? Callières fut en effet plénipotentiaire au congrès de Ryswick.
5. C'est Burlamaqui, dont les *Principes du droit naturel et politique* ne paraîtront qu'en 1764. Cette liste a donc été complétée par un autre que par Montesquieu.

TABLE CHRONOLOGIQUE

Parmi les œuvres de jeunesse de Montesquieu, dont on ne peut préciser la date, nous citerons :

Discours sur la damnation éternelle des païens, dont nous ignorons le titre exact, et que M. Vian place en 1709.

Discours sur Cicéron (mis dans les *Mélanges inédits*).

Manière d'apprendre ou d'étudier la jurisprudence.

Historia romana (en latin).

D'autres ouvrages se sont succédé dans cet ordre :

1716. — *Mémoire sur les Dettes de l'État* (écrit vers le mois de mars; mis dans les *Mélanges inédits*).

— *Discours de réception à l'Académie des sciences de Bordeaux* (1ᵉʳ mai).

— *La politique des Romains dans la religion* (lue le 18 juin à l'Académie de Bordeaux).

— *Sur le système des idées* (16 novembre).

1717. — *Sur la différence des génies* (lu, en août, à l'Académie des sciences de Bordeaux; on n'en connaît que le titre).

— *Discours* prononcé à la rentrée de l'Académie des sciences de Bordeaux (15 novembre).

— *Éloge de la sincérité* (Cette date n'est que très probable ; mis dans les *Mélanges inédits*).

— *Trois Résomptions sur l'ivresse, la fièvre intermittente et les*
— *esprits animaux* (15 novembre).

1718. — Dissertation *sur les envies.*

— *Sur les causes de l'écho* (1ᵉʳ mai).

— *Sur l'usage des glandes rénales* (25 août).

1719. — *Projet d'une histoire physique de la terre ancienne et moderne* (paru dans les journaux).

1720. — Discours *sur la cause de la pesanteur des corps* (1ᵉʳ mai)

1720. — Discours *sur la cause de la transparence des corps* (25 août).
— Mémoire *sur le flux et le reflux de la mer.*
1721. — *Lettres persanes.*
— *Observations sur l'histoire naturelle* (lues le 20 novembre).
1722. — *De la politique* (Date seulement probable; on admet que cette dissertation est ou de 1722 ou de 1723; — mise dans les *Mélanges inédits*).
1723. — *Lettres de Xénocrate à Phérès* (écrites au moment de la mort du Régent; — mises dans les *Mélanges inédits*).
— *Sur le mouvement relatif.*
1724. — *Le Temple de Gnide* (d'abord inséré dans *la Bibliothèque française*, p. 82).
— *Réflexions sur la Monarchie universelle en Europe* (Date assez probables; — mises dans Deux opuscules de Montesquieu).
1725. — Discours prononcé à la rentrée du Parlement de Bordeaux sur les devoirs des magistrats.
— *Traité général des devoirs de l'homme* (lu à l'Académie de Bordeaux le 1ᵉʳ mai; — mis dans *Deux opuscules de Montesquieu*).
— *Discours sur la différence entre la considération et la réputation* (lu le 25 août; — mis dans *Deux opuscules…*).
— *Sur l'équité qui doit régler les jugements et l'exécution des lois* (lu au Parlement de Bordeaux le 12 nov.; — mis dans *Deux opuscules*).
— *Discours sur les motifs qui doivent nous encourager aux sciences* (lu à l'Académie le 15 nov.; — mis dans *Deux opuscules…*).
— *Le Temple de Gnide* (publié par Montesquieu, à Paris, à la fin de mars).
1726. — Discours à l'Académie de Bordeaux, dans lequel se trouve l'éloge du duc de la Force (25 août).
— *Mémoire contre l'arrêt du Conseil de 1725* (écrit entre le mois de décembre 1726 et le mois d'avril 1727; — mis dans les *Mélanges inédits*).
1727. — *Voyage à Paphos* (paru en décembre dans le *Mercure de France*).
1728. — Discours de réception à l'Académie française (24 janvier).
1728 à 1731. — Voyages.
— *Florence* (mis dans les *Voyages de Montesquieu*).

— *De la manière gothique* (écrit probablement pendant les voyages; — mis dans les *Voyages de Montesquieu*).

— *Mémoires sur les Mines de Hongrie et du Hartz* (quatre furent composés après le retour de Montesquieu en France et lus à Bordeaux le 25 août et le 2 décembre 1731; Montesquieu écrira sur ce sujet un cinquième mémoire vers 1751; — mis dans les *Voyages de Montesquieu*).

— *Notes sur l'Angleterre* (probablement rédigés soit pendant le séjour en Angleterre, soit peu après le retour en France).

1731. — *Sur les intempéries de la campagne de Rome* (ce mémoire, lu à l'Académie de Bordeaux, est perdu).

1732. — *Réflexions sur les habitants de Rome* (lues à Bordeaux en décembre 1732; — mises dans les *Voyages de Montesquieu*).

1734. — *Considérations sur les causes de la grandeur des Romains et de leur décadence*.

1742. — *Le Temple de Gnide* (édition corrigée et augmentée).

1744. — *Supplément aux Lettres persanes* (comprend la préface et douze nouvelles lettres).

1745. — *Dialogue de Sylla et d'Eucrate* (probablement écrit vers 1722, paraît dans le n° de février du *Mercure de France*).

1747. — *Voyage dans l'île de Paphos* (édition augmentée).

— *Souvenirs de la Cour de Stanislas Leckzinski* (écrits pendant ou peu après la visite que Montesquieu fit à ce prince en juin 1747; — mis dans les *Voyages de Montesquieu*).

1748. — *De l'Esprit des lois*.

1750. — *Défense de l'Esprit des lois*.

1751. — *Cinquième mémoire sur les mines de Hongrie et du Hartz* (date probable).

— *Remarques sur certaines objections que m'a faites un homme qui m'a traduit mes Romains en Angleterre* (elles n'ont pas été écrites avant 1751, date de la traduction anglaise des *Considérations*, parue à Edimbourg; — mises dans les *Mélanges inédits*).

1754. — *Lysimaque*.

— Il faut joindre à ces ouvrages, quelques dissertations, essais et nouvelles dont nous ignorons la date :

Sur les huîtres fossiles.

Sur la fleur de la vigne.

Sur les richesses de l'Espagne. Montesquieu a fait deux rédactions de ce même travail, à des dates qu'il n'est pas possible de préciser, au plus tard vers 1725. Ces deux rédactions ont été publiées pour la première fois par M. P. BONNEFON dans la *Revue d'hist. litt. de la France*, 1910, p. 282-312.

Réflexions sur le caractère de quelques princes et sur quelques événements de leur vie. Écrites après les voyages de Montesquieu; mises dans les *Mélanges inédits*.

Histoire véritable. M. Vian place sa rédaction après la publication de l'*Esprit des lois*, tandis que les récents éditeurs des *Mélanges inédits* la fixent entre la chute du système de Law et l'année 1738.

Essai sur les causes qui peuvent affecter les esprits et les caractères. Il serait bien antérieur à l'année 1748.

Il faudrait probablement placer après la publication de l'*Esprit des lois*, les opuscules suivants :

Éloge de Berwick.

Arsace et Isménie (1754?).

Dialogue de Xantippe et de Xénocrate (mis dans les *Mélanges inédits*).

Essai sur le goût (1757?).

Mémoire sur la constitution Unigenitus (mis dans les *Mélanges inédits*).

Lettre sur Gênes (probablement écrite vers 1754; mise dans les *Voyages de Montesquieu*).

Cf. L. DANGEAU (VIAN) : *Bibliographie des œuvres de Montesquieu*, Paris, Rouquette, 1874.

PUBLICATIONS POSTHUMES

Essai sur le goût, 1766.

Lettres familières du Président de Montesquieu à divers amis d'Italie, p. par l'abbé DE GUASCO, Florence, 1767.

Ébauche de l'Éloge historique du maréchal de Berwick, 1778.

Arsace et Isménie, histoire orientale, éditée par J. B. DE SECONDAT, Londres, Paris, 1783.

Œuvres posthumes de Montesquieu, Londres, 1783.

Pensées de Montesquieu adressées à son fils, dans les *Pièces intéressantes et peu connues pour servir à l'histoire et à la littérature*, t. VII, 1786.

Œuvres posthumes, pour servir de supplément aux différentes éditions in-12 qui ont paru jusqu'à présent, éditées par Bernard, Paris, 1798.

Deux opuscules de Montesquieu, p. par le baron de Montesquieu, 1891.

Mélanges inédits de Montesquieu, p. par le baron de Montesquieu, 1892.

Voyages de Montesquieu, p. par le baron Albert de Montesquieu, 1894-96, 2 vol.

Pensées et fragments inédits de Montesquieu, p. par le baron Gaston de Montesquieu, 1899-1900, 2 vol.

Montesquieu, l'Esprit des lois et les archives de la Brède, par M. Barckhausen, Bordeaux, 1904.

Histoire véritable, p. par L. de Bordes de Fortage, d'après un nouveau ms., 1902.

On se propose de publier encore, d'après les archives de la Brède, le catalogue de la bibliothèque de Montesquieu, et sa correspondance. Le soin de publier la correspondance avait été laissé à M. R. Céleste, qui avait préparé le premier volume, quand la mort est venue le surprendre. Il serait à souhaiter que cette publication, si nécessaire pour connaître dans le détail la vie de Montesquieu, ne se fît pas trop attendre. Il s'en faut de beaucoup que les lettres insérées dans les éditions générales, et principalement dans l'édition Laboulaye (t. VII), représentent l'œuvre épistolaire de Montesquieu. Un grand nombre de lettres ont été, depuis, publiées ou analysées, dans divers recueils, en particulier dans les *Archives hist. de la Gironde*, 1864; dans le *Recueil de l'Académie de Bordeaux*, 1877; dans la *Revue de Gascogne*, 1901; dans le *Bulletin du bibliophile*, 1904; dans la *Revue d'hist. litt. de la France*, 1907, 1908, 1910; par le comte de Villeneuve-Guibert: *Le portefeuille de M*^{me} *Dupin*, 1884, et par E. Asse: *Lettres du XVII*^{e} *et du XVIII*^{e} *siècles; Lettres de M*^{lle} *Aïssé, suivies de celles de Montesquieu au chevalier d'Aydée*, 1873.

Cf. sur la Correspondance : *Revue des bibliothèques et archives de Belgique*, 1905, t. III, fasc. 2, article de Jules Maes sur Montesquieu, ses lettres familières et l'abbé de Guasco; — et dans la *Revue d'hist. litt. de la France*, l'article de M. Tourneux : Mme Geoffrin et les éditions expurgées des Lettres familières de Montesquieu, 1894.

ÉDITIONS

I. — Les rééditions générales sont très nombreuses; il suffit de signaler celles qui présentent des modifications intéressantes :

Œuvres de M. de Montesquieu, nouvelle édition, revue, corrigée et considérablement augmentée par l'auteur, p. par F. Richer, Amsterdam, 1758, 3 vol. in-4°; Londres, 1767; Amsterdam, 1777, 7 tomes.

Œuvres..., nouvelle édition augmentée..... avec des remarques d'un anonyme (E. Luzac) qui n'ont point encore été publiées, Amsterdam, 1764, 6 tomes.

Œuvres complètes, p. par J. B. Bernard, Paris, 1796, 5 tomes.

Œuvres complètes, Paris, 1816, 6 tomes.

Œuvres de Montesquieu, avec les remarques des divers commentateurs et des notes inédites. Seule édition complète, dirigée par Collin de Plancy, Paris, 1823, in-4°.

Œuvres..., p. par Parrelle, Paris, 1826, 8 tomes.

Œuvres..., avec éloges, analyses, commentaires, remarques, notes, réfutations, imitations, par Destutt de Tracy, Villemain, d'Alembert, etc..., Paris, 1827, 8 tomes.

Œuvres complètes... avec les variantes des premières éditions, un choix des meilleurs commentaires, et des notes nouvelles, p. par Ed. Laboulaye, Paris, 1875-1879, 7 volumes.

II. — Les éditions et rééditions partielles des œuvres de Montesquieu avaient atteint, du vivant même de l'auteur, un chiffre considérable; d'autre part, la question des éditions originales de Montesquieu a donné lieu à des recherches critiques et bibliographiques très curieuses, surtout de la part de M. Vian et de M. Barckhausen. Nous n'entrerons pas dans ces discussions, et nous nous contenterons d'indiquer les éditions principales.

Lettres persanes. L'édition originale parut à Cologne, chez P. Marteau, 1721, 2 vol. in-12 (150 Lettres). Mais on a, de cette même année, huit éditions différentes, dont quatre de chez Marteau, et quatre de chez Brunel, à Amsterdam. Puis, on signale dix-neuf éditions jusqu'à la mort de Montesquieu (1729, 1730, 1731, 1737, 1739, 1740, 1744, 1748, 1750, 1752, 1753, 1754, qui comprend le supplément aux Lettres persanes ou onze lettres nouvelles et quelques réflexions, 1755). — Ed. p. par Richer (161 Lettres avec corrections tirées des papiers de l'auteur), Amsterdam et Paris, 1758; — Ed. p. par Barckhausen (160 Lettres, d'après le texte de l'édition princeps et les cahiers des *Corrections des Lettres persanes* écrits par Montesquieu pendant les derniers temps de sa vie), 1897.

Le Temple de Gnide, Paris, Simart, 1725. Les meilleures rééditions sont celles de 1738, 1740, 1772, 1780, 1795, 1799, et plus récemment : *Le Temple de Gnide*, suivi de Céphise et de l'Amour, et d'Arsace et Isménie. Introduction par de Marescot, Paris, 1875; — avec préface par Jacob, Paris, 1879. Le Temple de Gnide fut mis en vers par Colardeau, 1773.

Considérations sur les causes de la grandeur des Romains et de leur décadence. Il existe au moins cinq éditions de 1734. Pour ce qui concerne l'édition originale, cf. les discussions de Vian et de Barckhausen. L'édition princeps est celle dont le titre porte la mention : « A Amsterdam, chez Jaques Desbordes, 1734 ». On la connaît en trois états, dont le second et le dernier présentent des variantes importantes; — nouvelle édition, revue, corrigée et augmentée par l'auteur : A Paris, chez Guillyn, 1748, qui paraît être le texte définitivement arrêté par Montesquieu et qui a été reproduite à Lausanne en 1749, à Édimbourg en 1751 et à Paris, chez Guillyn, en 1755. — Les éditions parues en 1755 chez Hardy, à Paris, et, en 1758, chez Arkstée, à Amsterdam, contiennent quelques variantes, assez arbitraires. — Parmi les éditeurs modernes, Dezobry : *Considérations...*, Paris, 1852 (?); — Vian : *Considérations*, avec des notes inédites de Frédéric II, Paris, 1879; — enfin l'édit. p. par Barckhausen d'après les mss. de la Brède, Paris, 1900, de beaucoup la meilleure.

De l'Esprit des lois, ou du rapport que les lois doivent avoir avec la constitution de chaque gouvernement, les mœurs, le climat, la religion, le commerce, etc.; à quoi l'auteur a ajouté des recherches sur les lois romaines touchant les successions, sur les lois françaises et sur les lois féodales. Genève, Barillot et fils, 2 vol. in-4, 1748. L'édition princeps contient plusieurs cartons; — avec un *Avertissement*, 1749; — Nouvelle édition, Genève, 1753, 3 tomes; — Nouvelle édition, augmentée, etc..., Londres, 1757, 4 tomes; — Édit., Paris, 1816, 5 tomes.

PRINCIPALES TRADUCTIONS

Traductions anglaises : *The complete works of M. de Montesquieu, translated from the French,* London, 4 vol., 1777; — Dublin, 4 vol., 1777. — *Persian Letters,* translated by M. Ozell, 1730; — 1731 ; — Glasgow, 1760; — translated by Davidson, 2 vol., London, 1892. — *The temple of Gnidus and Arsaces and Ismenia,* translated from french, London, 1797; — with a preface by O. Uzanne, London, 1889. — *Reflections on the causes of the grandeur and declension of the Romans, by the author of the Persian Letters,* 1734 ; — *Reflections... translated from the french fourth edition,* by B. Glasgow, 1758; — autres éditions : London, 1759 ; — Oxford, 1825; — Glasgow, 1883.

Réflexions sur la Monarchie en Europe, translated from the french, Dublin, 1751.

The spirit of laws, translated by M. Nugent, 2 vol., London, 1752; — 3e édit., 1758; — 4e édit., 2 vol., Edinburgh, 1768; — 5e édit., with considerable additions by the author, 3 vol., Berwick, 1770; — 10e édit., 2 vol., Edinburgh, 1773. — New edition revised with additional notes... by J. V. Prichard 2 vol., London, 1878.

A commentary and review of Montesquieu's Spirit of Laws..., Philadelphia, 1811.

Traductions italiennes : *Considerazioni... tradotte in italiano,* de Kelli-Pagani, 2 vol., 1776.

Il tiempo di Gnido, 1767; — 1770.

Spirito delle Legi con la note dell'abate A. Genovesi, Napoli, 4 tomes, 1777.

Traductions allemandes : *Des Hernn von Montesquieu Persianische Briefe,* Francfort, 1760.

Der Tempel zu Gnidos, Weimar, 1804.

INDEX BIBLIOGRAPHIQUE [1]

I. Monographies générales.

D'Alembert : *Éloge de Montesquieu*, 1755. — Maupertuis : *Éloge de Montesquieu*, 1755. — Villemain : *Tableau de la littérature au XVIIIe siècle*. — Du même : *Discours et mélanges*, 1856 (éloge académique couronné en 1816). — Sainte-Beuve : *Causeries du lundi*, t. VII, 1852. — Bersot : *Études sur le XVIIIe siècle*, 1855. — Janet : *Histoire de la science politique*, 1858, 2 vol. — Barni : *Histoire des idées morales et politiques en France au XVIIIe siècle*, 1865, 2 vol. — Vian, *Histoire de Montesquieu : sa vie et ses œuvres*, 1878. — Caro : *La fin du XVIIIe siècle*, 1880. — A. Sorel : *Montesquieu*, 1887. — Zévort : *Montesquieu*, 1887. — Brunetière : *Études critiques*, t. IV, 1891. — Du même : *Manuel de l'histoire de la littérature française*, 1898. — Faguet : *Le XVIIIe siècle*, 1890. — Lanson : *Histoire de la litt. française* (l'étude parue dans la dernière édition, 1911, est très profondément différente de celle des éditions antérieures, surtout en ce qui concerne l'*Esprit des lois*). — W. Dunning : *A history of political theories from Luther to Montesquieu*, 1905. — Barckhausen : *Montesquieu, ses idées et ses œuvres, d'après les papiers de La Brède*, 1907. — Strowski : *Montesquieu, textes choisis et commentés*, 1912.

II. Biographie.

Le livre de M. Vian demeure encore le livre essentiel, malgré les nombreuses erreurs qui le déparent. M. Céleste se proposait d'écrire la biographie de Montesquieu : il n'a pu en rédiger que des fragments, tous précieux. *Revue philomathique de Bordeaux*, 1902 et

---

1. La simple énumération des travaux consacrés à Montesquieu allongerait démesurément cet ouvrage. Nous ne pouvons que citer les plus importants, renvoyant le lecteur, pour plus de détails, à l'excellente bibliographie que M. Vian a mise à la fin de son livre, et au riche *Manuel bibliographique de la littérature française*, de M. Lanson, t. III : XVIIIe siècle, p. 731-743.

1903 : Vie, famille, œuvres de Montesquieu. — *Ibid.* : A propos d'autographes de Montesquieu. Souvenirs d'un témoin de sa vie (Latapie), 1903, par L. Cosme. — *Bulletin polymathique de Bordeaux* : Éclaircissements historiques sur le portrait de Montesquieu, 1802, par Bernadau. — *Ibid.* : anecdote sur Montesquieu, 1803. — Sacaze : *Montesquieu à l'abbaye de Nizor*, 1867. — R. Céleste : Montesquieu à Bordeaux, dans *Deux opuscules de Montesquieu.* — Maxwell ; *Montesquieu avocat*, discours, Bordeaux, 1905.

Sur le caractère de Montesquieu, cf. P. Castel : *L'homme moral opposé à l'homme physique de M. R.*, Toulouse, 1756. — Deleyre : *Le génie de Montesquieu*, Amsterdam, 1758. — B. Barère : *Montesquieu peint d'après ses ouvrages*, an V. — Villenave : *Notice sur Montesquieu dans ses œuvres*, Paris, 1817. — Laborde-Milaa : La sensibilité de Montesquieu, dans la *Revue des études historiques*, 1908. — Weill : Montesquieu et le judaïsme avant 1748, dans la *Revue des études juives*, 1904. — *Archives historiques de la Gironde* (t. XLII, 1907) : Montesquieu, Légende et Histoire, par R. Céleste. — *Ibid.* : Hommage de Charles-Louis de Secondat de Montesquieu, pour la seigneurie de La Brède, 1893, par A. Brutails.

L'œuvre scientifique de Montesquieu a été étudiée dans plusieurs articles parus dans *la Chronique médicale*, 1903, art. de M. Courtade, 1904, art. de M. Désiré André ; — dans la *France médicale*, 1905 ; — dans la *Revue scientifique*, 1905 : Montesquieu physiologiste ; — et dans la *Revue philomathique de Bordeaux*, 1905, art. de M. R. Céleste.

On connaît assez mal l'histoire des relations de Montesquieu. Cf. Grellet-Dumazeaux : *La société bordelaise sous Louis XV et le salon de Mme Duplessy*, 1910 ; — Tornezy : *Un bureau d'esprit au XVIIIe siècle : Mme Geoffrin*, 1905. — De Broglie : Le salon de la marquise de Lambert, dans *le Correspondant* du 25 avril 1893. — Jules Soury : Le chevalier Daydie, dans la *Revue des Deux-Mondes*, 1er septembre 1874. — L. M. Ch. : Sur Montesquieu et sur l'abbé Trublet, dans *le Bulletin polymathique de Bordeaux*, 1806. — P. M. Masson : *Madame de Fencin*, 1900. — P. de Ségur : *Le Royaume de la rue Saint-Honoré, Mme Geoffrin et sa fille*, 1897.

Les voyages de Montesquieu ont fait l'objet de plusieurs études qui n'ajoutent pas grand'chose au récit de Montesquieu lui-même. L. Geiger : *Montesquieu in Berlin*, 1897. — Du même : *Montesquieu in Wien*, 1897. — D. Hinneschiedt : *Montesquieu in Heidelberg und Mannheim, in August 1729*, 1898. — Anonyme : *Montesquieu in*

Italy, 1899. — Fausto Nicolini : *Montesquieu à Naples*, 1906. (Un résumé de cette étude a paru dans la *Revue d'hist. litt. de la France*, 1908). — Churton Collins : *Voltaire, Montesquieu et Rousseau en Angleterre* (traduction française 1912). — P. Bonnefon : *Les voyages de Montesquieu*, dans la *Revue d'hist. litt. de la France*, 1895 et 1897.

Pour les rapports de Montesquieu avec les différentes Académies dont il fut membre, cf. Gallien : Montesquieu à l'Académie, dans la *Critique française*, 1862. — Anonyme (Vian) : *Montesquieu ; sa réception à l'Académie française et la deuxième édition des Lettres persanes*, 1869. — De Montalembert : Montesquieu, sa réception à l'Académie. — R. Céleste : Montesquieu à l'Académie de Bordeaux, dans les *Deux opuscules de Montesquieu*. — Meaume et Ballon : Montesquieu et l'Académie de Stanislas, dans les *Mémoires de l'Académie de Nancy*, 1888.

III. Les Lettres persanes.

La question des sources a été examinée par M. Meyer : *Montesquieu et les Lettres persanes*, dans *Études de critique ancienne et moderne*, 1850. — Toldo : *Dell' Espione di G. P. Marana e delle sue attinenze con le Lettres persanes di Montesquieu*, dans le *Giornale storico della lett. itali.*, t. XXIX, 1897.

Parmi les études particulières : abbé Gaultier : *Les Lettres persanes convaincues d'impiété*, 1751. — Hiver de Beauvoir : L'édition originale des Lettres persanes, dans les *Archives du bibliophile*, 1859. — A. Landrin : La véritable édition originale des Lettres persanes, dans le *Conseiller du bibliophile*, 1876. — W. Marcus : *Die Darstellung der französischen Zustände in Montesquieu's Lettres persanes verglichen mit der Wirklichkeit*, Breslau, 1902. — G. A. Perucca : *Montesquieu e le sue Lettres Persanes, studio*, 1906. — Herbette : *Une ambassade persane sous Louis XIV*, 1907. — P. Martino : *L'Orient dans la littérature française au XVIIe et au XVIIIe siècle*, 1906. — Faguet : Préface d'une édition anglaise des Lettres persanes, parue d'abord dans la *Revue latine*, 25 mars 1908.

IV. Les considérations sur la grandeur...

Pour les rapprochements que l'on peut instituer entre l'ouvrage de Montesquieu et ceux de Machiavel, St-Evremond, Bossuet, Walter

Moyle, Flavio Blondi, cf. les Introductions de PETIT DE JULLEVILLE, JULLIAN à leurs éditions classiques des *Considérations*, et la préface de BARCKHAUSEN à la grande édition de 1900.

Les études particulières sont peu nombreuses : HOLBERG : *Conjectures sur les vraies causes de la grandeur des Romains*, 1753. — DARESTE : *L'histoire romaine dans Montesquieu* (Mémoires lus à la Sorbonne, 1866).

V. L'Esprit des lois.

Les critiques ont surtout fait porter leurs recherches, en ce qui concerne les sources de l'*Esprit des lois*, sur les idées politiques de Montesquieu. Il resterait à déterminer l'origine des idées économiques, sociales, religieuses, morales, qui font l'originalité de ce grand livre. — ROBERT FLINT : *La philosophie de l'histoire en France*, 1878. — CRUSSOLE-LAMI : *Institution du jury en France*, 1819. — JARCKE : Die Ursprünge des modernen Constitutionalismus, dans les *Vermischfte Schriften*, t. III, 1830. — HEEMSKERK : *Specimen inaugurale de Montesquivio*, 1839. — DEMIAU DE CROUZILHAC : Recherches sur l'épigraphe de l'Esprit des lois, dans les *Mémoires de l'Académie de Caen*, 1858. — J. TRAVERS : La vérité sur l'épigraphe de l'Esprit des lois, dans ces mêmes *Mémoires*, 1876. — BARTHÉLEMY ST-HILAIRE : Mémoire sur la science politique et particulièrement sur la Politique de Platon, d'Aristote et de Montesquieu, dans le *Recueil de l'Académie des sciences morales et politiques*, 1848. — A. MOLLIÈRE : De la loi selon Cicéron et Montesquieu, dans les *Mémoires de l'Académie des sciences de Lyon*, série 3, t. I, 1893. — VENEDEY : *Machiavel, Montesquieu et Rousseau*, 1850. — MANCINI : *Machiavelli e la sua dottrina politica*, 1852. — FRÉDÉRIC SCLOPIS : *Montesquieu et Machiavel*, 1856. — The maxims of F. Guiccardini... with parallel passages from the works of Montesquieu, 1845. — BUSS : *Montesquieu und Cartesius* dans les *Philosophische Monatshefte*, 1869-1870. — ROBERT VON MOHL : *Geschichte und Litteratur der Staatswissenschafts*, t. I. — H. JANNSEN : *Montesquieu's Theorie von der Dreiteilung der Gewalten in Staate auf ihre Quelle zurückgeführt*, Gotha, 1878. — BLUNTSCHLI : *Geschichte der neueren Staatswissenschaft*, 1881. — GEYER : *Encyklopaedie der Rechtswissenschaft*, 1882. — GOTTFRIED KOCK : *Montesquieu's Verfassungstheorie*, Halle, 1883. — BIMBENET : Montaigne et Montesquieu, dans les *Mémoires de la Société d'Agriculture d'Orléans*, 1882 et

1883. — Th. Pietsch : *Ueber des Verhältniss der politischen Theorie Locke's zu Montesquieu's Lehre von der Theilung der Gewalten*, Breslau, 1887. — E. d'Eichthal : *Souveraineté du peuple et du gouvernement*, 1895. (Le chapitre sur la séparation des pouvoirs politiques est excellent). — Errera : Un précurseur de Montesquieu, Jean Bodin, dans les *Annales archéologiques de la Belgique*, 1896. — Fournol : *Bodin prédécesseur de Montesquieu*, 1896. — J. Flach : Platon et Montesquieu, théoriciens politiques, dans la *Revue bleue*, 1909. — J. Dedieu : *Montesquieu et la tradition politique anglaise en France; les sources anglaises de l'Esprit des lois*, 1909. — Cestre : Les sources anglaises de l'Esprit des lois, dans la *Revue philomathique de Bordeaux*, 1909. (Cet article est une mise au point de la question soulevée dans le volume précédent, mais n'est pas exempt d'erreurs de quelque importance). — Paolo Arcari : *Scienza nuova in G. B. Vico*, 1911. — Levi-Malvano : *Montesquieu e Machiavelli*, 1912.

Le désordre apparent de l'Esprit des lois a provoqué plusieurs essais d'explication de l'idée générale et du plan qu'aurait suivis Montesquieu. — G. Lanson : De l'influence de Descartes sur la littérature française (La méthode d'exposition de Montesquieu dans l'Esprit des lois), dans la *Revue de métaphysique*, 1895. — Barckhausen : Le désordre de l'Esprit des lois, d'abord publié dans la *Revue du droit public*, en 1898, et inséré dans *Montesquieu, ses idées et ses œuvres*, 1907. — La thèse du désordre réel de l'Esprit des lois a été soutenue par Brunetière : *Études critiques*, t. IV et t. V; *Revue des Deux-Mondes*, 1er avril 1887 et *Questions de critique*, 1889.

Sur les idées politiques de Montesquieu, cf. P. Gerdil : *Virtutem politicam non minus regno quam reipublicae necessariam esse* (discours prononcé à Turin), 1750. — *Observations sur l'Esprit des lois, contenant une lettre tirée des feuilles de M. Fréron, un éclaircissement de M. de M... sur l'honneur, la vertu et la crainte*, etc..., 1751. — Réfutation du système de Montesquieu sur l'influence des climats (fragment d'un ouvrage intitulé : *Essai politique sur le commerce du Portugal et celui de ses colonies*), 1753. — Grosley : *De l'influence des lois sur les mœurs* (mémoire présenté à la faculté royale de Nancy), 1757. — Pecquet : *L'Esprit des maximes politiques, pour servir de suite à l'Esprit des lois*, 2 vol., 1757. — Abbé Mignot de Bussy : *Lettres sur l'origine de la noblesse française...* (contre Boulainvilliers et Montesquieu), 1763. — Linguet : *Théorie des lois civiles ou principes fondamentaux de la société*, 1767. — Voltaire : *L'a, b, c, ou dialogue entre A, B et C. Entretien sur Hobbes, Grotius et Montesquieu.* — Anonyme : *Lettres sur la théorie des lois civiles,* 1770. — Gin : *Les vrais principes du gouvernement français,* 1777; 3ᵉ édit. augmentée d'un supplément aux considérations sur la grandeur et la décadence des Romains, 1787. — *Traité des matières féodales et censuelles,* t. V, 1786. — *Les Trois philosophes : Montesquieu, Rousseau et Raynal, sur la nature de la monarchie et l'administration des finances,* 1787. — David Williams : *Lectures on Political principes, the subjects of eighten books, in Montesquieu's Spirits of laws,* 1789. — Durand : *Dialogue sur ces mots de Montesquieu : La vertu est la base des républiques,* 1805. — Comte de Saint-Roman : *Réfutation de la doctrine de Montesquieu sur la balance des pouvoirs,* 1816. — Crussolle-Lami : *L'institution du jury en France,* 1819. — Alex. Tissot : *La politique de Montesquieu ou Introduction à l'Esprit des lois,* 1820. — Delafons : *Opinion des Anglais sur le livre de Montesquieu,* 1823. — J. Milsand : Montesquieu et sa philosophie politique, dans la *Revue moderne,* 1ᵉʳ novembre 1865. — Ed. Laboulaye : Études sur l'Esprit des lois, dans la *Revue de droit national et de législation comparée,* 1869. — F. Sclopis : Études sur Montesquieu, dans la *Revue de législation,* 1870. — Béchard : *La monarchie de Montesquieu et la République de Jean-Jacques,* 1872. — Durckheim : *Quid Secundatus politicæ scientiæ contulerit,* 1892. — Barckhausen : Montesquieu et sa théorie des trois gouvernements, dans la *Revue des Universités du Midi,* 1898. — V. Giraud : Sur l'Esprit des lois, dans la *Revue Catholique suisse,* 1898. — K. Walker : *Montesquieu's Kirchen politische ansichten,* dans *Deutsche Evangelische Blätter,* 1901. — Faguet : *Politique comparée de Montesquieu, Voltaire et J.-J. Rousseau,* 1902. — W. Schulze : *Die Lehre Montesquieu's von den staatlichen Funktionen,* 1902. — P. Jellinck : Neue Theorie über die Lehre Montesquieu's von den Staatsgewalten, dans *Zeitschrift für das privat und offentliche Recht der Gegenwart,* 1902. — R. Pill : *Montesquieus politiska ideer,* 1903. — Tchernoff : Montesquieu et J.-J. Rousseau, contribution à l'étude de la philosophie politique du xviiiᵉ siècle, dans la *Revue du Droit public,* 1903. — Glaser : *Theorie vom Ursprung des Rechts,* 1907. — Broche : *Une époque,* 1908. — Joseph Fabre : *Les pères de la Révolution,* 1910.

Sur les idées économiques de Montesquieu, outre les traités généraux d'économie politique, cf. : *Nouveau dictionnaire d'Economie politique* (par Léon Say et Joseph Chailley), 2 vol., 1890-1892, aux articles Montesquieu, Esclavage, Divorce, etc... — Cl. Dupin : *Observations sur un livre intitulé De l'Esprit des lois, en ce qui concerne le com-*

merce et les finances (avec les PP. Plesse et Berthier; préface de Mme Dupin), 1757-1758. — GERDIL : *Discours de la nature et des effets du luxe* (contre Montesquieu), 1768. — BUTEL-DUMONT : *Théorie du luxe ou Traité dans lequel on entreprend d'établir que le luxe est un ressort non seulement utile, mais même indispensablement nécessaire à la propriété des états*, 1771. — COCHUT : Economistes financiers du xviii° siècle, dans la *Revue des Deux-Mondes*, 1844. — PASCAL DUPRAT : Les idées économiques de Montesquieu, dans le *Journal des Économistes*, 1870. — L'Économie politique à l'Académie de Bordeaux pendant le xviii° siècle, dans les *Actes de l'Académie de Bordeaux*, 1888. — Charles JAUBERT : *Montesquieu économiste*, 1901. — ALEM : *D'Argenson et l'économie politique du XVIII° siècle; pratiques mercantiles et théories libérales*, 1899. — DESSEIN : *Galiani et la question de la monnaie au XVIII° siècle*, 1902. — BOUZINAC : *Doctrines économiques au XVIII° siècle, Jean-François Melon, économiste*, 1907. — E. FOURNIER DE FLAIX : Montesquieu statisticien; la population et les finances de l'Italie au xviii° siècle, dans le *Journal des Economistes*, 1897. — Du même : Montesquieu économiste et financier d'après ses œuvres inédites, dans le *Journal des Economistes*, 1903. — TOURNYOL DU CLOS : *Les idées financières de Montesquieu* (Voir *Revue historique de Bordeaux*, juillet-août 1912).

Sur les idées sociales de Montesquieu, cf. CLARKSON : *History of the slave Trade*, 1808. — RUSSELL P. JAMESON : *Montesquieu et l'esclavage*, 1910. — LINGUET : *Nécessité d'une réforme dans l'administration de la justice... avec la réfutation de quelques passages de l'Esprit des lois*, 1764. — BECCARIA : *Traité des délits et des peines*, 1764. — MOUYART DE VOUGLANS : *Les lois criminelles de la France dans leur ordre naturel*, 1783. — Du même : *Institutes au droit criminel avec un traité particulier des crimes*, 1768. — *Lettres sur le système de l'auteur de l'Esprit des lois touchant la modération des peines* (ms. Arch. Nat., M. 758), 1785. — LHERMINIER : *Influence de la philosophie du XVIII° siècle sur la législation*, 1883. — LICHTENBERGER : *Le socialisme au XVIII° siècle*, 1895.

Sur les idées religieuses de Montesquieu, cf. : *Gazettes ecclésiastiques* des 9 et 16 octobre 1749, 24 avril et 1er mai 1750. — SABLIER : *Variétés sérieuses et amusantes* (Réfutation des *Nouvelles ecclésiastiques* de 1749), t. II, 1765. — *Journal de Trévoux*, avril 1749 : article de G. BERTHIER, S. J. — Réponse à la *Défense de l'Esprit des lois*, dans la *Gazette ecclésiastique*, 1750. — *Examen critique de l'Esprit des lois, pour servir de préservatif au lecteur*, 1750. — L'abbé DE LA

Roche : *Critique de l'Esprit des lois*, 1751. — La Beaumelle : *Suite de la Défense de l'Esprit des lois, ou examen de la réplique du gazetier ecclésiastique à la Défense de l'Esprit des lois*, 1751. — *Lettres critiques ou analyse et réfutation de divers écrits modernes contre la religion*, t. IV et V, 1756. — Gérard Varet : Montesquieu et le rôle social de la religion, dans la Revue bourguignonne de l'enseignement supérieur, 1901. — J. Carayon : *Essai sur les rapports du pouvoir politique et du pouvoir religieux chez Montesquieu*, 1903. — Oudin : *Le Spinozisme de Montesquieu*, 1911.

Parmi l'énorme quantité d'« 'examens critiques » et d'« 'analyses raisonnées » auxquels a donné lieu l'*Esprit des lois*, il suffira de signaler : Maleteste de Villey : *Esprit de l'Esprit des lois*, 1749. — Cl. Dupin : *Réflexions sur quelques parties d'un livre intitulé de l'Esprit des lois*, 2 vol., 1749. — Risteau : *Réponse aux observations (de l'abbé de la Porte) sur l'Esprit des lois*, 1751. — Voltaire : Remerciment sincère à un homme charitable; Idées républicaines ; L'A, B, C; Questions sur l'Encyclopédie, articles : Esclaves, Lois, Esprit des lois, etc.; Commentaire sur l'Esprit des lois, 1777. — Abbé de Bonnaire : *L'Esprit des lois quintessencié*, 2 vol., 1751. — Boulanger de Rivery : *Apologie de l'Esprit des lois*, 1751. — Baron Holberg : *Remarques sur quelques positions qui se trouvent dans l'Esprit des lois*, 1753. — De Forbonnais : *Extrait du livre de l'Esprit des lois, chapitre par chapitre*, 1753. — Fréron : *Opuscules*, t. III, 1753. — Bertolini : *Analyse raisonnée de l'Esprit des lois*, 1754. — Pecquet : *Analyse raisonnée de l'Esprit des lois*, 1758. — Crevier : *Observations sur le livre de l'Esprit des lois*, 1764. — Palissot : *Mémoires pour servir à l'histoire de notre littérature*, 2 vol., 1771. — Chastellux : *De la félicité publique*, 1772. — Anquetil Duperron : *Législation orientale*, 1778. — Destutt de Tracy : *Commentaire sur l'Esprit des lois, suivi d'Observations inédites de Condorcet*, 1817. — Frédéric Sclopis : Recherches historiques et critiques sur l'Esprit des lois, dans *Mémoires de l'Académie des sciences de Turin*, 1857. — Auguste Comte : Cours de philosophie positive, t. V et VI. — M. G. Richard : *Sociologie générale; Nature de ses lois*, 1913.

Les Éloges de Montesquieu ne manquent pas non plus; mais ils ne sont très souvent que des morceaux d'apparat, sans grande valeur critique. Peut-être faudrait-il citer parmi les meilleurs et les plus utiles ceux de d'Alembert, 1755, dans l'*Encyclopédie*, t. V. — Maupertuis, 1755. — Solignac de la Pimpie, 1755. — Briquet de Lavaux, 1783. — Marat, 1785. — de Rutlidge, 1786. — Béraud, 1787. — Barrère de

Vieuzac, 1797. — Villemain, 1816. — Crussolle-Lami, 1829. — Griveau : Étude sur un grand homme du xviiiᵉ siècle, dans l'*Université Catholique*, 1839-1842. — Amédée Hennequin, 1840. — Sigaudy, dans *Mémoires de l'Académie de Montpellier*, 1864-69. — Jeandet, 1869.

VI. L'influence.

A l'aide de ces différents travaux, on peut écrire une histoire assez complète de l'influence de Montesquieu en France. Il faudrait écrire l'histoire de son influence à l'étranger; ce serait un beau livre qui compléterait la bibliographie, déjà importante, de ce sujet. On trouvera quelques renseignements dans les ouvrages suivants :

Lettres Russiennes : Défense du gouvernement russe contre certaines propositions de Montesquieu, 1760.

Grouvelle : *De l'autorité de Montesquieu dans la révolution présente*, 1789.

Th. Regnault : *Tableaux analytiques de l'Esprit des lois de Montesquieu, suivis de la comparaison de plusieurs principaux passages de Montesquieu et de Blackstone*, 1820.

R. von Auerbach : *Montesquieu et son influence sur le mouvement intellectuel du XVIIIᵉ siècle*, 1876.

Schwarcz : *Montesquieu und die Verantwortlichkeit der Räthe des Monarchen in England, Aragonien*, etc..., 1892.

P. Bonnefon : L'Esprit des lois et la Cour de Vienne, dans la *Revue d'hist. litt. de la France*, 1895.

Walcker : *Montesquieu as Polyhistor, Philosoph, Vorkämpfer der germanische protestantichen Kultur*, 1896.

Oscar Strauss : *Montesquieu aux États-Unis.*

TABLE DES MATIÈRES

Préface.. v

CHAPITRE PREMIER

LA FORMATION DE L'ESPRIT.

Pages

I. Les tendances naturelles. — II. Les *Lettres persanes*. — III. L'influence des voyages. — IV. L'influence des lectures.............. 1

CHAPITRE II

LES ORIGINES DE SA MÉTHODE SOCIOLOGIQUE.

I. La survivance de l'esprit théologique en sociologie. — II. Les différents essais philosophiques sur la méthode sociologique. — III. La méthode sociologique de Montesquieu est le prolongement d'une méthode de travail particulière. — IV. Comment la mise en œuvre de cette méthode sociologique explique l'économie et l'ordre de l'*Esprit des lois*. — V. Que cette méthode explique le genre de documentation positive que préfère Montesquieu.......................... 60

CHAPITRE III

LES IDÉES POLITIQUES ET MORALES DE MONTESQUIEU.

I. L'éveil de l'esprit politique au début du xviii° siècle. — II. La diffusion des doctrines politiques de Jurieu et des théoriciens anglais. — III. Montesquieu théoricien du gouvernement républicain, monarchique, despotique. — IV. Le problème de la liberté politique. — V. Les relations de la morale et de la politique.................. 101

CHAPITRE IV

LES IDÉES SOCIALES DE MONTESQUIEU.

Pages.

L'amour de l'humanité. — I. L'esclavage et les théories antiesclavagistes. — II. La guerre et la conquête. — III. La réforme de la législation criminelle. — IV. La condition de la femme dans la société. — V. Le socialisme de Montesquieu.................................... 198

CHAPITRE V

LES IDÉES ÉCONOMIQUES DE MONTESQUIEU.

I. Le luxe et les lois somptuaires. — II. Le commerce. — III. La monnaie. — IV. La population. — V. Les impôts................. 245

CHAPITRE VI

LES IDÉES RELIGIEUSES DE MONTESQUIEU.

I. Les œuvres de jeunesse et les *Lettres persanes*, pamphlet antireligieux. — II. Le développement de l'anticléricalisme; le XXV° livre de l'*Esprit des lois*. — III. La question des rapports de l'Église et de l'État au xviiie siècle; la solution du XXIV° livre de l'*Esprit des lois*. — IV. Les modifications de la pensée religieuse de Montesquieu. — V. L'attitude religieuse de Montesquieu de 1748 à 1755............. 276

CONCLUSION.. 313

APPENDICES.. 332

TABLE CHRONOLOGIQUE... 339

INDEX BIBLIOGRAPHIQUE... 347

TYPOGRAPHIE FIRMIN-DIDOT ET Cie. — MESNIL (EURE).

LES GRANDS PHILOSOPHES
Collection dirigée par CLODIUS PIAT
Publiée à la Librairie Félix Alcan
Volumes in-8° de 300 à 400 pages environ, chaque vol. 5 fr. à 7 fr. 50

Ont paru :

SOCRATE, par Clodius Piat, Agrégé de Philosophie, Docteur ès Lettres, Professeur à l'Institut catholique de Paris. (*Traduit en allemand.*) 1 vol. in-8°, 5 fr. *Deuxième édition.*

PLATON, par le même. (*Couronné par l'Académie française, Prix Bordin.*) 1 vol. in-8°, 7 fr. 50.

ARISTOTE, par le même. (*Traduit en allemand et en italien.*) 1 vol. in-8°, 5 fr. *Deuxième édition.*

ÉPICURE, par E. Joyau, Professeur de Philosophie à l'Université de Clermont. 1 vol. in-8°, 5 fr.

CHRYSIPPE, par Émile Bréhier, Professeur à l'Université de Bordeaux. (*Couronné par l'Académie des sciences morales et politiques.*) 1 vol. in-8°, 5 fr.

PHILON, par l'abbé J. Martin. 1 vol. in-8°, 5 fr.

SAINT AUGUSTIN, par le même. 1 vol. in-8°, 7 fr. 50. *Deuxième édition.*

SAINT ANSELME, par le comte Domet de Vorges. 1 vol. in-8°, 5 fr.

AVICENNE, par le baron Carra de Vaux, Membre du Conseil de la Société Asiatique. 1 vol. in-8°, 5 fr.

GAZALI, par le même. (*Couronné par l'Institut.*) 1 vol. in-8°, 5 fr.

MAÏMONIDE, par Louis-Germain Lévy, Docteur ès Lettres, Rabbin de l'Union libérale israélite. 1 vol. in-8°, 5 fr.

SAINT THOMAS D'AQUIN, par A.-D. Sertillanges, Professeur à l'Institut catholique de Paris. (*Couronné par l'Académie des sciences morales et politiques, Prix Le Dissez.*) 2 vol. in-8°, 12 fr. *Deuxième édition.*

MONTAIGNE, par F. Strowski, Professeur à l'Université de Paris. 1 vol. in-8°, 6 fr.

PASCAL, par Ad. Hatzfeld. 1 vol. in-8°, 5 fr.

MALEBRANCHE, par Henri Joly, Membre de l'Institut. 1 vol. in-8°, 5 fr.

SPINOZA, par Paul-Louis Couchoud, Agrégé de Philosophie, ancien élève de l'École normale supérieure. (*Couronné par l'Institut.*) 1 vol. in-8°, 5 fr.

KANT, par Th. Ruyssen, Professeur à l'Université de Bordeaux. *Deuxième édition.* (*Couronné par l'Institut.*) 1 vol. in-8°, 7 fr. 50.

SCHOPENHAUER, par le même. 1 vol. in-8°, 7 fr. 50.

MAINE DE BIRAN, par Marius Couailhac, Docteur ès Lettres. (*Couronné par l'Institut.*) 1 vol. in-8°, 7 fr. 50.

ROSMINI, par Fr. Palhoriès, Docteur ès Lettres. 1 vol. in-8°, 7 fr. 50.

SCHELLING, par Émile Bréhier, Professeur à l'Université de Bordeaux. 1 vol. in-8°, 6 fr.

www.ingramcontent.com/pod-product-compliance
Lightning Source LLC
Chambersburg PA
CBHW050252170426
43202CB00011B/1661